JN243484

M&Aにおける
財務・税務
デュー・デリジェンス
のチェックリスト

公認会計士・税理士
佐和 周【著】
Sawa Amane

中央経済社

はじめに

　本書は，デュー・デリジェンスのうち，会計分野の財務デュー・デリジェンスと税務分野の税務デュー・デリジェンスに関するチェックリストです。

　本書の目的として，日本または海外で買収を行う企業の実務担当者が，自ら財務・税務デュー・デリジェンスを実施する際に，より効果的な調査を行えるようにすることがあります。また，財務デュー・デリジェンスは監査法人などの支援を受け，税務デュー・デリジェンスは税理士法人などの支援を受けることが多いと思われます。このような外部専門家の支援を受ける場合に，専門家の調査の漏れに気づき，追加の要望を出せるようにすることも本書の目的の1つです。さらには，会計士や税理士といった専門家の方々にも，本書をチェックリストとして使って頂けると考えています。

　本書の最大の特徴として，通常のデュー・デリジェンスに関する書籍に含まれる「M&Aはこうあるべき」，「M&A後の統合はこのように行うべき」といった精神論あるいは哲学的な記載は抜きにして，シンプルに財務・税務デュー・デリジェンスにおいて「やるべきこと」をリストアップしている点があります。
　チェックリストは網羅性を重視し，一方で，各項目の解説については，エッセンスを記載することで，1つの論点を詳細に解説することは避けています。決して怖い編集者の方に，締め切りに間に合わせるように急かされた結果，このようなシンプルな形になったわけではありません。
　一方で，デュー・デリジェンスと並行して行われる企業評価やストラクチャリングとの関係は重視しています。つまり，単なる買収対象会社の財務状況のチェックにとどまらず，財務・税務デュー・デリジェンスを通して，企業評価やストラクチャリングに活かせる情報をいかに入手するかについても，ポイントに織り込んでいます。

　また，本書では海外企業に対するデュー・デリジェンスにも触れています。もちろん，国によって会計基準や税法は異なりますが，財務・税務デュー・デリジェンスにおいて，「一般的にこういう作業が必要」という点は特に変わり

ません。また，「クロスボーダーの財務・税務DDに関する留意事項」というセクションにおいて，海外におけるデュー・デリジェンスのポイントを解説するとともに，チェックリストの各項目においても，海外案件で特に注意すべき事項を強調しています。

　なお，解説にあたっては，「ポストディールにおけるインテグレーションを念頭に置きながら，ストラテジックにデュー・デリジェンスを実施し，スムーズなディールのエグゼキューションをサポートすることが肝要である」といった，わかりにくい文章は少なめに，可能な限り，日本語で平易に記載したつもりです。

　最後に，本書を企画時から担当してくださり，締め切りに間に合わせることの重要性を教えてくださった中央経済社の末永芳奈氏，貴重なコメント及び厳しいご指摘を頂いた菅健一郎氏，塚本健氏，松本知之氏に改めて厚く御礼申し上げます。

2016年8月

佐和　周

目　次

第1章

デュー・デリジェンスとは

1　デュー・デリジェンス（DD）とは
(1) DDの意義　1
(2) DDの種類　2
(3) 相対取引の場合のDDと入札の場合のDD　4
(4) 買手側のDDと売手側のDD　5

2　買収の流れと財務・税務DDの位置付け
(1) 準備段階　6
(2) 秘密保持契約の締結と初期資料の開示　6
(3) 基本合意書の取り交わし　7
(4) DDの実施　8
(5) 企業評価とストラクチャリングの実施　8
(6) 買収契約の締結　9
(7) クロージング　9

3　財務・税務DDと企業評価との関係
(1) 主な企業評価の方法　10
(2) 企業評価と買収価格の関係　12
(3) 企業評価を行う局面とDDとの関係　16
(4) 「のれん」への影響の検討　17

4　財務・税務DDとストラクチャリングとの関係
(1) ストラクチャリングとは　17
(2) 主な買収ストラクチャー　18
(3) ストラクチャリングを行う局面とDDとの関係　21

第2章

23

財務・税務デュー・デリジェンスとは

1 財務・税務デュー・デリジェンス（DD）の概要 ……………… 23
- (1) 財務DD（会計分野） 23
- (2) 税務DD（税務分野） 24
- (3) 財務・税務DDの流れ 24
- (4) 外部専門家の活用に関する留意事項 25

2 スコープの決定 …………………………………………………… 26
- (1) 調査対象会社 26
- (2) 調査対象期間 27
- (3) 調査対象税目 29

3 DD間の連携 …………………………………………………………… 30
- (1) 財務DDと税務DDの間の連携 31
- (2) ビジネスDDとの連携 32
- (3) 法務DDとの連携 32

4 クロスボーダーの財務・税務DDに関する留意事項 ………… 33
- (1) 会計に関する留意事項 34
- (2) 税務に関する留意事項 36
- (3) 不正リスクに関する留意事項 38
- (4) 外部専門家の活用に関する留意事項 40

第3章

41

依頼資料リスト

1 基礎情報分析に関係する依頼資料 ……………………………… 41

2 財務DDに関係する依頼資料 …………………………………… 43
- (1) 主に貸借対照表分析に関係する依頼資料 43
- (2) 主に損益計算書分析に関係する依頼資料 47
- (3) 主に事業計画分析に関係する依頼資料 48

目　次　Ⅲ

　　3 税務DDに関係する依頼資料 ……………………………………… 49

第4章

51

基礎情報分析

　　1 DD開始前の基礎情報分析 …………………………………………… 51
　　2 DD開始時（後）の基礎情報分析 ……………………………… 52

第5章

59

財務デュー・デリジェンスのチェックリスト

　　① 貸借対照表分析 ─────────────── 59
　　1 貸借対照表分析の意義 ……………………………………………… 59
　　2 貸借対照表の増減分析 ……………………………………………… 62
　　3 貸借対照表科目別チェックリスト ……………………………… 63
　　　　① 現金及び預金　63
　　　　② 売上債権　65
　　　　③ 棚卸資産　69
　　　　④ 原価計算　74
　　　　⑤ 有形固定資産　76
　　　　⑥ 無形固定資産　81
　　　　⑦ リース取引　84
　　　　⑧ 有価証券（関係会社株式を含む）　87
　　　　⑨ デリバティブ取引　90
　　　　⑩ 外貨建取引及び外貨建資産・負債　93
　　　　⑪ 貸付金　95
　　　　⑫ 敷金・差入保証金　97
　　　　⑬ その他の資産　99
　　　　⑭ 仕入債務　101
　　　　⑮ 借入金・社債　104
　　　　⑯ 税金・税効果　107

17 未払給料・未払賞与（賞与引当金）・役員賞与引当金　109

18 退職給付引当金　111

19 役員退職慰労引当金　115

20 その他の引当金　117

21 資産除去債務　119

22 その他の負債　121

23 純資産　122

24 オフバランス項目（全般）　125

25 オフバランス項目（個別項目）　127

2 損益計算書分析 ——————————————— 129

1 損益計算書分析の意義 ……………………………… 129

2 損益計算書の推移分析 ……………………………… 131

3 損益構造の把握のためのチェックリスト ………… 133

1 損益の分解　133

2 損益構造の把握　135

4 損益計算書科目別チェックリスト ………………… 139

1 売上高　139

2 売上原価（及び仕入高または製造原価）　145

3 販売費及び一般管理費　149

4 営業外損益　154

5 特別損益　156

5 正常収益力分析のチェックリスト ………………… 158

1 EBITDA推移の把握と会計処理の修正　159

2 状況変化に対応する損益の遡及的な調整　161

3 関連当事者取引の価格調整　163

3 キャッシュ・フロー計算書分析 ——————————— 164

1 キャッシュ・フロー計算書分析の意義 …………… 164

2 キャッシュ・フロー計算書のパターン把握 ……… 166

3 キャッシュ・フロー計算書の推移分析 …………… 168

4 運転資本分析のチェックリスト …………………… 170

5 資本的支出分析のチェックリスト ………………… 173

目　次　V

|4| **事業計画分析**──────────── 175
- 1　事業計画分析の意義────────── 175
- 2　事業計画分析のチェックリスト────── 178

第6章
────────────────── 183
税務デュー・デリジェンスのチェックリスト

|1| **タックス・ポジションの把握**──────── 183
- 1　課税所得・税額分析のチェックリスト──── 183
- 2　繰越欠損金分析のチェックリスト────── 187

|2| **過去の分析──税務調査結果の分析**───── 190
- 1　分析のポイント──────────── 190
- 2　税務調査結果分析のチェックリスト──── 190

|3| **現在の分析──税務申告書の分析**────── 195
- 1　分析のポイント──────────── 195
- 2　リスク金額の算定──────────── 195
- 3　申告調整項目別チェックリスト────── 197
  - |1|　棚卸資産　197
  - |2|　減価償却資産（有形・無形）　200
  - |3|　有価証券　203
  - |4|　デリバティブ取引　206
  - |5|　外貨建取引及び外貨建資産・負債　207
  - |6|　繰延資産　210
  - |7|　未払賞与及び退職給付引当金　212
  - |8|　未確定債務　214
  - |9|　純資産　215
  - |10|　売上高・売上原価　218
  - |11|　役員給与（役員賞与引当金及び役員退職慰労引当金を含む）　220
  - |12|　使用人給与　223
  - |13|　交際費等　225

⑭ 寄附金　226

⑮ 租税公課　228

⑯ 貸倒損失（貸倒引当金）　229

⑰ その他の営業費用　231

⑱ 受取配当金　234

⑲ その他の営業外損益　236

⑳ 税額控除　237

4　重要取引タイプ別のチェックリスト　241

① 関係会社取引　241

② 子会社等への支援　244

③ 組織再編　247

④ 海外子会社等との取引（移転価格税制）　250

⑤ 低税率国の子会社等（タックス・ヘイブン対策税制）　256

④ 将来の分析──ストラクチャリングへの影響分析　260

1　分析のポイント　260

2　ストラクチャリングへの影響分析のチェックリスト　261

⑤ 消費税に関するDDのポイント　266

⑥ 源泉所得税に関するDDのポイント　267

⑦ 関税に関するDDのポイント　271

1　関税の概要　271

2　リスク金額の見積り　271

3　税関による事後調査結果の分析　272

4　税率に関するチェックリスト　273

5　課税標準に関するチェックリスト　275

第7章

277

デュー・デリジェンス・レポートの作成

1　報告書の文言に関する留意事項　277

2　報告書の構成　278

目　次　VII

3　報告書の主な記載内容 ····································· 278
- (1)　エグゼクティブ・サマリー　278
- (2)　重要な発見事項の詳細　280
- (3)　財務情報の詳細やその分析　281
- (4)　添付資料　281

第8章

283

デュー・デリジェンスの結果に対する対応

1　買収価格への反映 ··· 283
- (1)　DCF法によっている場合　284
- (2)　乗数法によっている場合　284
- (3)　修正簿価純資産法によっている場合　284

2　株式買収契約書上の条項への反映 ············· 285
- (1)　クロージングの前提条件　285
- (2)　表明・保証条項　285

3　ストラクチャリングによるリスク低減 ············· 286

4　買収の中止 ·· 287

参考文献　289

VIII

本書の全体像

基礎情報分析（第4章）

左端縦帯：予備的企業評価（第1章3）／予備的ストラクチャリング（第1章4）

右端縦帯：最終的企業評価（第1章3）／デュー・デリジェンスの結果に対する対応（第8章）／最終的ストラクチャリング（第1章4）

財務デュー・デリジェンス（第5章）

貸借対照表分析（第5章①）
- 貸借対照表の増減分析
- 貸借対照表科目別チェックリスト（p.63）
  ①現金及び預金／②売上債権／③棚卸資産／④原価計算／⑤有形固定資産／⑥無形固定資産／⑦リース取引／⑧有価証券等／⑨デリバティブ取引／⑩外貨建取引及び外貨建資産・負債／⑪貸付金／⑫敷金・差入保証金／⑬その他の資産／⑭仕入債務／⑮借入金・社債／⑯税金・税効果／⑰未払給料・未払賞与（賞与引当金）・役員賞与引当金／⑱退職給付引当金／⑲役員退職慰労引当金／⑳その他の引当金／㉑資産除去債務／㉒その他の負債／㉓純資産／㉔オフバランス項目（全般）／㉕オフバランス項目（個別項目）

損益計算書分析（第5章②）
- 損益計算書の推移分析
- 損益構造の把握のためのチェックリスト（p.133）
- 損益計算書科目別チェックリスト（p.139）
  ①売上高／②売上原価／③販売費及び一般管理費／④営業外損益／⑤特別損益
- 正常収益力分析のチェックリスト（p.158）

キャッシュ・フロー計算書分析（第5章③）
- キャッシュ・フロー計算書のパターン把握
- キャッシュ・フロー計算書の推移分析
- 運転資本分析のチェックリスト（p.170）
- 資本的支出分析のチェックリスト（p.173）

事業計画分析（第5章④）
- 事業計画分析のチェックリスト（p.178）

税務デュー・デリジェンス（第6章）

タックス・ポジションの把握（第6章①）
- 課税所得・税額分析のチェックリスト（p.183）
- 繰越欠損金分析のチェックリスト（p.187）

税務調査結果の分析（第6章②）
- 税務調査結果分析のチェックリスト（p.190）

税務申告書の分析（第6章③）
- 申告調整項目別チェックリスト（p.197）
  ①棚卸資産／②減価償却資産（有形・無形）／③有価証券／④デリバティブ取引／⑤外貨建取引及び外貨建資産・負債／⑥繰延資産／⑦未払賞与及び退職給付引当金／⑧未確定債務／⑨純資産／⑩売上高・売上原価／⑪役員給与等／⑫使用人給与／⑬交際費等／⑭寄附金／⑮租税公課／⑯貸倒損失（貸倒引当金）／⑰その他の営業費用／⑱受取配当金／⑲その他の営業外損益／⑳税額控除
- 重要取引タイプ別のチェックリスト（p.241）
  ①関係会社取引／②子会社等への支援／③組織再編／④海外子会社等との取引（移転価格税制）／⑤低税率国の子会社等（タックス・ヘイブン対策税制）

ストラクチャリングへの影響分析（第6章④）
- ストラクチャリングへの影響分析のチェックリスト（p.261）

その他（第6章⑤～⑦）
- 消費税に関するDD
- 源泉所得税に関するDD
- 関税に関するDD

デュー・デリジェンス・レポートの作成（第7章）

第1章

デュー・デリジェンスとは

1 デュー・デリジェンス（DD）とは

(1) DDの意義

　デュー・デリジェンス（DD：Due Diligence。以下「DD」と略します）とは，企業の買収などに際して，買収対象となる企業や事業などを対象として行う調査をいいます。

　このようなDDの目的は，買収対象となる企業や事業の実態を把握し，その企業や事業が内包する様々なリスク要因を特定することにあります。

　DDの結果（特に検出された問題点）を受けて，「そもそも買収を行うべきか」という経営判断が行われ，また「買収を行うのであれば，買収価格はいくらにすべきか」という買収価格の算定基礎や「買収を行うのであれば，どのように買収すべきか」という買収ストラクチャーの検討のための情報も提供されます。さらには，「買収に係る契約書にどのような条項を織り込むか」についても，DDの結果を受けて検討しなければなりません。

　すなわち，DDは，検討されている買収案件などが，本当に価値のある投資なのかどうかを判断するために行われる，対象会社の詳細な調査といえます。その意味では，現時点の買収対象の状況のみならず，買収後の自社とのシナジーを検討することも，DDの目的といえます。

　また，外部（特に買収資金を調達する銀行など）に対しては，「買収にあたって適切にDDを実施している」という外形的な事実が重要になる場合もあります。

　なお，DDは少数株主としての資本参加など，買収以外の局面でも行われま

すが，財務・税務DDにおいてやるべきことが大きく変わるわけではないので，本書では買収を前提にチェックリストを記載しています。

⑵　DDの種類

　DDにおける調査対象分野は多岐にわたりますが，主要な分野では，①事業（ビジネス），②財務・税務，③法務があり，その他，IT，人事，知的財産権，環境といった調査対象分野もあります。DDに際しては，買手企業の各部署の担当者がプロジェクト・チームを組成し，それに加えて，外部の専門家も関与するのが一般的です。例えば，財務・税務DDについていえば，企業の経理・財務部門と会計・税務の専門家（監査法人や税理士法人）が協働することになります。

　このように各分野のDDを行い，それぞれのチームが報告書をまとめたうえでマネジメントに報告し，買収可否の意思決定を行うという流れになりますが，全体的なスケジュールの立案やDDを実施する専門家の調整はフィナンシャル・アドバイザー（FA：financial adviser）と呼ばれる投資銀行などが行うのが一般的です。FAは，売手（のFA）との交渉や企業評価の支援なども行います。

　以下では，特に重要と思われる分野（①ビジネス，②財務・税務，③法務）のDDについて，概要を確認します。

①　ビジネスDD

　ビジネスDDとは，買収対象会社の「事業」を対象とする調査をいいます。すなわち，ビジネスDDにおいては，買収対象会社の事業内容やビジネス・モデルを理解し，事業価値の源泉を把握するとともに，事業上のリスクも特定します。その意味で，事業に関するほぼすべての事項がビジネスDDの調査の対象となります。また，買収対象会社単独の調査のみならず，買手である自社とのシナジーの分析や，逆に買収後の事業統合に伴うリスクの評価も行う必要があります。

　買収を行う目的は，通常は買収対象会社の「事業」あるいはその事業が生む将来のキャッシュ・フロー（以下「CF」と略します）であるため，このビジネスDDが最も重要なDDといえます。これは，財務・税務DDや法務DDが買

収のための必要条件を調査するものであるのとは対照的です。財務・税務上や法務上のリスクが低くても，事業の将来性が見込めなければ，そもそも買収を行う意味はないということです。

ビジネスDDは，買手企業内部のプロジェクト・チーム（例えば，経営企画部門のほか，営業・製造・購買部門の担当者など）のみで行う場合もあれば，外部の専門家（コンサルティング会社など）のサポートを受ける場合もあります。いずれの場合であっても，買収対象会社の事業価値に直結する分野であるため，内部のプロジェクト・チームが主導権を握るべき分野といえます。

②　財務・税務DD

財務DDとは，会計に関する調査をいいます（会計分野のDDと税務分野のDDを総称して財務DDと呼ぶこともあります）。財務DDの主目的は，買収対象会社の過去の（損益及びCFの）実績を把握し，現在の財務状況を評価してリスクを特定するとともに，将来の事業計画の基礎となる情報（損益予測など）を入手することといえます。

税務DDとは，文字どおり税務に関する調査をいいます。税務DDの主目的は，買収対象会社の（現在の）税務ポジションを把握することに始まり，過去の税務調査実績から税務上の問題点を把握したうえで，申告書等から現在の税務リスクを分析し，さらに将来のストラクチャーの検討に有用な情報を収集することといえます。

最終的には，特定された財務リスクに対処するためのストラクチャーの検討も，財務・税務DDのチームが中心になって行います。特に税務の分野はストラクチャリングに直結しやすいため，この役割も重要になります。

財務・税務DDは，買手企業内部のプロジェクト・チーム（例えば，経営企画部門や経理・財務部門の担当者など）のみで行う場合もありますが，多くの場合，外部の専門家（監査法人や税理士法人など）のサポートを受けることになります。特に複雑な事案の場合，外部の専門家が主導的な役割を担うことが多いと考えられます。

③　法務DD

法務DDとは，買収対象会社の法務リスクに関する調査をいいます。

法務DDにおいては，許認可，取引（先），株式，人事労務といった分野で，

各種の契約書を閲覧し，買収対象会社のコンプライアンスの状況を確認することが主目的になります。すなわち，買収対象会社が事業に必要な許認可を取得し法令を遵守して運営されていること，また，買収の障害となる事項がなく，買収後に法務リスクに起因する追加的な負担が発生しないことも確認します。

さらに，資産の所有権のほか，調査時点における訴訟や潜在的な訴訟リスクといった偶発債務についても，併せて調査の対象とし，買収後に事業の制約になるような長期契約についても情報を収集します。

そして，最終的には，特定された法務リスクに対処するための買収契約書の条項の提案も，法務DDのチームが中心になって行います。

法務DDは，専門性が高い分野であるため，買手企業内部のプロジェクト・チーム（経営企画部門や法務部門の担当者など）のみで行うのは難しく，通常は外部の専門家（弁護士など）のサポートを受けることになります。

④　その他の分野におけるDD

①～③以外の分野については，重要性やリスクに応じて実施の要否が検討されることが多いと思われます。

例えば，IT分野のDDを例にとると，まずは買収対象会社にとって，ITシステムが重要である場合（IT企業のようにシステムが価値の源泉となっており，投資も多額になる場合）やリスクが高い場合（システムが複雑な場合や，大きな問題が想定される場合）が該当します。しかしながら，買収後の統合という視点も必要であり，システムや関連業務の集約等によるシナジーを期待している場合や，将来的にシステムを統合する際のコストやリスクが重要であると想定される場合などは，買収対象会社単体のITシステムとしては問題なかったとしても，IT分野のDDを実施しておいたほうがよいかもしれません。

(3)　相対取引の場合のDDと入札の場合のDD

買収は相対取引の形式をとる場合のほか，入札の形式をとる場合もあります。すなわち，売手のフィナンシャル・アドバイザー（FA）が複数の買手に買収（売却）を打診し，関心のある買手が入札する形式の取引です。

入札の場合，買手の立場からは，相対取引の場合よりもDDの実施上の制約が多くなります。そのため，重要性の高い項目を特定して調査を実施すること

第1章　デュー・デリジェンスとは　5

がより重要になります。また，入札の場合，一般的に買収条件についても交渉の余地が小さくなります。

⑷　買手側のDDと売手側のDD

通常DDは買手が行うものですが，売手側でDDを行うこともあります（いわゆる「セラーズDD」または「セルサイドDD」）。この売手側のDDの目的は，買手によるDDに備えて，あらかじめ売却対象会社の問題点を洗い出し，事前に解消できる問題については対処しておくことにあります。また，DDにあたって準備すべき膨大な資料を事前に整理できるというメリットもあります。

売手側のDDは，第三者の視点で行うことが重要であるため，外部専門家が実施することが多いと考えられ，実際の買手によるDDを受ける際にも，同じ外部専門家に対応を相談するのが一般的です。

本書は，買手のための財務・税務DDに係るチェックリストですが，当然ながら売手が行うDDに際してもそのまま使えます。

なお，自社が買手側の場合，売手側の外部専門家が実施したDDの結果をまとめた報告書が（買手側に）開示される場合もあります。この場合，それを利用することで買手側のDDの効率化が可能になりますが，一方で，売手側のDDでは，必ずしも深度のある調査は行われておらず，売手に不利になるような情報が十分に記載されていない可能性もあるため，注意が必要です。

2 ┃ 買収の流れと財務・税務DDの位置付け

買手にとっての買収の流れは，大まかには以下のとおりです。

⑴　準備段階（売手あるいは買収対象会社との接触前）
⑵　秘密保持契約の締結と初期資料の開示
⑶　基本合意書の取り交わし
⑷　DDの実施
⑸　企業評価とストラクチャリング
⑹　買収契約の締結
⑺　クロージング

---

(1) 準備段階

売手との接触前の準備段階では，買収のターゲットを選定し，その段階で入手可能な外部情報（対象会社の有価証券報告書やウェブサイトなど）をもとに事前の検討を行います。

買収のターゲットは，買手が自らその候補企業を選定する場合もありますが，売手及びそのフィナンシャル・アドバイザー（FA）からの売却提案により，検討を開始することも多いと考えられます。

なお，入札の場合には，通常は売手のFAから，買手の候補となる企業に買収の打診が行われます。

(2) 秘密保持契約の締結と初期資料の開示

ここからは，売手と接触し，交渉を開始してから買収を完了するまでのプロセスですが，一般的な相対取引の場合，売手に対して買収の申入れを行い，買収交渉がスタートします。この際，一般に売手から対象会社に関する概要資料（非公表の秘密情報を含むもの）の開示を受けるため，それに先立って，秘密保持契約を締結します。

これらをもとに，簡易的な企業評価を実施し，そもそも投資を検討する価値のある案件かどうかを見極めることになります。同時に暫定的にストラクチャリングも行います。このような検討により，売手に提示すべき買収の基本的な条件の基礎とし，今後のDDにおいて重点的に調査すべきポイントをある程度特定しておきます。

なお，入札の場合には，通常は売手のFAから，買収対象会社に関する情報をまとめた資料（いわゆる「インフォメーション・メモランダム（IM：Information Memorandum)」）が提供されます。IMには対象会社の概要，現時点の財務状況や税務上の繰越欠損金の有無，将来の事業計画などが記載されているため，それをもとに検討を行います。ただし，特に税務分野などは，IMでも十分な情報が提供されているわけではないため，他の方法でも情報収集を行う必要があります。

⑶ 基本合意書の取り交わし

　買手において⑵のような初期段階の検討を行い，売手との間で買収に関する基本的な条件について合意に達した段階で，両者の理解に相違がないことを確認するために，多くの場合，基本合意書（MoU：Memorandum of Understanding）が取り交わされます。

　この基本合意書は，法的な拘束力を持たず（「ノンバインディング」），暫定的な性格を有するものです。したがって，通常「（一部の項目を除き）法的拘束力を持たない旨」や「DDの結果を受けて条件が修正される可能性がある旨」が基本合意書上で記載されます。

　基本合意書において合意される基本的な条件としては，例えば，以下があります。

- 買収の対象
- 暫定的な買収価格（の幅）とその前提条件
- 対価の支払方法
- 取引のスケジュール（期限）
- 独占交渉権に関する事項
- DDの実施に関する取決め（売手による協力）

　上記のとおり，基本合意書に記載される価格その他の条件は，最終的なものではなく，あくまでもDD実施前の暫定的なものです。とはいうものの，特に基本合意書上の価格の幅については，売手の社内でも，その後の交渉の前提となる傾向があり，例えば幅の下限を超えて下方修正するなど，事後的に大きく修正するのは交渉上難しいケースがあります。その意味でも，事前準備段階で，自社としての評価を行っておく必要があります。

　なお，入札の場合には，買手が，上記の基本合意書に近い情報を盛り込んだ「意向表明書」（LOI：Letter of Intent）を売手に提出し，入札に参加することになります。

(4) DDの実施

基本合意書によりDDの実施を合意した段階で、財務・税務DDを含むDDが開始されます。具体的には、買手が資料の依頼を行い、データ・ルーム(インターネット上のいわゆる「ヴァーチャル・データ・ルーム(VDR)」を含む)に開示された資料を分析し、疑問点については(1日1回程度の頻度で)QAリスト等の文書で質問を行います。また、買収対象会社のマネジメントや実務担当者(例えば、経理担当者)などへのインタビューも行います。

財務・税務DDの結果、検出された問題点は、他のDDの検出事項とともに、買手の内部で共有され、マネジメントに報告されます。DDの過程で重大な問題が検出された場合、この段階で買収が中止されることもあります(いわゆる「ディール・ブレーカー」)。

なお、入札の場合にも基本的な手続は同様ですが、開示資料が限定的であったり、インタビューの回数が制限されたりと、相対取引の場合よりも、DDの実施に係る制約が多いという特徴があります。また、複数回の入札のタイミングに合わせ、フェーズを区切ってDDを実施する場合もあります。

(5) 企業評価とストラクチャリングの実施

財務・税務DDを含むDDの結果を受けて、買手は買収対象会社の企業評価を行います(なお、本書では、買収対象となる株式その他の資産または事業の価値を評価することを簡便的に「企業評価」と呼びます。具体的な企業評価の方法については、3(1)参照)。この段階では、DDにより必要な情報は揃ってい

図表1-1 企業評価やストラクチャリングとの関係

るため，より精緻な評価を行い，売手との買収価格の交渉の基礎とします。

また，買収のストラクチャーについても，DDの結果を受けて修正し，売手と交渉します（**図表1-1**参照）。

(6) 買収契約の締結

DD及びその検出事項を反映した企業評価・ストラクチャリングの結果を受けて，売手と最終的な交渉を行います。ここで，基本合意書の買収条件が修正され，最終的に合意された買収条件が，法的な拘束力をもつ（「バインディング」），買収に係る契約書（株式譲渡契約書やShare Purchase Agreement（SPA）など。以下「買収契約書」）に反映されます。

買収契約書のドラフトは，売手が準備したものを用いる場合もあれば，買手（法務DDを担当する弁護士など）が作成する場合もありますが，いずれの場合でも，財務・税務DDをはじめとする各種DDを行った内部のチームや外部の専門家のコメントを受けて，DDで検出されたリスクをできるだけ低減できる形で取りまとめる必要があります。

仮に買収価格が合意されていたとしても，クロージングの前提条件や表明・保証条項など，合意すべき事項は多岐にわたります（第8章参照）。そのため，買収契約書の内容を確定させるための交渉には長期（数か月）を要する場合もあります。

なお，入札の場合でも，買収契約書の内容を交渉する点は相対取引の場合と同様ですが，通常は売手が準備したドラフトに対して，買手が修正を加えます（いわゆる「マークアップ」）。また，入札の場合，最終的に（買収価格を）入札する際に，マークアップ済みの契約書も併せて提出を求められる場合も多いと考えられます。

(7) クロージング

買収の最終段階として，クロージングがあります。これは，買収契約書に規定された日時に，対価の支払いを行い，代わりに目的物（株式買収の場合は株式）の引渡しを受けることをいいます。このクロージングにより，買収が完了することになります。

買収価格決定のために行われるDDは，通常，クロージング日より前の日を基準日として実施され，企業評価もその時点を基準に行うことが多いと考えられます。そのため，実務的には，（基準日から）クロージング日までの買収対象会社の業績変動を買収価格に織り込む必要が出てきます。これがいわゆる買収価格調整であり，買収契約書には，この買収価格調整のための条項（「価格調整条項」）が盛り込まれています。

これにより，クロージング日に買収価格が調整される場合のほか，クロージング後に資金のやり取りをすることで，買収金額の事後的な修正（追加支払いや返金）を行う場合もあります。なお，この買収価格調整の要否や調整金額を確認するために，追加的なDDを行うこともあります。

3 ┃ 財務・税務DDと企業評価との関係

(1) 主な企業評価の方法

企業評価には，何に着目して評価を行うかにより，大きく3つのアプローチがあります。すなわち，①インカム・アプローチ，②マーケット・アプローチ，③コスト・アプローチであり，それぞれの代表的な手法として，①DCF法，②市場株価法または乗数法，③修正簿価純資産法があります。

それぞれの内容は後述しますが，どのアプローチを採用するかは，買収の目的，買収対象会社の事業内容，入手できる情報などに依存します。

例えば，買収対象会社が上場会社の場合，通常は②マーケット・アプローチにより，実際の株価を基礎として評価を行うことが多いと考えられます（もちろん，他のアプローチによる評価結果も加味します）。

また，買収対象会社の将来の成長を見込んで買収を行うのであれば，将来のCFに着目する①インカム・アプローチ（DCF法）が最適ですが，DCF法による評価を行うためには精度の高い事業計画が必要になります（実際には，複数のシナリオや前提条件をもとに試算を行います）。買収対象会社が事業計画を全く作成していない場合や，作成していても信頼性が低い場合には，他の評価方法によらざるをえない状況も想定されます。

なお，企業評価は，1つのアプローチのみならず，複数のアプローチによる評価結果の（加重）平均値として算定されるケースもあります。例えば，①イ

ンカム・アプローチと②マーケット・アプローチを併用する方法は，非常によ
く見る企業評価方法です。

以下では，各評価手法について，その内容を簡単に見ていきます。

①　インカム・アプローチ：DCF法

　DCF法は，最も一般的な事業価値の評価手法であり，評価の対象となる事
業が生み出すであろう将来CFの割引現在価値をもって（事業の）価値を算定
する方法をいいます。DCF法の基本的な考え方は，対象会社の事業が将来ど
れだけのCFを生み出し，それを株主（及び有利子負債等の提供者）に還元で
きるか，という観点になります。一般に，買収が買収対象会社の将来CFに着
目して行われることを考えると，DCF法は最もその目的に沿った評価方法と
いえます。
　この評価方法は，財務DDの事業計画分析と特に関連性が強いといえます。

②　マーケット・アプローチ：市場株価法と乗数法

　マーケット・アプローチによる評価手法のうち，市場株価法は，文字どおり
買収対象会社の株式市場での取引価格をもとに株主価値を算定する方法であり，
財務・税務DDとは直接関連しません。
　一方，乗数法は，比較可能な（つまり，同業種で，理想的には規模も大きく
乖離していない）上場会社がある場合に用いられる評価手法であり，比較対象
となる上場会社について算定された各種の乗数を使用して，企業価値などを算
定する方法をいいます。ここで，乗数としては，企業価値を算定するための
EV/EBITDA倍率（＝企業価値÷EBITDA）や，株主価値を算定するための
PER（＝株主価値÷当期純利益）などが用いられますが，どのような乗数を用
いるかは買収対象会社の属する業界による部分が大きいといえます。
　乗数法については，仮に買収対象会社に類似する上場会社が見つかった場合
には，買収対象会社の事業の成長性に係るマーケットの見通しを反映させるこ
とができるという利点があります。
　この手法については，一般には正常収益力を示す指標やその他のフロー情報
を用いることが多く，基本的には財務DDにおける損益計算書分析やキャッ
シュ・フロー計算書分析と関連性が強いといえます。

③ コスト・アプローチ：修正簿価純資産法

修正簿価純資産法は，基準日における資産・負債の修正簿価（時価に近似）を基礎として算定された純資産価額をもって，株主価値を算定する手法をいいます。DCF法がフローに着目するのに対して，修正簿価純資産法はストックに着目した評価手法といえます。その意味で，対象会社の将来CFなどは基本的に加味されておらず，基準日時点の清算価値を示すものと解釈できるため，買収が買収対象会社の将来CFに着目して行われる場合には，必ずしも適さない評価手法といえます。

ただし，インカム・アプローチやマーケット・アプローチに比べると，数字としての信頼性は高いため，修正簿価純資産法による評価額をDCF法や乗数法による評価結果と比較する形で用いることには意味があります。

この評価方法は最も財務・税務DDとの関連性が強く，特に財務DDにおける貸借対照表分析の結果は，修正簿価純資産法による評価結果に直結します。

(2) 企業評価と買収価格の関係

企業評価における事業価値の算定から買収価格（の基礎となる株主価値）の算定に至る大まかな計算の流れは，**図表1-2**のとおりです。

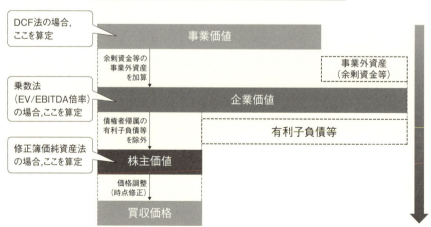

図表1-2　株主価値（買収価格）算定の流れ

事業価値がDCF法により評価されるとすれば、重要なのは将来CFの見積りであり、企業価値が乗数法（EV/EBITDA倍率）により評価されるとすれば、重要なのは正常収益力（EBITDA）になります。また、事業価値や企業価値から株主価値を算定するにあたっては、事業外資産（非事業用資産）や有利子負債等を調整する必要があります。さらに、DDの基準日時点の株主価値から、買収時点の買収価格（の基礎となる株主価値）を算定するにあたっては、純資産の変動の調整など、時点の相違を埋めるような調整が必要になります。

単純にいうと、財務・税務DDにおいては、これらの買収価格の構成要素を調査の対象とし、企業評価の基礎を提供していることになります。

なお、買手にとっての買収対象会社の評価額には、買手とのシナジー効果（により生まれる将来CFの現在価値）も含むため、そのようなシナジー分析もDDの一環で行われます。

ここからは、具体的に見ていきます。

① 基礎数値の見積り

企業評価に必要となる重要な基礎数値として、買収対象会社の純資産のほか、DCF法の場合は将来CF、乗数法の場合は正常収益力を示すEBITDAなどがあります。

まず、DCF法で用いる将来CFは、一般にフリー・キャッシュ・フロー（FCF：Free Cash Flow）を意味します。FCFとは、概念的には営業CFと投資CFの合計であり、企業が債務の返済や配当などに自由に使えるCF、言い換えると債権者や株主に帰属するCFをいいます。営業損益を基礎としてFCFを調整計算するためには、**図表1-3**のように、税金費用（みなし法人税等）のほか、運転資本（の増減）や設備投資及び減価償却費を調整する必要があります。

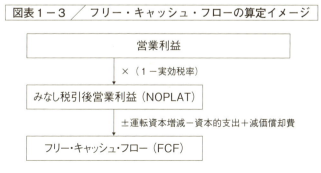

図表1-3／フリー・キャッシュ・フローの算定イメージ

次に，(乗数法のうち) EV/EBITDA倍率で用いるEBITDAとは，利息・税金・減価償却費等控除前利益（Earnings Before Interest, Taxes, Depreciation and Amortisation）を意味します。EBITDAは，支払利息控除前であるため資本構成の影響を受けず，税金控除前であるため税制（法人税率）の影響を受けず，また減価償却費等控除前であるため減価償却方法の影響も受けません（**図表1－4**参照）。したがって，対象会社の最も基礎的な収益力を表す指標といえ，国際的な比較にも適します。財務DDにおいては，損益計算書分析の一環として正常収益力を算定しますが，その際の指標としてEBITDA（または調整後EBITDA。第5章②5（158頁）参照）を用いるのは，このような背景があります。

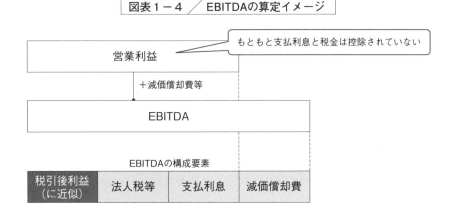

図表1－4　EBITDAの算定イメージ

② **事業価値の算定**

買収価格の算定を目的とする企業評価においては，まず買収対象会社の「事業価値」を算定することからスタートします。

ここで，事業価値とは，文字どおり，買収対象会社の事業の価値であり，事業外資産（非事業用資産）の価値は含んでいません。事業外資産とは，事業に使用されていない資産であり，例えば，余剰資金，事業運営に必要のない投資有価証券，遊休不動産などが該当します。これは，事業外資産が基本的にFCFを生み出さないため，FCFをベースに算定される事業価値にも反映されていないということです。

一方，有利子負債等を提供する債権者に帰属する価値は，事業価値に含まれ

ています（控除されていません）。

DCF法の算定結果は，基本的にこの事業価値になります（実際には，CFの取り方により異なります）。

③ 企業価値の算定

次に，買収対象会社の「事業価値」を基礎として「企業価値」を算定します。ここで，企業価値とは，事業価値に事業外資産の価値を加えたものであり，買収対象会社の企業としての（全体の）価値をいい，有利子負債等を提供する債権者に帰属する価値も含まれています（控除されていません）。

この事業価値に加えるべき事業外資産を特定して，その処分価額等を評価する作業も財務DDの一環となります。

なお，DCF法の場合，事業価値の算定結果に事業外資産の時価を加算して企業価値を算定しますが，EV/EBITDA倍率を用いる乗数法の算定結果は，基本的に買収対象会社の企業価値となります。

④ 株主価値の算定

最後に，買収対象会社の「企業価値」を基礎として「株主価値」を算定します。ここで，株主価値とは，買収対象会社の企業価値のうち，株主に帰属する部分であり，企業価値から有利子負債等を提供する債権者に帰属する価値を控除したものです。

有利子負債等には，借入金や社債といった純粋な有利子負債のほか，リース債務なども含まれます。また，その範囲は必ずしも明確ではないものの，有利子負債に類似する項目も集計します。端的には，将来のキャッシュ・アウトフローを伴う非経常的な項目（事業価値や企業価値に反映されていないもの）がこれに該当します。オフバランス項目（のうち偶発債務）に係る調整が多いと思われますが，例えば，財務DDで検出されたリストラ計画に付随する多額の費用の支出予定などは，有利子負債に類似する項目として，有利子負債等に含めて考えることが多いと思われます。

このように，有利子負債等を特定する作業も財務DDの一環となります。

なお，③企業価値を算定せず，②事業価値から「有利子負債等－事業外資産」を控除する形で，直接的に④株主価値を算定する場合もあります。この場

合，一般的に「有利子負債等－事業外資産（余剰資金を含む）」の部分をネット・デット（net debt）と呼び，以下のような関係が成立します。

④株主価値＝②事業価値－ネット・デット

⑤　買収価格の算定（交渉）

　株式買収における買収価格は，基本的に株主価値を基礎としますが，株主価値が一定の基準日（直近の決算日など）のものとして算定されるのに対して，買収価格はあくまでも買収時点（より正確にはクロージング時点）で算定されるべきものです。したがって，まずは過去の基準日における株主価値に基づいて買収価格の交渉を行いますが，一般には，（基準日から）クロージング時点までの価値の変動を調整するための条項（いわゆる「価格調整条項」）を買収契約書上に含めておきます。

　この場合における1つの考え方は，買収対象会社の純資産の変動を調整するというものです。単純にいうと，「クロージング時点の純資産の額－基準日時点の純資産の額」を加減するイメージです。しかしながら，実際には有利子負債（及び余剰資金を含む事業外資産）と運転資本の変動に限定して調整を行う場合も多いと思われます。どのような項目を調整するかは，買収契約書上の価格調整条項に規定しますが，その際，用語の定義（個別・連結財務諸表の別や適用する会計基準等を含む）を明確にしておく必要があります。この点は，海外案件の場合，特に重要になります。

　様々な要検討事項はあるものの，価格調整条項については，基準日からクロージングまでの間，売手に可能な限り買収対象会社の事業価値を維持させるような調整項目を規定しておくことが，最も重要なポイントになります。

(3)　企業評価を行う局面とDDとの関係

　企業評価を行う局面としては，2(2)のとおり，まずDD実施前の検討段階があります。この段階では，外部情報や買収対象会社から提供された限定的な情報をもとに予備的な評価を行います。この予備的な評価結果が基本合意書や意向表明書に反映されることになります。

　次に，財務・税務DDを含むDDを実施し，その結果を受けて，再度企業評

価を行います。この段階では，DDにより必要な情報は揃っているため，より精緻な評価を行います。もちろん，買手による評価がそのまま買収価格になるわけではなく，売手による評価との間で折り合いをつけることになるため，この評価を売手との買収価格の交渉の基礎とします。

このように，予備的な企業評価結果は，財務・税務DDを経て，最終的な企業評価結果につながるため，企業評価と財務・税務DDは密接な関係にあるといえます。

その意味で，財務・税務DDは常に企業評価を意識しながら行う必要があります。実際に財務・税務DDにおける検出事項は，定量化できるものは，買収価格の調整項目として交渉します。また，定量化できないものは，買収契約書上のクロージング条件や表明・保証条項などにより，買手にとっての企業価値を毀損しないような対策がとられることが多いと考えられます。

⑷ 「のれん」への影響の検討

支払った買収価格は，買収の対象となった資産や負債の帳簿価額に反映されるほか，（個別財務諸表または）連結財務諸表上の「のれん」として認識されます。買手は，株主や潜在的な投資家から，「のれん」の裏付けとなる価値（例えば，買収対象会社の将来の超過収益力），つまり，買収価格の合理性の説明を求められる場合があります。その意味でも，信頼性のある企業評価を行っておくことに価値があります。また，日本の会計基準上，「のれん」は償却されるため，それが買手（グループ）の買収後における連結財務諸表上の損益に与える影響も無視できません。端的には，それを上回る超過収益をあげて，その収益でのれんの償却費を吸収していく必要があるということです。仮に買収価格が高すぎた場合には，十分な投資回収ができず，のれんの償却負担に耐えられない（買収事業が連結ベースで営業赤字になる）場合もあります。

4 財務・税務DDとストラクチャリングとの関係

⑴ ストラクチャリングとは

買収のストラクチャーとは，端的には買収の形態を意味し，このストラク

チャーを検討する過程を一般にストラクチャリングといいます。

ストラクチャリングは，種々の制約条件の下で，買手にとって最適な買収ストラクチャーを模索する作業といえますが，ストラクチャリングにあたって，まず考えるべきは，事業上の制約条件です。大きくいうと，買収対象会社を子会社としたいのか，買収対象会社を自社に取り込みたいのかによって，ストラクチャリングは大きく変わってきます。例えば，人事戦略の観点（給与格差の問題など）から，買収対象会社を自社には取り込めず，その法人格を維持するのであれば，一般に株式買収等の手法を検討します。一方，特定の資産・負債のみを自社に取り込みたいのであれば，資産買収等の手法を検討することになります。

つまり，スタートラインは，事業上の必要性であり，これにより検討すべき手法が変わってくるということです。その意味で，重要なのは，事業上の制約を明確にしておくことといえます。買収ストラクチャーは売手との交渉の一要素となるため，最終的に自社の思い通りのストラクチャーになるとは限りません。そのため，事業の観点から，優先度が高く譲れない条件を明確にしておき，それを前提に交渉することが重要です。もちろん，税務上の有利・不利も重要な観点ですが，それを最優先にストラクチャリングを行うのは，一般に望ましくないと考えられます。

(2) 主な買収ストラクチャー

買収ストラクチャーの検討にあたり検討すべき事項は多岐にわたりますが，誤解を恐れずにいうと，重要なのは「どのように買うか」と「誰が買うか」です（詳細は割愛しますが，特に海外における買収では，「誰が買収資金を借りるか」も重要になります）。

① 株式買収と資産買収の比較

「どのように買うか」の問題は，まず選択肢として，買収対象会社の株式を取得する方法（「株式買収」）と，買収対象会社の資産及び負債を取得する方法（「資産買収」）があります。

株式買収の場合は，買収対象会社の所有者である売主から株式を購入するだけであるため，一般的に非常にシンプルな取引になります。

一方，資産買収の場合，基本的には買収対象会社から事業譲渡を受ける形になりますが，買手が（直接）事業譲渡を受けるケースのほか，買手が子会社を設立し，その子会社が事業譲渡を受けるケースもあります（特に海外における買収の場合）。資産買収の場合，事前に買収する資産及び負債を特定するため，不要な資産や簿外債務を引き継がなくて済むというメリットがある一方，一般的に手続はより煩雑になります。

なお，「どのように買うか」は必ずしも「どのように持つか」にはリンクしません。例えば，株式買収（子会社化）後，その子会社に不要資産を処分させた後に（その子会社を）吸収合併すれば，資産買収とほぼ同じ保有形態になります。逆に，新規設立子会社による資産買収は，株式買収とほぼ同じ形態になります。

株式買収と資産買収の選択について，売手は一般的に株式買収（株式譲渡）の形態を好むと思われますが，買手にとっては，最低限，**図表１－５**のような要素を検討する必要があります。

図表１－５／買収ストラクチャーの基礎―株式買収か資産買収か

分野	要検討事項	株式買収	資産買収
ビジネス	従業員等の人的資源や会社の仕組み（組織）をそのまま引き継ぎたい	○	×
	取得する資産・負債を取捨選択したい	×	○
財務・税務	買収対象会社の繰越欠損金や優遇税制を引き続き利用したい	○（注１）	×
	減価償却資産の簿価をステップ・アップさせ，また「のれん」を認識し，償却費を通じて将来の課税所得を圧縮したい	×	○（注２）
法務	買収対象会社が保有する契約やライセンスを維持したい	○	×
	簿外債務や偶発債務を法的に切り離したい	×	○

（注１）株主変更が，繰越欠損金や優遇税制に影響を与えない場合
（注２）税務上，のれんの償却を認める国の場合

状況にもよりますが，資産買収の最大の利点である簿外債務や偶発債務の切

離しについては，DDによっても実態がつかみづらい買収対象会社を買収する際に有効と考えられます（特に海外における買収の場合）。

このような簿外債務等の切離しまでは必要ない場合，ストラクチャーの検討にあたっては，事業上の制約を前提として，税務メリットを追求することが主眼となるため，税務DDにおける情報収集が特に重要になります。

端的には，買収対象会社が多額の繰越欠損金を有しており，買収を経ても繰越欠損金が失効しない場合，一般的には株式買収が有利になります。逆に，買収対象会社が繰越欠損金を有しておらず（または少額であり），税務上，買収に伴って発生する「のれん」の償却が認められる場合などには，資産買収が有利になります。

以上のように，どのような買収形態を採用するかは，まずは法務面でのリスクの切離しの観点が重要になりますが，税務上の有利・不利も考慮に入れ，その他のDDの結果なども踏まえて，売手と交渉する形になります。

② 買収主体の検討

「誰が買うか」の問題は，基本的に買手またはその子会社（SPCを含む）のうち，どれが買収の主体になるか，という問題です。この点は，海外における買収の場合，特に重要になります。例えば，租税条約の関係で，日本企業が買収主体になるよりも，その地域を統括している中間持株会社を買収主体にしたほうが，配当源泉税が軽減されて有利な結果になることがあります。

例えば，A国に所在する買収対象会社について，日本企業が直接投資した場合，その配当に係る源泉税率（租税条約適用後）が10％であったとします。買収後一定期間を経過した後に日本企業が受け取る配当には，基本的に外国子会社配当益金不算入制度が適用され，この10％部分は日本企業の税務コストとなります。

一方，同じ日本企業が，保有しているB国の中間持株会社経由で投資を行う（つまり，中間持株会社が買収主体となる）場合，買収対象会社からの配当は中間持株会社経由で日本企業に還流されます。この場合，A国からB国への配当については，A国とB国の間の租税条約の影響で，源泉税率が10％よりも低くなる可能性があります。仮にそれを5％とすると，B国が国外配当免税制度を有しており，配当源泉税を課さない国であれば（中間持株会社はそのような国に設立されます），日本企業が負担する税務コストは5％となり，買収対象

会社の配当に関する日本企業の手取額は，配当の5％部分（10％と5％の差額）だけ増加することになります。

このように，海外企業の買収の場合には，買収主体によってグループとしての税負担が変わってくることがあるので，想定されるストラクチャーについて，買収対象会社の営業CFを買手（または買収のファイナンス主体）まで還流させた場合，手取額がどうなるかについて，シミュレーションを行うことが一般的です。

(3) ストラクチャリングを行う局面とDDとの関係

買収ストラクチャーを検討する局面としては，まずDD実施前の検討段階があります。この段階では限定的な情報しかないため，買収の目的に沿う形で，まずは予備的な検討を行います。

具体的には，法的な観点から，ストラクチャーに制約がないかどうかを検討するほか，すでに買収対象会社のリスクを切り離す必要性が明らかである場合には，最初から債務を引き継がない方法（資産買収など）に限定して検討します。さらに，各当事者の買収に伴う課税関係を整理した結果，特定の当事者（特に売手）が税務上著しく不利になるストラクチャーも基本的に除外されます（詳細については第6章4 2 （261頁）参照）。

次に，財務・税務DDを含むDDを実施し，ストラクチャリングに必要な情報を入手します。そして，それを踏まえ，採用可能かつ買手にとって有利なストラクチャーをさらに絞り込んでいきます。例えば，税務DDにおいて，買収対象会社の繰越欠損金が買収後も使用可能であることが確認できれば，株式買収の優位性が増します。

もちろん，売手には売手の事情があるため，このように絞り込まれたストラクチャーをもとに売手と交渉を行い，最終的に合意に至ることになります。なお，結果として買手にとって最適なストラクチャーにならず，買収後に再編を行わざるをえないケースもあります。

以上のように，ストラクチャリングと財務・税務DDは密接に関係しており，実際には，ストラクチャリングは財務・税務DDと同時並行で行われます。これは，端的には，財務・税務DDにおける発見事項の如何によっては，初期段階の暫定的なストラクチャーを変更する必要があるためです。また，逆にスト

ラクチャーを変更する場合には，財務・税務DDの調査範囲も影響を受けます。例えば，買収対象会社の法務リスクが高いという判断で，買収ストラクチャーを資産買収に切り替える場合，過去の租税債務を引き継がないことが明らかであれば，過去の税務申告に起因する税務リスクの分析については，省力化が可能になるということです。「財務・税務DDを終了させてからストラクチャリングを行う」という時間軸では，このような柔軟な対応はできません。

　なお，入札の場合など，売手から買収ストラクチャーの指定があり，そもそも買収ストラクチャーを検討する余地がないケースもありますが，その場合であっても，買収後の再編の可能性を視野に入れて，ストラクチャーに係る検討を行うことが望ましいといえます。

第2章

財務・税務デュー・デリジェンスとは

1 財務・税務デュー・デリジェンス（DD）の概要

(1) 財務DD（会計分野）

　財務DDの主目的は，買収対象会社の過去の実績（損益及びキャッシュ・フローの推移）を把握し，現在の財務状況を評価してリスクを特定するとともに，将来の事業計画の基礎となる情報（損益及びキャッシュ・フローの予測）を入手することにあります。

　財務DDにおいては，様々な調査を行いますが，対象とする財務諸表やデータの種類から，大きくは以下のように分類されます。

---

① 貸借対照表分析
② 損益計算書分析
③ キャッシュ・フロー計算書分析
④ 事業計画分析

　過去・現在・未来という視点で括ると，②損益計算書分析と③キャッシュ・フロー計算書分析は，主として過去の実績の分析といえます。一方，①貸借対照表分析は主に現時点の財政状態の分析です。ただし，当然ながら過去の実績の累積が現在の財政状態となっており，これらは相互に関係しています。

　また，④事業計画分析は将来に関する分析ですが，将来の事業計画の妥当性の検討にあたっては，基本的に過去の実績との連続性を前提とするため，②損益計算書分析と③キャッシュ・フロー計算書分析が④事業計画分析の基礎となります。

(2) 税務DD（税務分野）

税務DDの主目的は，買収対象会社の（現在の）税務ポジションを把握することに始まり，過去の税務調査実績から税務上の問題点を把握し，申告書等から現在の税務リスクを分析し，さらに将来のストラクチャーの検討に有用な情報を収集することにあります。

ここで，税務リスクのうち最も直接的なものとして，買収後の税務調査により，過去の税務申告の誤りに起因する追徴課税を受けるリスクが考えられます。買収後に税務調査が行われる可能性は高く，また追徴課税の発生なしに税務調査が終了することも稀であるため，この税務リスクは，DDで対処すべきリスクの中では，顕在化の可能性が高いリスクといえます。また，間接的には，買収によるグループ化後に，そのような追徴課税がメディア等で報じられた場合，レピュテーション・リスクの問題が生じることも想定されます。

(3) 財務・税務DDの流れ

財務・税務DDは，基本的に以下の流れで行います。

① 資料依頼及び全般的な質問（QAリスト）
② 資料分析
③ 追加の資料依頼及び追加質問（QAリスト）
④ インタビュー・セッションにおける追加質問
⑤ 報告書の作成

①の初期段階の資料依頼及び全般的な質問は，ほぼ定型の依頼資料リストやQAリストに基づいて行われるもので（第3章参照），基礎的な資料の開示を依頼し，基礎的な事項を質問することになります。ただし，外部情報に基づく基礎情報分析により特定されたリスクについては，この段階から詳細な資料依頼や質問を行う場合もあります。

また，②開示を受けた資料を分析した後，必要に応じて③追加の資料依頼及び追加質問を行います。この場合，時間的な制約を考慮し，質問事項に優先順位を付けて，優先順位の高い事項から優先的に回答してもらえるよう依頼することが重要になります。

第2章　財務・税務デュー・デリジェンスとは　25

　ただし，買収対象会社の担当者のレベルの問題によりQAリスト上で満足な回答が得られない場合や，買収対象会社の特定の担当者に対してDDチームからの質問が集中するような場合には，書面によるやり取りのみでは，期限内に財務・税務DDを終了させるのが難しいケースがあります。

　そのような場合には，④インタビュー・セッションを設定し，滞留した質問事項を各担当者へのインタビューにより解消していく必要があります。この場合，会計面は買収対象会社の経理部門で回答できても，税務面は（買収対象会社の）顧問税理士でないと十分な回答ができないというケースもあります。したがって，事前にインタビューの質問項目を伝えて，明確に回答できる担当者（顧問税理士などを含む）に参加してもらうことが重要になります。

　⑤報告書の作成については，DDにおいて判明した情報をまとめるプロセスになります。主な記載事項については，第7章をご参照ください。

(4)　外部専門家の活用に関する留意事項

　財務・税務DDに際して外部専門家の支援を受ける場合，外部専門家が実施する調査については，以下の点に留意する必要があります。

- DDにおける調査は，監査とは異なるものである
- 買収対象会社から開示された情報自体の妥当性は検討せず，DDにおいて何らかの分析を行う場合でも，その分析の基礎となる情報の信頼性を保証するものではない（ただし，開示された情報間で不整合がある場合には報告される）
- 事業計画またはその前提条件の実現可能性については責任を負わない（ただし，開示された前提条件間で不整合がある場合には報告される）
- 合意された調査内容について，情報の入手に関する制約などから，必ずしもすべて実施できるとは限らない（ただし，実施できなかった調査の内容は報告される）

　このような外部専門家が実施する財務・税務DDの性質は，最も端的には，その報告書の文言に表れます。詳細については，第7章1（277頁）をご参照ください。

2 | スコープの決定

　財務・税務DDの対象範囲（スコープ）については，「標準的にはこの範囲を対象として財務・税務DDを実施すべき」というような，何らかの基準が存在するものではなく，買収対象会社の規模やリスクに応じて，買手が独自に決定すべきものです。

　また，予定される買収のストラクチャーもスコープに影響を与えます。すなわち，株式買収の場合，買収対象会社自体のリスク（例えば，簿外債務など）を引き継ぐことになりますが，資産買収の方法を選択する場合は，（例外的に買手に第二次納税義務が課される場合を除き，）そのリスクは切り離されるため，基本的には買収対象となる資産及び負債に限定して調査を行えばよいことになります。

　ここでは，(1)調査対象会社と(2)調査対象期間という区切りで，財務・税務DDのスコープを確認します。

(1)　調査対象会社

①　調査対象会社の決定方法

　財務・税務DDのスコープの決定にあたり，まず決定すべきは調査の対象とする会社の範囲です。すなわち，買収対象会社が子会社等を有している場合，財務のうち会計に関する分析は，基本的に連結ベースで行います。買収対象会社の事業価値は，当然ながら子会社等が生むキャッシュ・フローも含めた連結ベースの数値を基礎としているためです。

　ただし，子会社等のうち，どこまでを（詳細な）調査の対象とすべきかは検討の必要があります。これは，それぞれの会社の規模やリスクに応じて個別に決定すべき事項であり，基本的には関係する各社をその事業規模や事業内容からランク付けする必要があります。ただし，一般には重要性が低い子会社等だからといって，完全に調査の対象から外してしまうのはお勧めできません。また，すでに買手企業と取引関係がある子会社等について，原価情報等の機密保持の観点から，資料の提供が困難と主張された場合なども同様です。このようなケースでは，予算上の制約も考慮しつつ，スコープを限定する形で，例えば，ハイレベルな貸借対照表の増減分析や損益計算書の推移分析を行い，疑問点は

QAリストやインタビューで確認する等の対応は行ったほうが望ましいと考えられます。

　この調査対象会社の決定は，買収対象会社が海外子会社を有する場合に特に重要になります。海外子会社については，税務リスクの検討について，現地の税法に従って判断する必要があるため，現地の税務専門家の利用は必須です。同様に，ストラクチャリングに関する情報も現地専門家にしかわからない部分があります。したがって，重要性があれば，調査内容を拡充せざるをえませんが，一般に海外子会社に対するDDについては，国内でDDを実施する場合に比べて，かなりのコストがかかることになります。

②　調査対象会社の範囲の変更

　まずは①のような観点で調査対象会社を決定しますが，財務・税務DDの開始後にスコープを変更するケースもあります。例えば，当初は重要性が低いと考えていた子会社等において，ハイレベルな分析により，重要なリスクが検出された場合や，重要性の低い子会社等が実は買収対象会社（親会社）とイレギュラーな取引を行っていることが判明した場合などがこれに該当します。この場合，その子会社等も詳細に調査しないと，取引の全体像がつかめないため，スコープを拡大して，その子会社等も対象に含めることになります。逆に，財務・税務DDの過程で，大きな潜在的リスクが検出された子会社等について，買収の対象から外すことが決定した場合などには，スコープを縮小することもありえます。

(2)　調査対象期間

①　調査対象期間の決定方法

　財務・税務DDのスコープを決定するにあたっては，調査対象期間も検討する必要があります。

　一般的には，過去5年程度の財務数値を見て，それがある程度安定的に推移している場合には，過去3事業年度程度を対象に財務・税務DDを実施することが多いと考えられます。

　また，財務・税務DDの基準日を直近の決算日（事業年度末）とする場合，進行事業年度（直近の決算日の翌事業年度）の取扱いが問題になります。

一般的には，進行事業年度については，調査対象年度ほどの詳細な調査は行わないものの，月次決算の推移は把握しておきます。月次決算の精度は会社によりまちまちですが，基本的に管理目的で行われるものであるため，事業年度末の決算と比べると格段に精度が低いといえます（例えば，減価償却費や賞与について年度の予算額の月割分が計上されているなど）。そのため，月次ベースの最終利益などにはあまり意味はありませんが，一方で売上高等の基礎的な数値については，一定の情報価値があります。このような観点からは，月次売上高等の数値について，前年同期比や予実差異の分析を行い，QAリストやインタビューなどで増減要因や差異要因を確認することが有効といえます（なお，買収対象会社が上場会社やその子会社等であれば，月次決算よりも精度の高い，四半期決算の情報を利用することもできます）。

また，財務・税務DDの実施タイミングによっては，いったんは過去2事業年度を対象に調査を行っておき，進行事業年度の決算を待って，その決算（つまり，3事業年度目）も詳細な調査の対象にするケースもあります。

いずれにせよ重要なのは，直近の決算日を基準日として財務・税務DDを行う場合に，DDの終了段階になって，進行事業年度の財務数値に関してサプライズがないようにしておくことといえます。

② 税務DDにおける留意事項

税務DDの調査対象期間の決定にあたっては，買収対象会社に対する過去の税務調査の実施状況も考慮します。端的には，税務調査が終了した事業年度より，税務調査が未了の事業年度（いわゆる「オープン」の状態）のほうがリスクが高いので，租税債権の時効も視野に入れながら，調査未了事業年度を重点的に調査します。これは，日本においては，すでに税務調査が実施済みの事業年度については，通常は再調査の対象とはならないためです。

また，税務当局による更正処分が可能であるのは，原則5年間とされているため（移転価格税制については6年），これを前提に調査対象期間を定めます。

まとめると，過去5年（または6年）の事業年度のうち，税務調査未了の事業年度について，重点的に調査すべきということになります。

海外企業の税務DDにおいても，この点は同様ですが，特に新興国においては，一般に租税債権の時効が長いことが多いため（過去の誤りが脱税行為とみ

第2章 財務・税務デュー・デリジェンスとは 29

なされる場合，無期限に遡及して課税されるなど），税務DDの調査対象期間を
広めにとるか，別途表明・保証等（第8章2（285頁）参照）で対応する等の
対策が必要になります。

(3) 調査対象税目

　税務DDにおいては，まず調査の対象とする税目を決定する必要があります。
ここで，一般に金額的なインパクトが最も大きく，税務DDで重視されるのは
法人税です。また，住民税（及び地方法人税）や事業税（及び地方法人特別
税）など，法人税に連動する税目も多くあります（ただし，地方税のうち，事
業税の外形標準課税部分は，必ずしも法人税に連動しないため，別途調査の対
象とする場合もあります）。

　法人税やそれに連動する税目以外では，消費税や源泉所得税については，税
務DDにおける調査対象に含められることが多いと考えられます。その他の税
目については，買収対象会社の置かれる環境下で重要であり，税務リスクが高
いと思われるものを対象に含めます。例えば，関税等については，税務DDの
対象になることがあります（特に海外の場合）。

① 法人税

　法人税は，上記のとおり，税務DDにおいても重要性が高く，重要な税制改
正が行われる頻度も高いため，誤りの発生しやすい分野です。また，前提とな
る会計処理を理解したうえで申告調整を行う必要があるなど，一定の専門性も
必要になります。本書においても，法人税に関するチェックリストは特に充実
させています。

② 消費税

　消費税は，法人税の課税所得が発生していない企業においても課税リスクが
あり，また近年は法人税率が引き下げられる一方，消費税率が引き上げられる
傾向にあるため，その重要性が増してきています。

　一般に，消費税に係る税務リスクが重要になるのは，買収対象会社の課税売
上割合が低い場合です。すなわち，そのような会社では，仕入税額控除の制限
により，仮払消費税等の一部が控除対象外とされるためです。例えば，買収対

象会社が不動産業を営んでいる場合などは，消費税に関する調査が重要になります。

また，買収対象会社の課税売上高が5億円超の場合には，課税売上割合が95％以上の場合であっても，仕入税額控除に制限があるため，程度の差はあれ，上記と同様の問題が起こりえます。

③ 源泉所得税

源泉所得税は，課税所得が発生していない企業においても課税リスクがあり，この点は消費税と同様です。特に買収対象会社が海外への支払いを頻繁に行っている場合には，租税条約に関する届出書の提出漏れや源泉徴収漏れが生じやすいため，本書では海外への支払いの際の源泉徴収の要否の判断について，チェックリストに含めています。

④ 関　税

関税とは，国内産業の保護などを目的として，輸入品に課される税金をいいます。

一般に，国内における税務DDにおいては，関税を対象税目に含めるケースは多くないと思われますが，海外における税務DD（日本企業の海外子会社に対するものを含む）については，その所在地国や業種によっては，相対的に関税の重要性が高い場合があります（比較的高い関税率が維持されており，かつ税関による調査も強化されている国など）。買収対象会社の輸入品目やその規模から，関税のリスクが重要と判断される場合には，現地の専門家が関与するケースもあります。このような場合は，通常の税務DDに関与する専門家では対応できず，別途関税の専門家がチームに参加することになります。

本書では，関税の基礎のみを解説します。

3 ┃ DD間の連携

前述のとおり，DDは会計・税務の分野のみならず，様々な分野で実施されます。もちろん，各DDの視点はそれぞれ異なりますが，買収対象会社の調査という究極的な目的は同じであり，また同じ情報を用いて分析を行うことも多々あります。

そのため，まずは作業の重複が起きないように注意することが必要ですが，より積極的な意味では，他のDDで入手した情報やその分析結果が，自らの分野に対して与える示唆を見逃さないようにすることも重要です。いずれの分野でも，DDは限られた時間のなかで実施されるので，すべての問題点を検出できるとは限りません。その意味でも，定期的にミーティングを開催して，各DDのチーム間で重要な問題点を共有するなど，コミュニケーションを密にすることが必要になります。

　以下では，財務DDと税務DDの連携や，ビジネスDD及び法務DDとの連携について，簡単に見ていきます。

(1)　財務DDと税務DDの間の連携

　財務DDは主に会計分野のDD，税務DDは税務分野のDDであり，両者は財務DDにおける「税金・税効果」の項目でリンクしています。すなわち，財務DDの貸借対照表分析における「繰延税金資産」や「未払法人税等」の分析は，税務DDの調査結果に依拠するところが大きいといえます。

　しかしながら，実際には，このような特定の調査対象項目に限定されない連携が必要になります。単純にいうと，「課税所得＝会計上の利益±申告調整項目」という関係が成立するため，財務DDにおいてイレギュラーな会計処理が検出された場合，税金費用などに与えるインパクトを検討するうえでは，対応する申告調整も併せて確認する必要があります。この場合には，「申告調整の有無や妥当性」について，財務DDチームが税務DDチームに確認すべきです。

　逆に，税務DDにおいて申告調整の内容を検討するにあたっては，その前提となる会計処理を理解する必要があります。課税所得（＝会計上の利益±申告調整項目）が正しく計算されている場合であっても，そもそもの会計処理がおかしい（つまり，イレギュラーな会計処理にイレギュラーな申告調整が行われている）場合などは，税務DDチームは財務DDチームに確認すべきでしょう。

　また，関連当事者取引のように，会計上も税務上もリスクが高い分野についても，財務DDチームと税務DDチームの連携が重要になります。

⑵　ビジネスDDとの連携

　財務DDにおける基礎情報分析，損益計算書分析及び事業計画分析といった分野は，ビジネスDDと密接に関係しています。これは「ビジネス」の結果が「財務」の数値に表れることからすれば当然のことです。そのため，例えば，事業計画に関するインタビューなども，ビジネスDDチームと財務DDチームが共同で行うことが多いと思われます。

　ビジネスDDにおいては，買収対象会社の事業価値の源泉を特定することが何より重要になりますが，それが実際に価値を生み出しているかどうかは，財務DDにおいて（損益計算書分析における損益構造の把握や正常収益力分析を通して）検証されることになります。

　すなわち，ビジネスDDチームが事業部門から入手した様々な情報（定性的情報を含む）に関して，財務DDチームが管理部門から入手した情報との整合性を確認するという関係になり，財務DDはいわばビジネスDDにおける分析結果の裏付け作業を行っていることになります。

　これは，企業評価に直結する事業計画分析においても同様であり，過度に楽観的な事業計画に対しては，ビジネスDDの視点のみならず，財務DDの視点からも，過去の実績との不整合性などを指摘していくことになります。

　財務DDを行ううえで重要なのは，それを単なる「財務」面の調査で終わらせないようにするということです。買収にあたって重視すべきはあくまでも「事業」が生み出す将来のCFであるため，財務DDにおいても，財務分析等の作業に終始するのではなく，常にビジネスDDとのリンクを意識しておく必要があります。つまり，現在の「財務」面の分析対象が，将来の「事業」が生み出すCFにどのように影響するか，という視点です。

⑶　法務DDとの連携

　法務DDでは，買収対象会社の法務リスクに関する調査が行われますが，財務DDにおいては，そのリスクを可能な限り定量化し，それが財務数値に与える影響を検討することになります。例えば，法務DDにおいて，未払残業代などの簿外債務や訴訟などに関する偶発債務が検出された場合などが典型です。

　また，法務DDにおいては，各種契約書の閲覧が行われますが，例えば，金

銭消費貸借契約の内容（担保の有無や財務制限条項の内容）などは，財務DDにおいても調査対象となるため，財務DDチームが，適宜法務DDチームから情報を入手するなど，作業の重複が生じないように注意する必要があります。これは取締役会や経営会議などの議事録の閲覧においても同様です。

さらに，法務DDにおいては，買収後に事業の制約になるような長期契約についても情報を収集します。例えば，法務DDにおいて，買収対象会社にとって不利な長期契約（不利な価格での原材料の長期購入契約など）が発見された場合は，財務DDの正常収益力分析に反映させる必要があります。重要な契約にチェンジ・オブ・コントロール条項（第5章[1]3[25]（127頁）参照）がある場合にも，財務DDチームはそれを事業計画分析において考慮する必要があります。

誤解を恐れずにいうと，財務DDは，ビジネスDDとは買収対象会社の事業に係るリターン（収益性）の情報を共有する一方，法務DDとは事業に係るリスクの情報を共有することになります。

4 ┃ クロスボーダーの財務・税務DDに関する留意事項

買収対象会社が海外企業の場合，または日本企業であっても海外に重要な子会社等を有している場合には，海外における財務・税務DDが必要になります。一般に，海外企業（日本企業の海外子会社を含む）を対象とする財務・税務DD（以下「クロスボーダーDD」）については，原理的には国内企業を対象とするDDと何ら変わるところはありませんが，いくつか追加的な留意事項があるため，それをここで解説します。

まず，クロスボーダーDDについては，基本的にその国の専門家が実施します。財務DDについては，特に英語圏であれば，日本の専門家でも一定水準の対応は可能ですが，やはり限界はあります。また，税務DDについては，国ごとに税法が大きく異なり，法令の解釈など実務上の判断も現地専門家にしかできないため，基本的に（大手の税理士法人などを経由して）現地の専門家へ依頼することが多いと考えられます。

(1) 会計に関する留意事項

① 会計基準差異への対応

クロスボーダーDDにおいては，買収対象会社の財務諸表が現地の会計基準に基づいて作成されているため，まずはその会計基準の内容を理解する必要があります。買収対象会社が採用している会計基準がIFRS（国際財務報告基準）や米国基準であれば，日本基準との異同点を把握するのは難しくありません。しかしながら，それ以外の現地基準の場合，その内容及び日本基準との相違点を詳細に確認しておく必要があります。

一般に，クロスボーダーの財務DDは，特に外部専門家サイドは現地チームが実施するため，会計基準差異について，「現地基準とIFRSとの相違点」であれば，比較的容易に説明してもらえます。しかしながら，現地チームが必ずしも日本基準を把握しているとは限らないため，「現地基準と日本基準との相違点」は十分な説明が受けられないことがあります。その場合，現地チームには「現地基準とIFRSとの相違点」を説明してもらい，「IFRSと日本基準の相違点」は日本側の財務DDチームで検討することになります。

実際には，財務DDにおいて，買収対象会社の財務諸表をIFRSや日本基準ベースに組み替えることは基本的にありませんが，差異として重要なものについては，IFRSや日本基準への修正による金額的なインパクトを概算するケースはあります。

買収対象会社が採用している会計基準の把握は，買収後の連結の観点からも重要です。すなわち，「連結財務諸表作成における在外子会社の会計処理に関する当面の取扱い」によると，買収対象会社がIFRSまたは米国基準を採用している場合には，当面の間，のれんの償却など一定の調整を前提に，連結上それらをそのまま利用できます。一方，買収対象会社がIFRSや米国基準以外の会計基準を採用している場合には，原則として日本基準に修正する必要がありますが，連結パッケージのみIFRSベースで作成するという対応も可能であるため，財務DDの過程で，買収対象会社の状況も見ながら，このあたりを判断していくことになります。

② 会計基準の適用に関する問題への対応

買収対象会社が採用している会計基準がIFRS（や米国基準）である場合，

または，コンバージェンスの結果，現地基準とIFRSにほとんど差異がない場合などは，会計基準自体の差異にはそれほど注意を払わなくてもよいかもしれません。しかしながら，そのような会計基準の下で，買収対象会社が採用する会計方針が買手のそれと異なる場合，買手において買収対象会社の実態がつかみづらい面があります。

例えば，固定資産の減価償却の方法や耐用年数が大きく異なっている場合，減価償却費を反映した営業損益や，固定資産の未償却残高を反映した純資産は，買手がイメージする水準とは異なっている可能性があります。

また，このような会計方針の相違については，買収後の会計方針の統一の際にも問題になりえます。

さらにいうと，買収対象会社がIFRSを採用していると主張していても，実際には現地基準で作成した財務諸表に多少の調整を入れているにすぎないケースもあるため，「どの会計基準を採用しているか？」という視点のほかに「その会計基準が正しく適用されているか？」という視点も必要になり，この点は財務DDにおいて確認すべき事項といえます。

③ 為替リスクへの対応

海外企業を対象とする買収においては，買収時のキャッシュ・アウトフローは外貨建てになることが多く，買収後のキャッシュ・インフローは基本的には外貨建てになります。そのため，為替リスクの把握が重要になります。

財務DDにおいては，まずは買収対象会社が抱える（つまり，現地通貨を基準とした）為替リスクを把握します。これは，米国法人が対ユーロで為替リスクを保有している場合などが該当します。そのうえで，日本から投資する際の観点として，為替レートの推移などから，円と現地通貨との間の為替リスクを検討することとなります。米国法人の場合，円と米ドルの間の為替リスクになりますが，その米国法人が対ユーロで為替リスクを保有している場合には，円とユーロの間の為替リスクも検討の対象とする必要があります。

具体的には，事業計画分析において，為替の変動を1つの重要な前提条件として取り扱い，それを変動させることで，買収対象会社の価値への影響を把握します。すなわち，想定されるシナリオよりも円高になった場合と円安になった場合について，買収対象会社自体が保有する為替リスクも考慮に入れながら，

それぞれの円建ての事業計画を作成し，円高シナリオの事業価値や円安シナリオの事業価値といった数値を準備しておくことが重要になります。

また，買収対象会社が海外子会社等を有している場合などは，ストック面から為替換算調整勘定を分析することも有効です。これは，過去の為替レートの変動と為替換算調整勘定の変動の関係を把握することで，為替レート変動が買収対象会社の（連結ベースの）純資産に与えるインパクトが理解できるためです。

さらに，為替リスクについては，事業価値の評価という視点のみならず，買収に伴うファイナンスとの対応関係も重要になります。すなわち，買収対象会社からの配当等により，買手が調達した借入金を返済する場合，その借入金が現地通貨建て（例えば，米ドルやユーロ建て）でなければ，配当等の通貨と借入金の返済に必要な通貨が異なることになるため，為替リスクを考慮した返済のシミュレーションも行っておく必要があるということです。

(2) 税務に関する留意事項

① 対象税目の決定

クロスボーダーの税務DDにおいては，まず調査の対象とする税目を決定する必要があります。日本でも同様ですが，税務DDで重視されるのは，一般に金額的なインパクトが最も大きくなる法人所得税（corporate income tax）であり，これは必ず調査対象に含めます。ただし，同じ法人の所得に対する税金であっても，米国のように連邦税に加えて州税も課されるケースなどもあります。

その他の税目については，国によって重要性のある税目が異なりますが，買収対象会社の所在地国において重要な間接税についても，通常は調査対象とします。例えば，付加価値税（VAT：Value Added Tax）の税率が高い国においては，付加価値税の調査が重要になり，これは売上税（sales tax）などと呼ばれるものでも同様です。また，買収対象会社が不動産を保有している場合，不動産関連の間接税（不動産取得税や不動産譲渡税など）も調査対象とすることがあります。また，個人所得税（personal income tax）についても，一定のスコープを前提として，調査対象に含める場合があります。

さらに，日本ではあまりないケースですが，海外企業の買収の場合，関税が

税務DDの対象になることもあります。

　いずれにせよ，対象税目の決定の段階から，現地専門家のアドバイスを受け，十分に協議したうえで，税務リスクが高いと思われるものをDDの調査対象に含めることが重要になります。

②　現地税制の理解

　税法の内容は国ごとに大きく異なるため，税務DDについては，基本的にその国の専門家が実施しますが，日本側のDDチームにおいても，買収対象会社所在地国の税制について一定の理解は持っておくことが重要です。

　特に重要な法人所得税について，押さえておくべきポイントを下表にまとめています。

確認すべきポイント	備　　考
適用される税率	法定税率（または以下の優遇税率）
優遇税制の適用の有無	例えば，優遇税率の適用を含む税金自体の減免のほか，費用（投資）の二重損金算入など
課税所得計算の特徴	例えば，国外源泉所得やキャピタル・ゲインの取扱い（ともに非課税の国あり），費用の損金算入制限など
欠損金の繰越期間	例えば，その期間が短い国（3年など）もあれば，長い国（無制限など）もある
ミニマム・タックスの有無	所得に対する税負担が小さい企業に対して，追加の税負担を求めるもので，ミニマム・タックスがあると所得が落ち込んだ場合にも税額が発生する

　また，買収の実行にあたり一時的に発生する税金（買収契約書に対する文書課税や不動産の（間接）移転に係る諸税）についても，現地に確認しておく必要があります。

③　日本の税制への影響の検討

　現地の税制が重要であるのは上記のとおりですが，買収対象会社である日本企業が海外子会社を有している場合，日本の税制についても特有の検討項目があります。具体的には，第6章③4（241頁）で後述する移転価格税制やタックス・ヘイブン対策税制がこれに該当しますが，これらは国内で完結する買収には無縁の税制であるため，十分にリスクが認識されていないケースがあります。一方で，買収対象会社において，これらの税制による課税が発生する場合，

一般的に追徴税額は多額に上るため，潜在的な税務リスクとしては重要になります。

また，（日本企業の海外子会社ではない）海外企業を買収して子会社化する場合，その子会社化後には，買手において上記と全く同じ問題が生じえます。したがって，この場合も（自社に適用される）移転価格税制やタックス・ヘイブン対策税制への影響を事前に把握しておくことが重要になります。

(3) 不正リスクに関する留意事項

　一般に，不正リスクは，それが発覚した場合の財務数値への影響だけではなく，買収対象会社の（あるいは買手グループの）レピュテーションにも悪影響を及ぼします。そのため，買収対象会社の事業価値自体を低下させる要因として，財務・税務DDにおける不正リスクへの対応は重要になります。

　この点は国内でも海外でも同様ですが，特に新興国の買収対象会社を対象とするDDにおいては，不正リスク（特に資産の流用リスク）が格段に高い場合があります。これはそもそも文化（倫理観）の違いや縁故者等との人的なつながりの重視など，根本的な違いに起因するものもあります。しかしながら，コンプライアンス意識もなく，小さな不正の放置により不正が組織に浸透していたり，人員不足で職務分掌やローテーションが行いづらかったり，という（日本企業とも共通する）事情による場合もあります。すなわち，このような問題は，現地のオーナー企業を買収する場合はもちろん，日本企業の現地子会社を買収する場合でも同様に発生しうる問題ということです。

　クロスボーダーの財務・税務DDにおいて，よく遭遇する不正項目（資産の流用）は以下のとおりです。

- 資金関係：横領
- 仕入関係：不正なキックバックの受領，リベートの横領，血縁企業への優先発注
- 製造関係：在庫（換金可能なもの）の横領，スクラップの無断売却
- 経費関係：個人経費の付け替え

　財務・税務DDにおいて，調査時点で行われているこれらの不正が検出されるというよりは，例えば，監査法人のマネジメント・レターや税務調査におけ

る指摘事項の閲覧，またマネジメントや担当者へのインタビューから，過去に発生した不正が明らかになることのほうが多いと思われます。しかしながら，財務・税務DDにおいても，常にこのような不正の存在を意識しながら調査を進めていく必要があります。

また，上記のような資産の流用のほか，架空売上や損失隠しといった，不正な財務報告にも注意が必要です。新興国の企業に対する財務・税務DDにおいては，いわゆる二重帳簿が作成されているケースも珍しくありません。これは，会計面でいうと，純粋な粉飾目的ということになりますが，税務面でいうと，租税回避目的の場合だけではなく，逆に一定の税金を納付しておかないと，現地の税務当局の関係で問題になるということで，利益（所得）のかさ上げを目的としている場合もあります。また，買収対象会社の海外子会社においては，そもそも財務諸表が複数存在し（現地基準プラスIFRSまたは日本基準など），その調整過程が十分に把握されていないこともあります。

このような場合，非常に原始的な作業になりますが，財務DDにおいて，財務諸表上の数値を会計システムのデータ（試算表など）と照合し，差異がある場合には調整内容を把握しておくことが重要になります。また，税務DDにおいて，税務申告書上の数値との整合性も確認する必要があります。なお，現地の担当者があっさりと二重帳簿の存在を明らかにする場合もあるため，インタビューの際，念のために二重帳簿の有無を確認することも有用と思われます。

買収対象会社における不正リスクが極めて高いと判断される場合には，どれだけ実効性があるかは別として，不正リスクの評価目的で（別途補完的に）DDを実施することもあります。この場合，例えば，以下のような調査を行います。

---

① マネジメントや管理責任者に対してインタビューを行うとともに，関連文書を閲覧することで，以下のような事項を確認し，不正リスクの評価を行う
- 企業文化（不正リスクを軽減するような企業倫理や行動規範の有無）
- 過去の不正事例とその顛末
- 不正防止体制の状況（不正リスク管理の責任者の任命を含む内部統制の構築や内部監査制度の充実など）
- 不正発見時の報告手続の有無（内部通報制度の有無を含む）

② 以下のような特定の不正リスクに懸念がある場合，その特定のリスクに対する調査を実施する
- 公務員に対する贈賄
- 特に，米国の海外不正行為防止法（FCPA）への抵触
- 競争法への抵触

(4) 外部専門家の活用に関する留意事項

　クロスボーダーDDにおいて，外部専門家のサポートを受ける場合，実際の詳細な調査を行うのは現地の専門家チームになります。したがって，財務・税務DDについていえば，大手の監査法人や税理士法人のように，グローバルなネットワークを有するアドバイザーに依頼することが多いと考えられます。

　この場合，まず，大手の監査法人や税理士法人の日本側の窓口に依頼し，全体を調整してもらう方法があります。つまり，買手は日本側の窓口のみとコンタクトを持ち，日本側の窓口が現地のメンバーファームに作業指示を出し，財務・税務DDの結果を取りまとめて報告する形です。複数国にまたがる場合のように案件の規模が大きい場合や（買手が）クロスボーダーDDに不慣れな場合には，この方法を採用することが一般的と思われます。

　この場合，買手としては，日本語でやり取りができ，日本の感覚でスケジュール管理なども行えるメリットがあります。また，自社の監査法人などに関与してもらえば，買収後の連結などもスムーズに進む可能性が高まります。一方で，この方法は一般的にコストがかかり，特に現地に専門家がいるなかで，日本の専門家の現地訪問にどの程度の意味があるのかは疑問があります。

　案件の規模が大きくない場合やクロスボーダーDDの経験が豊富な場合には，大手の監査法人や税理士法人の日本側の窓口を通さず，直接現地の専門家に財務・税務DDを依頼することもできます。この場合，最大のメリットはコスト面ですが，現地専門家とのコミュニケーションが何より重要になるため，的確に指示を与えて，報告を受けるだけのスキルが必要になります。

第**3**章

依頼資料リスト

　ここでは，財務・税務DDの開始時において，一般的に開示を依頼する資料をリストの形にまとめています。

　資料依頼にあたっての留意事項として，まず依頼資料には優先順位を付け，優先度の高いものから開示を依頼するのが効率的です。また，データ加工の手間を考えると，電子データで入手できるものは可能な限り電子データで入手できるよう調整することも重要です。さらに，財務・税務DDにおける依頼資料は，ビジネスDDや法務DDと重複するものも多いので，買収対象会社のストレスを軽減する意味でも，他分野のDDの依頼資料も確認のうえ，そのような重複を排除する必要があります。

　このようなDD開始時の資料依頼によって開示された資料の分析を行い，重要と思われる分野について，追加的な資料の開示依頼を行います。

1 ┃ 基礎情報分析に関係する依頼資料

会社案内及びサービス・カタログなど
定款
登記事項証明書
本社，事務所，店舗，工場，倉庫等の拠点のリスト
組織図及び人員配置図
役員の経歴・担当・兼職の状況が確認できる資料
従業員の状況（従業員数や年齢構成，平均給与など）が確認できる資料
出向者の状況（派遣及び受入れ）が確認できる資料
株主名簿及び（潜在株式を含む）株式の状況が確認できる資料
過去の増減資の概要及び自己株式の取得状況が確認できる資料

資本関係図
関係会社の概要（資本関係，業務内容，取引内容など）が確認できる資料
商流図（取引関係図）
過去に実施した，または現時点で計画されている組織再編（合併，会社分割，事業譲渡等）の有無及び概要が確認できる資料
システム概要図（特に会計システムに係るもの）
規程一式（経理規程，棚卸規程，固定資産管理規程，給与規程，賞与規程，退職金規程，役員退職金規程（内規），リスク管理方針などが含まれるもの）
株主総会議事録及び取締役会議事録（配布資料を含む）
その他重要な会議体（経営会議や常務会など）の議事録
稟議事項一覧
財務諸表（キャッシュ・フロー計算書を含む）
勘定明細
キャッシュ・フロー計算書が作成されていない場合，資金繰り表等の代替資料
会計方針変更の有無やその内容が確認できる資料
月次決算資料（調査対象期間後の月次決算を含む）
損益管理資料（KPIのモニタリング資料や予算・実績の差異分析資料等）
連結決算資料一式（連結範囲の検討資料，連結パッケージ，連結修正仕訳一覧，連結精算表など）
偶発債務などのオフバランス項目の有無及び内容が確認できる資料
過去における重要な調査（税務調査や関係当局による調査など）の概要が確認できる資料
内部統制文書（フローチャートなど）
過去に役員や従業員による不正があった場合，その概要が確認できる資料
外部監査人の監査報告書及びマネジメント・レター
監査法人の関与年数が確認できる資料
内部監査人の監査報告書及び指摘事項一覧
経理部門の体制と担当者の担当年数などが確認できる資料
顧問税理士の経歴や関与年数（及び関与度合い）が確認できる資料
事業計画及びその関連資料

2 財務DDに関係する依頼資料

(1) 主に貸借対照表分析に関係する依頼資料

分　野	依頼資料
現金及び預金	銀行口座別預金残高一覧（残高ゼロの口座を含む）
	銀行の残高証明書
	銀行勘定調整表（当座預金で帳簿残高と差異があるもの）
売上債権	売上債権の内訳明細
	主要得意先別の回収条件（回収サイト）一覧
	売上債権の年齢調べ表
	滞留債権リスト
	貸倒引当金の計算資料（過去の貸倒実績や得意先から受け入れている担保資産の評価が確認できる資料を含む）
	手形の裏書や割引がある場合，その明細
	売上債権のファクタリングがある場合，その明細
	（監査法人が）売掛金の残高確認を行っている場合，差異分析資料
棚卸資産 （原価計算）	棚卸資産の内訳明細
	実地棚卸の結果が確認できる資料及び棚卸差異の分析資料
	棚卸資産の年齢調べ表
	滞留在庫リスト及び余剰在庫リスト
	市場価格（または正味売却価額）が原価割れになっている在庫のリスト
	在庫の簿価切下げ検討資料（過去の廃棄実績が確認できる資料を含む）
	標準原価計算を採用している場合，その概要が確認できる資料
	棚卸資産の廃棄関係資料一式（稟議書及び廃棄証明書など）
有形固定資産	固定資産台帳
	固定資産の現物確認の結果が確認できる資料
	設備投資の実績や計画が確認できる資料
	遊休資産（または低稼働資産）のリスト
	減損会計の適用に関する判定資料
	不動産に係る登記事項証明書
	不動産の時価算定資料（鑑定評価書等の根拠資料を含む）
	担保設定または所有権留保されている固定資産がある場合，その明細
	固定資産の除却関係資料一式（稟議書及び廃棄証明書など）

無形固定資産	ソフトウェアへの投資（更新を含む）の実績や計画が確認できる資料
	知的財産権の一覧（オフバランスのものを含む）
リース取引	リース契約一覧及びリース契約書
	オンバランスされているリース資産の明細（固定資産台帳に含まれていない場合）
	未経過リース料の残高明細
	セール・アンド・リースバック取引がある場合，その概要が確認できる資料
有価証券	有価証券の内訳明細及び時価評価資料（会計上の保有目的，保有株式数，簿価単価，時価単価等が確認できるもの）
	非上場株式の評価検討資料及び出資先の決算書
	有価証券の減損処理基準
	合弁会社等への出資について，株主間契約がある場合，その契約書
	新規に設立または取得した子会社及び関連会社の概要が確認できる資料
	清算または売却した子会社及び関連会社の概要が確認できる資料
デリバティブ取引	デリバティブ取引の契約一覧
	デリバティブ取引の時価評価資料（金融機関から入手した根拠資料を含む）
	ヘッジ会計を適用している場合，その内容が確認できる資料
外貨建取引	外貨建資産・負債の期末換算資料
	振当処理を採用している場合，その内容が確認できる資料
	為替リスクの検討資料（為替レートの単位当たり変動が損益に与える影響を分析している資料など）
貸付金	貸付金の内訳明細及び金銭消費貸借契約証書
	貸倒引当金の計算資料（融資先の財務状況や融資先から受け入れている担保資産の評価が確認できる資料を含む）
敷金・差入保証金	差入保証金（敷金を含む）の内訳明細及び賃貸借契約書など
	差入保証金の回収可能性の検討資料（差入先に関する調査資料を含む）
	過去の原状回復費の実績（特に面積当たりの金額）が確認できる資料
その他の資産	各資産の内訳明細（長期前払費用の償却計算資料を含む）
	ゴルフ会員権の評価検討資料（会員権相場表等の時価の根拠資料を含む）

	保険積立金の（解約）返戻金が確認できる資料
仕入債務	仕入債務の内訳明細
	主要仕入先別の支払条件（支払サイト）一覧
	支払保留リスト（仕入債務の年齢調べ表）
	（監査法人が）買掛金の残高確認を行っている場合，差異分析資料
借入金・社債	借入金の内訳明細（残高・利率・担保や保証の有無等が確認できるもの）及び金銭消費貸借契約書
	借入金の返済スケジュールが確認できる資料
	当座貸越契約やコミットメント・ラインがある場合，その内容が確認できる資料
	社債の内容が確認できる資料一式
税金・税効果	実効税率の計算資料
	繰延税金資産・負債の内訳（発生原因別）が確認できる資料
	繰延税金資産の回収可能性に関する検討資料
	税率差異の分析資料
未払給料・未払賞与・役員賞与引当金	未払給料の計算資料
	未払賞与または賞与引当金（及び付随する社会保険料等）の計算資料
	役員賞与引当金の計算資料
退職給付引当金	退職給付引当金の計算資料（未認識項目の残高が確認できる資料）
	退職給付債務の計算資料（年金数理人等から入手したもの）
	年金資産に関する報告書（時価評価資料）
役員退職慰労引当金	役員退職慰労引当金の計算資料（内規の内容や過去の支給実績が確認できる資料を含む）
その他の引当金	各種引当金の計算資料（例えば，製品保証やアフターサービス等の引当対象や過去の費用負担実績が確認できる資料）
資産除去債務	資産除去債務の計算資料
その他の負債	未払費用（及び未払金）の内訳明細及び管理資料
	未払費用（及び未払金）の処理基準（網羅性を担保するための資料）
純資産	従業員持株会の概要が確認できる資料（規約など）
	ストック・オプション制度の概要が確認できる資料
オフバランス項目	債務保証や保証類似行為（保証予約や経営指導念書の差入れ）の一覧及び関係資料一式（契約書など）
	訴訟その他紛争（損害賠償金等の支払いの可能性がある潜在的な紛争を含む）の一覧及び関係書類一式

	製品やサービスに関して，顧客等から受けたクレームの一覧及びその内容や対応状況が確認できる資料
	リコールの対象となっている製品の一覧
	環境問題（土壌汚染など）の一覧及びその内容や対応費用等の見積りが確認できる資料（監督官庁からの通知や指導内容を含む）
	長期の仕入契約（原材料購入契約など）または長期の販売契約の一覧
	チェンジ・オブ・コントロール条項があり，買収の影響を受ける可能性のある契約の一覧及びその内容が確認できる資料
	特定の事業からの撤退や希望退職制度など，決定または検討されているリストラクチャリングの概要が確認できる資料
	監督官庁による指導や勧告，行政上の処分等の一覧
	買戻特約や損失補填特約付きの資産売却の一覧及びその内容が確認できる資料
	上記以外で，将来重要な影響を及ぼす可能性のあるオフバランス項目がある場合，その内容及び金額的な影響を確認できる資料
	重要な後発事象（進行事業年度において発生した非経常的な損益を含む）がある場合，その内容が確認できる資料

(2) 主に損益計算書分析に関係する依頼資料

分　野	依頼資料
全般	損益分岐点に関する分析資料（費用の固変分解等が確認できる資料）
売上高	主要得意先との取引基本契約書
	主要得意先別の売上実績が確認できる資料
	売上高及び損益に関する分析資料（セグメント別または製品群別，地域別または拠点別，得意先別の売上高や損益が確認できる資料）
	販売単価に関する分析資料（製品群別に売上高を「単価×数量」に分解している資料など）
	売上値引や売上割戻しの概要及び過去の実績が確認できる資料
	返品の概要及び過去の実績が確認できる資料
	フィー（手数料）収入がある場合，相手先別の内訳及び契約書（関係会社に対する経営指導等を含む）
	ロイヤルティ収入がある場合，相手先別の内訳，対象となっている無形資産（特許権や商標権，またはノウハウなど）の内容が確認できる資料，及びライセンス契約書
売上原価（仕入高）	主要仕入先との取引基本契約書
	主要仕入先別の仕入実績が確認できる資料
	売上原価率（または売上総利益率）の分析資料
	製造原価に関する分析資料（原材料の歩留や作業効率，また製造設備のキャパシティ及び操業度などが確認できる資料）
	原材料の単価変動の分析資料
	主要な外注先との外注（業務委託契約）契約書
	外注先別の外注実績が確認できる資料
販売費及び一般管理費	研究開発費の内訳資料（テーマごとの内容や費用が確認できる資料）
	広告宣伝費の内訳資料
	物流関連費用の内訳資料及び物流拠点の概要が確認できる資料
	修繕費の内訳資料
人件費	役員報酬の個人別内訳資料（月次推移。使用人兼務役員については，使用人部分の給与に関する情報も含む）
	賞与の支給実績（特に業績連動型の賞与がある場合にはその内容及びその部分の支給実績）が確認できる資料

	退職の状況及び退職金の支給実績が確認できる資料
	部門別人件費の集計資料（間接部門が明記されているもの）
	従業員のための福利厚生制度（社宅等）の概要が確認できる資料
	役員や従業員にストック・オプションを付与している場合，その内容や対象者が確認できる資料
営業外損益	営業外損益の内訳資料（特に，雑収入・雑損失について）
特別損益	特別損益の内訳資料
関連当事者取引	関係会社との各種取引の明細及び契約書
	関係会社に役員や従業員を出向させている場合，出向契約書（業務従事割合や人件費の負担関係が確認できる資料）
	役員や従業員が関係会社の業務も兼務している場合，その契約書または覚書（業務従事割合や人件費の負担関係が確認できる資料）
	関係会社との不動産取引（賃貸借または売買）がある場合，その契約書
	第三者取引とは異なる価格設定が行われている取引がある場合，その内容及び価格決定プロセスが確認できる資料
	株主との取引がある場合，その明細
	役員との取引がある場合，その明細

(3) 主に事業計画分析に関係する依頼資料

分　野	依頼資料
事業計画分析	事業計画（中長期計画及び進行事業年度の予算）
	損益計画に対応する予想貸借対照表
	事業計画の前提条件一覧（売上高成長率，原価率，人員計画，設備投資計画など）
	事業計画策定の根拠資料（経済レポートや統計資料など）
	受注残が確認できる資料

3 ┃ 税務DDに関係する依頼資料

分 野	依頼資料
ポジション把握	納税一覧（及び納付書）
	滞納している税金がある場合，その内容及び金額が確認できる資料
	法人税申告書（添付の財務諸表及び勘定内訳明細書を含む）
	法人税申告書における各申告調整項目の根拠資料
	法人住民税申告書及び法人事業税申告書
	消費税申告書
	税務当局に提出した税務上の届出書及び申請書一式（または一覧表）
税務調査分析	修正申告書及び更正通知書
	税務調査に関する社内メモ（税務調査における指摘事項一覧や調査官とのやりとりを示す資料一式）
税務申告書分析	過去に税務当局に照会済みの事項の内容が確認できる資料（照会文書など）
	交際費等の処理基準が確認できる資料
	税務上の貸倒損失の計上に係る根拠資料
	試験研究費の集計資料
	外国税額控除の関係資料一式（外国法人税の集計資料や国外所得金額の計算資料など）
	特定の取引（組織再編など）に関して，過去に外部専門家から意見書や報告書を入手している場合には，その意見書等
関係会社取引	関係会社に対する無償の役務提供がある場合，その内容が確認できる資料
	関係会社に対する支援を目的として行った取引（取引価格の変更，債権放棄，無利息貸付など）がある場合，その内容が確認できる資料
	移転価格文書
	移転価格税制に関して，過去に外部専門家から分析資料を入手している場合には，その分析資料等
その他	源泉所得税，関税，その他の税目について，税務当局からの指摘を受けたことがある場合，その内容が確認できる資料

（注）　財務DDと重複する資料は除いています。

第4章

基礎情報分析

1 ┃ DD開始前の基礎情報分析

　DD開始前の検討は外部情報をもとに行いますが，通常は，対象会社のウェブサイトや有価証券報告書などから，買収の候補となる会社の情報を収集・分析します。具体的には，以下のような情報を入手するのが一般的です。

- 買収対象会社のウェブサイト上の会社情報
- 有価証券報告書（決算短信，事業報告書等）
- 適時開示情報やプレスリリース
- アナリスト・レポート
- 買収対象会社に関する新聞報道や雑誌記事など
- 調査機関（帝国データバンクなど）の調査報告書
- 企業財務データベース

　実際には，買収対象会社が公開会社（上場会社）かどうかにより，収集できる情報の範囲が大きく異なります。

　買収対象会社が公開会社の場合に最も有用な情報源は有価証券報告書です。有価証券報告書があれば，かなりの情報が入手可能であり，まずは財務諸表をもとに簡単な財務分析を行います。これに加えて，開示されている事業等のリスクのうち重要なリスクを特定するほか，シナジーの分析等のより定性的な分析も行います。また，税務に関する情報は，会計に比べて入手しづらい面がありますが，例えば，有価証券報告書における税効果注記（繰延税金資産の発生原因別内訳）を見れば，大まかな税務ポジションは把握できます。

　一方，買収対象会社が非公開会社の場合，公開会社の有価証券報告書のような資料は存在せず，事前に収集できる情報は限定的です。もちろん，一般には

本格的なDDの開始前（秘密保持契約締結後）に，売手から対象会社の概要資料（非公表の秘密情報を含むもの）が開示されますが，そこにどれだけの情報が含まれているかは案件によります。そのため，特に非公開会社のDDの場合，DD開始時の依頼資料リストによる情報収集がより重要になります。

2 ┃ DD開始時（後）の基礎情報分析

DD開始後には，より多くの情報にアクセスできるため，財務・税務DDの基礎となる情報を追加的に収集します。

この場合，まずは，買収対象会社の全体像を把握することが出発点になります。すなわち，買収対象会社の沿革や現在の事業内容などのほか，買収対象会社の組織構造や（株主・関係会社を含む）資本関係などがこれに該当します。しかしながら，より個別的な情報であっても，財務・税務DDに直接影響するものについては早めに把握しておく必要があり，例えば，（まともな）監査を受けているか，（まともな）税務顧問がいるか，などがこれに該当します。

具体的には，最低限，以下のような情報は入手して分析する必要があります。

項　目	チェック
❶　沿革	☐
❷　株主構成	☐
❸　組織構造（組織図）	☐
❹　株主総会，取締役会，その他の重要な会議体（経営会議など）の議事録	☐
❺　資本関係図及び各関係会社の概要と位置付け	☐
❻　関係会社取引の商流	☐
❼　経営戦略	☐
❽　現在の事業内容（調達・生産・販売・研究開発など）とビジネス・モデル	☐
❾　事業のリスク	☐
❿　外部経営環境（主要なマーケットなど）と内部経営環境	☐
⓫　マネジメント（役員など）の略歴	☐
⓬　従業員の概要（労働組合の状況を含む）	☐
⓭　人事制度（給与体系を含む）	☐
⓮　会計システム（及び関連する他のシステム）の概要	☐

⑮	直近事業年度までの業績及び進行事業年度における状況（財務諸表）	☐
⑯	直近事業年度までの納税の状況（税務申告書）	☐
⑰	重要な会計方針及びその変更履歴	☐
⑱	業績評価指標（KPI：Key Performance Indicators）に基づく月次損益管理の状況	☐
⑲	過去における重要な調査（税務調査や関係当局による調査など）の概要	☐
⑳	偶発債務などのオフバランス項目	☐
㉑	内部統制の状況と内部監査の概要	☐
㉒	外部監査の概要及び監査法人の関与年数	☐
㉓	経理部門担当者の担当年数	☐
㉔	顧問税理士の略歴及び関与状況	☐
㉕	現時点の事業計画（設備投資計画を含む）とその策定手続	☐

❶については，財務・税務DDの視点で買収対象会社の沿革を確認します。すなわち，買収対象会社が過去に行った新規事業への参入（買収を含む）や事業再編，事業撤退（子会社等の売却を含む）など，財務・税務DDへの影響が見込まれる情報を抽出します。

❷については，買収対象会社の株主構成（主要株主とそれぞれの持分比率）を確認します。これは，株主構成が買収戦略や交渉プロセスに影響を及ぼすためです。また，いわゆるオーナー企業である場合，内部統制が不十分な場合が多く，財務・税務DDにおいても，買収対象会社とオーナーとの取引内容を重点的に確認する必要が出てきます。さらに，取引先や取引銀行が株主である場合，買収後の関係維持などを検討しなければなりません。

❹については，株主総会，取締役会，その他の重要な会議体の議事録（会議における配布資料を含む）を閲覧し，買収対象会社の財務数値に重要な影響を及ぼす事項の有無を確認します。

❺については，まず買収対象会社のグループ内における位置付けを確認します。特に親会社がある場合は，その親会社との関係が重要になり，これは財務DDにおいてスタンドアロン・イシュー（第5章②④③（149頁）参照）を検討

する出発点となります。その意味で，買収対象会社とその親会社の各種取引，資金貸借，人的交流（役員の兼任や出向者派遣）の状況などを把握しておくことが重要です。この点は，買収対象会社が子会社等を有している場合も同様ですが，子会社等に機能を移管している場合，買手が重視している機能（例えば，研究開発機能）を持つ子会社等が買収対象に含まれていることも確認しておく必要があります。

❿はいわゆるSWOT分析であり，外部経営環境や内部経営環境の分析をもとに，買収対象会社のS：強み，W：弱み，O：機会，T：脅威などを評価します。基本的には，ビジネスDDチームの分析結果を利用します。

⓫については，まず，現時点のマネジメントの略歴や出身母体（親会社や取引銀行など）を確認し，オーナー企業については，大株主との関係も確認します。

⓬については，従業員数の推移や従業員の年齢構成などを確認します。多くの企業において，人件費は費用の主要構成要素であるため，従業員に関する情報は，財務DDにおける重要な前提条件となります。また，従業員の年齢構成も退職金を含む人件費に大きく影響するほか，買収後のリストラクチャリング等を検討するうえで必要な情報といえます。さらに，買収対象会社に労働組合がある場合には，その概要や活動状況を把握し，買収後の事業の制約にならないことを確認しておく必要があります。

⓭については，人事制度を理解するとともに，給与規程，賞与規程，退職金規程などから，インセンティブ・プランも含む報酬体系も把握しておく必要があります。特に重要なのが平均給与であり，まずは⓬の従業員数や年齢構成などの情報をもとに，過去の推移を確認します。また，同業他社との比較も有効といえます。さらに，その構成要素別内訳（基本給，時間外手当等，賞与など）も確認し，買収後の削減の可能性も検討します。

⓰については，過去の納税の状況は税務DDの基礎となります。また，買収対象会社が監査を受けていない場合，（銀行向けの）決算書よりも税務申告書

第4章　基礎情報分析　55

（に添付される財務諸表）のほうが粉飾がしづらく，信頼性が高い可能性があります。

❶❼については，まず財務DDで調査を行う前提として，会計方針の理解は必須といえます。そのため，買収対象会社が監査を受けておらず，採用している会計方針が一覧できない場合，QAリスト等や質問書を用いるなどして，早い段階で会計方針を網羅的に把握しておく必要があります。また，❶❺のように買収対象会社の過去の業績を見て，その正常収益力を把握するうえでも，会計方針の変更は必要な情報になります。さらに，買収価格交渉に際しての企業評価や買収後の連結決算への取込みにあたっても，買収対象会社と自社（買手）との間の会計方針の相違点を把握しておくことは重要です。

❶❽については，KPIとは経営者がその管理指標としてモニターしている業績評価指標（例えば，売上高成長率，マーケット・シェア，粗利率など）であり，業界や業種の特性を表すため，財務・税務DDにおいても把握の必要があります。

❶❾については，例えば，過去の税務調査結果は，買収対象会社が抱える税務リスクを明らかにするという意味で，税務DDの基礎となるほか，税務調査における指摘事項を確認することで，買収対象会社の税務コンプライアンスのレベルが確認できます。これは，その他の当局による調査についても同様です。

❷⓿については，財務DDの開始時点で，重要なオフバランス項目の有無をQAリストや個別の質問書等により確認します。もちろん，その回答をそのまま信頼するのではなく，財務DDの過程で，より詳細な偶発債務の調査や定量化を行います。

❷❶については，基礎情報分析の段階で内部統制の状況は簡単に確認しますが，実際には財務・税務DDの過程で，その財務情報の品質から，買収対象会社の内部統制を間接的に評価していくことになります。

❷❷については，端的には，大手監査法人（一部の監査法人を除く）の監査を

受けている買収対象会社と全く監査を受けていない買収対象会社とでは，財務DD上のリスクが異なるということです。監査を受けていない場合，粉飾等の不正が行われている可能性も，会計処理の誤りが発生している可能性も相対的に高いため，そもそも開示される資料の信頼性が低いと考えられます。監査を受けている場合には，財務DDにおいて，監査上の問題点を集約したマネジメント・レターの開示を受けることで，財務DDをより効率的に実施できます。また，重要な監査上の問題点がある場合には，必ずしも実現可能性は高くないものの，監査法人へのインタビューも一考の価値があります。

❷❸については，経理部門担当者の担当年数を確認します。経験上特に重要なのが税務担当者の担当年数であり，これが短い場合には，（顧問税理士との兼ね合いはあるものの）一般に税務DD上のリスクは高いものといえます。逆に長期にわたって税務業務を担当している従業員がいる場合には，少なくとも画一的な税務処理が行われている可能性が高いと考えられますが，一方で，買収に伴ってそのような担当者が退職してしまうリスクもあります。その場合，買収後の税務申告自体が適正に行えない可能性があるほか，将来的には税務調査時に過去の経緯や申告調整の根拠が十分に説明できないという問題が生じることも想定されます。その担当者に引き続き関与してもらえるよう交渉する意味でも，このような情報の把握は重要といえます。

❷❹については，会計面の❷❷の外部監査と同様であり，例えば，顧問税理士の属性（例えば，国税当局の出身者や大手税理士法人など）や税務申告への関与度合い（例えば，申告書の作成またはレビュー，日々の相談，税務調査の立会いなど）を確認します。これは，顧問税理士の略歴や関与状況が，税務DD上のリスクに影響するためです。すなわち，大手税理士法人が顧問税理士として適切に関与し，買収対象会社の税務リスクをコントロールしていれば，一般に税務DD上のリスクは低いものと判断されます。これに限らず，税務DDにおいては，買収対象会社の税務リスクの管理体制を常に意識しておく必要があります。なお，インタビューに際しては，顧問税理士の出席を依頼する場合もあります。

❷❺については，まずは買収対象会社が（翌事業年度の事業計画のみならず）

中長期事業計画を作成しているかどうかを確認する必要があります。また，その事業計画が社内的にオーソライズされているかどうか，また，通常の経営管理の一環として作成されたものかどうか（逆にいうと，DD対応で新たに作成されたものではないか）を確認する必要があります。

第**5**章

財務デュー・デリジェンス
のチェックリスト

ここでは，財務DDのチェックリストを以下の区分で見ていきます。

1．貸借対照表分析
2．損益計算書分析
3．キャッシュ・フロー計算書分析
4．事業計画分析

1 貸借対照表分析

1 貸借対照表分析の意義

① 貸借対照表分析とは

　貸借対照表分析は，調査基準日の貸借対照表項目の内容，及びそれに関連する潜在的なリスクを把握するための調査をいいます。具体的には，資産項目や負債項目の調査により，まずはあるべき簿価純資産を算定し，そのうえで（時価純資産に近似する）修正簿価純資産を算定することになります。

　貸借対照表分析における一番のポイントは，純資産（の基礎となる資産及び負債）をどのように評価するか，という点です。この点については，通常は2段階のアプローチをとり，「現時点の簿価純資産➡あるべき簿価純資産➡修正簿価純資産」という考え方で整理します。

② 現時点の簿価純資産➡あるべき簿価純資産

　貸借対照表分析にあたっては，まずは「現時点の簿価純資産」を「あるべき

簿価純資産」に置き換えるための修正（差異の把握）を行います。

すなわち，買収対象会社の貸借対照表は，必ずしも一般に公正妥当と認められる企業会計の基準に従って作成されているとは限らないため，まずはこの点を財務DDにおいて把握するということです。例えば，滞留売掛金に貸倒引当金が設定されていない場合や滞留在庫の簿価切下げが行われていない場合，現時点の簿価純資産は過大に計上されていることになります。この場合，財務DD上，まずはあるべき簿価純資産への修正を行います。

これは，税務基準を採用している小規模な買収対象会社や，監査法人による監査を受けていない買収対象会社でよく問題になる点ですが，この修正（差異の把握）を行えば，会計基準上適正な簿価純資産が算定されます。

この作業は，あるべき簿価純資産の算定プロセスであると当時に，買収対象会社の内部統制のレベルを明らかにするものでもあります。DDにおいては，このような情報を，買収対象会社が抱えるリスクの判定に活かす必要があります。つまり，上記のような修正が多い買収対象会社については，そのレベルの内部統制しか有していないということであり，その他の分野で開示された情報の信頼性も同様に低い可能性があるということです。

このような観点からは，それぞれの修正項目について，それが知識不足などに起因する単純な誤りなのか，意図的な粉飾なのかを区分することも重要です。一般に非上場会社などでは，銀行対策として決算数値が操作されていることがありますが，このような粉飾決算が検出された場合には，財務数値自体の信頼性がないと判断することになります。

③ あるべき簿価純資産➡修正簿価純資産

次に，②で算定された「あるべき簿価純資産」を「修正簿価純資産」に置き換えるための修正（差異の把握）を行います。

修正簿価純資産の算定にあたっては，会計上あるべき簿価純資産のうち，時価評価されていないものを時価に置き換える作業がありますが，ここで重要になるのは，「何をもって時価と考えるか」という点は必ずしも明らかではないということです。

会計上時価評価されていない資産の中には，土地のように時価評価しやすい資産だけではなく，無形資産のように時価評価が難しい資産も含まれています。

そのため，財務DDの詳細な調査を行う前の段階で，財務DDチーム内（及びマネジメント）において，「時価」の定義に関する認識を共有しておく必要があります。

また，負債についても同様の問題があります。未認識の退職給付債務（個別財務諸表）や潜在的な租税債務，訴訟リスクに係る偶発債務といった，いわゆるオフバランス項目（リスク）をどのように修正簿価純資産に反映させるのかは難しい問題です。

このような観点から，貸借対照表分析においては，一般に「時価純資産」ではなく，「修正簿価純資産」という用語を用います。同様に，「実態純資産」という用語についても，どれだけ「実態」を表しているかは疑問であるため，必ずしも適切な用語ではないかもしれません。

いずれにせよ，貸借対照表分析にあたっては，会計基準上適正な簿価純資産について，買収目的で一歩進めたものを算定しなければならないという点は共通しています。

この修正簿価純資産への修正は，買収後の会計処理にも有用な情報を提供します。すなわち，買手は買収対象会社（子会社）の取得時に（連結財務諸表上）資産及び負債を時価評価し，「のれん」を計算する必要がありますが，単純にいうと，「のれん」は時価純資産と買収価格との差として計算されます。日本の会計基準上，のれんは償却されるため，貸借対照表分析により収集した上記のような情報は，買収後の償却負担を試算する目的でも有用になります。

④　他の分析との関係

この貸借対照表分析は，財務DDにおける他の分析や企業評価の基礎となり，財務DDのスタート地点ともいえます。すなわち，買収対象会社の事業の価値を考える場合，まずはその会社が「何を持っているか」を考え，次に「そこからどれだけの利益やCFが生まれるか」を考えるのが自然な流れです。つまり，貸借対照表分析は，損益計算書分析やキャッシュ・フロー計算書分析の基礎となります。

また，貸借対照表と損益計算書は，純資産を通じてリンクしているため，貸借対照表分析の結果は，損益計算書分析にも影響します。例えば，貸借対照表分析において滞留売掛金や滞留在庫の評価を見直す場合，同時に損益計算書分

析（特に正常収益力分析）において，過去の営業利益も見直します。具体的には，分析上，過去の年度において評価損を認識し，営業利益も併せて修正する必要があるということです。

さらに，貸借対照表分析による運転資本や資本的支出（固定資産）の分析は，損益とキャッシュ・フローの差異の分析になるという意味で，キャッシュ・フロー計算書分析にも影響するといえます（**図表5－1**参照）。

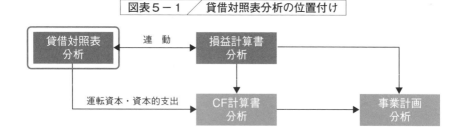

図表5－1／貸借対照表分析の位置付け

2 貸借対照表の増減分析

貸借対照表分析を行うにあたっては，すぐに個別の項目の調査に入るのではなく，要約貸借対照表などの情報により，買収対象会社の全体像を理解することが重要です。

また，過去5事業年度などの一定期間の貸借対照表の推移から，各資産・負債の大まかな増減を確認し，増減要因の分析を行うことが一般的です。このような増減分析にあたっては，買収対象会社の事業内容の変化や会計方針の変更，または重要なイベントの発生に関する情報を意識しておく必要があります。

なお，この段階では，調査対象期間（例えば，直近3事業年度）よりも長い期間で推移を見ておいたほうがよいでしょう。また，進行事業年度における直近の月次貸借対照表も並べることで，過去の貸借対照表項目の推移と関連する形で，調査基準日以降の変化も把握することができます。

この増減分析の後，各貸借対照表項目の内容を見ていくことになります。

第5章 財務デュー・デリジェンスのチェックリスト　63

3 | 貸借対照表科目別チェックリスト

1 | 現金及び預金

項　　目	チェック
❶ 銀行口座の一覧を閲覧し，各口座の用途や口座開設の経緯を確認する	☐
❷ 特に海外においては，長期間にわたり使用していない口座がないことを確認する	☐
❸ 銀行口座別の預金残高を把握する	☐
❹ 銀行が発行する残高証明書等により預金残高を確認する	☐
❺ 預金の引出しに関する（実質的な）制限がないことを確認する	☐
❻ 小切手の使用頻度を確認する	☐
❼ 特に海外においては，小切手の使用頻度が高い場合，その管理状況を把握する	☐
❽ 資金繰りの管理方法を把握し，特に資金需要の季節的変動への対応方法を確認する	☐
❾ 預金残高の月次推移やインタビュー等に基づく情報により，事業用資金（事業に必要な資金）の残高を把握する	☐

　❶❷については，各口座の用途や口座開設の経緯を確認します。特に海外においては，銀行担当者のノルマへの協力などから，不要な口座を開設している場合があります。この場合，銀行担当者との癒着のリスクもあるため，長期間にわたり使用していない口座など，不要な口座がないことを確認しておく必要があります。

　❺については，借入金の担保になっている預金や，銀行との関係で実質的に引出しを制限される預金などがないことを確認します。

　❻❼については，買収対象会社が小切手を使用している場合，一定の内部統制が必要になるため，小切手の使用頻度が高い国（一般にアジアでは香港，インド，シンガポールなど）においては，買収後も見据えて，その管理状況を確認します。

❽については，キャッシュ・フロー計算書分析との関係で，まず，資金繰り表の作成を含めた資金繰りの管理方法を把握します。また，運転資本分析（③4（170頁）参照）の観点から，QAリストやインタビューにより，資金需要の季節変動の有無や対処方法などを確認します。

❾については，預金残高の月次推移の把握やインタビュー等により，現金及び預金の残高のうち，事業用資金（事業に必要な資金）の残高を確認します。ここで，事業用資金とは，店舗形態で小売事業を営む企業のレジ内の資金残高のように，他の資産と同様に事業に用いられている資金をいいます。現金及び預金等からこの事業用資金を除いたものが余剰資金であり，これは買収対象会社が自由に使える資金という意味で，事業外資産（第1章3(2)②（14頁）参照）を構成します。

第5章　財務デュー・デリジェンスのチェックリスト　65

2　売上債権

項　　目	チェック
❶　買収対象会社の売上計上基準や貸倒引当金の計上基準など，売上債権に関係する会計方針を理解する	☐
❷　調査対象期間における売上債権（及び対応する貸倒引当金）の増減要因を把握する	☐
❸　受取手形の裏書や割引，また売掛金の流動化を行っている場合，その詳細を確認する	☐
❹　主要な得意先を確認し，それらの得意先に対する売上債権の集中度合いを把握する	☐
❺　主要な得意先との取引条件（売上債権の回収条件）を把握し，他の得意先よりも回収条件が不利になっている主要得意先については，その理由を確認する	☐
❻　売上債権の回転期間分析を行う	☐
❼　売上債権に関する与信管理の状況を把握する	☐
❽　売上債権に係る年齢調べ表を入手し，売上債権の滞留状況を確認する	☐
❾　滞留債権リストが作成されている場合には，その内容を確認する	☐
❿　売上債権（特に滞留債権）に対する担保等の状況を確認し，売上債権の回収可能性を検討する	☐
⓫　過去の貸倒実績や基準日後の貸倒れの有無を把握し，売上債権に対する貸倒引当金の計上額の妥当性を検討する	☐
⓬　返品や値引に対する売上債権の減額（または引当金の計上）の要否を検討する	☐
⓭　監査法人による監査を受けている場合，売上債権に係る残高確認の差異の発生状況を確認し，差異分析資料の内容を検討する	☐
⓮　関係会社に対する売上債権の残高や回収条件を確認する	☐

　❶については，買収対象会社の売上計上基準や（売上債権に対する）貸倒引当金の設定方針などを確認します。

　❷については，受取手形や売掛金等の科目別の全体的な残高の推移のほか，主要得意先別の残高の推移も把握します。全体として，また得意先別に見て，大きな増減がある場合には，売上高の推移との整合性を確認したうえで，QA

リスト等によりその増減要因を確認する必要があります。また，貸倒引当金についても併せて推移を確認します。

❸については，売上債権の実質的な残高を把握する観点から，オフバランスの売上債権残高を把握します。具体的には，受取手形の裏書や割引，また売掛金の流動化（ファクタリング）がある場合，その詳細を確認します。

❹については，信用リスク管理の観点から，主要な得意先の内訳と主要な得意先ごとの売上債権の残高を把握します。売上債権が少数の得意先に集中している場合，売上債権の回収可能性の観点からは，その重要な得意先の信用状況を確認する必要があります。また，それらの得意先との（買収後の）取引継続可否の検討も重要になります。一方，売上債権が多数の得意先に分散している場合には，個別の債権の貸倒リスクの判断よりも，買収対象会社の与信管理体制自体の確認が重要になります。また，事務コストの観点から，それを買収後も維持しうるかどうかを検討する必要があります。

❺については，❻の回転期間分析の基礎として，主要な得意先との取引条件，特に売上債権の回収サイトを確認します。この情報は運転資本分析（③4（170頁）参照）にも活用されます。また，買収後の効率化の観点から，回収サイトが長い主要得意先について，他よりも回収条件が悪くなっている理由を確認する必要があり，特に得意先側の資金繰りの問題で回収サイトが長くなっている場合には注意が必要です。さらに，回収条件の悪い主要得意先については，買収後の回収サイトの短縮可能性についても確認するのが望ましいといえます。

❻については，売上債権に関して，全体として（また主要な得意先ごとに）以下の算式で回転期間を計算します。

$$売上債権回転期間 = \frac{売上債権残高}{月次売上高}$$

（注）売上債権残高には，オフバランスになっている裏書・割引手形やファクタリング対象となった売掛金を含めます。また，期末日が休日である場合，1か月分の売上債権を調整（マイナス）する場合があります。

第5章　財務デュー・デリジェンスのチェックリスト　67

　この売上債権回転期間は，端的には「何か月分の売上に相当する売上債権残高があるか」を示す指標であり，これが長いほど，売上計上から入金までの期間が長い（つまり，運転資本管理上は問題がある）ということを意味します。この売上債権回転期間を主要な得意先の回収サイトと比較し，大きな乖離がないかどうかを確認します。計算された回転期間が主要得意先の回収サイトより長い場合には，売上債権が滞留している可能性があるため，❽の年齢調べの分析結果を確認するほか，QAリスト等によりその要因を確認します。逆に短い場合には，売上割引などを行っている可能性があります。なお，主要得意先の回収条件の変更についても，この分析で明らかになります。

　❽については，❻の回転期間分析を前提に，滞留債権の有無を確認する目的で，買収対象会社が作成した売上債権の年齢調べ表（エイジング・リスト）を検討します。ここで，年齢調べ表とは，通常の回収サイトを超えて滞留している売上債権を抽出するために，得意先ごとの売上債権の年齢（何か月前に発生したものか）を示したものをいいます。

　❾については，❽の年齢調べ表よりも直接的に，買収対象会社が滞留債権リスト（回収期日を経過した売上債権のリスト）を作成している場合には，そのリストも確認します。ただし，この滞留債権リストは，買収対象会社が自社の基準で作成するものであるため，期日経過の売上債権が網羅的にカバーされていない可能性があります。そのため，滞留債権リストがあっても，❽の年齢調べ表の検討を省略できるわけではありません。

　❿については，買収対象会社が貸倒引当金の設定の際に作成した滞留債権等の回収可能性に関する検討資料の内容を検討し，不明点等については，QAリストやインタビューにより確認します。重要なのは，滞留債権等のうち回収可能部分の把握であり，これには相殺や担保による回収見込額を含みます。

　⓫については，売上債権に対する貸倒引当金の計上額の妥当性を検討するに際して，❿の検討内容のほか，過去の貸倒実績や調査基準日以降の貸倒れの有無も確認します。

❷については，損益計算書分析の結果，買収対象会社において売上に係る返品率や値引率（または割戻率）が高いことが判明した場合には，売上債権の減額または引当金の計上という形で，調査基準日における純資産に，その時点における返品や値引の見積額を反映させるかどうかを検討します。

❸については，通常は財務DDにおいて残高確認は実施しないため，買収対象会社の監査法人が行った残高確認の結果（差異分析を含む）がある場合には，その内容を検討します（買収対象会社が自社で残高確認を行っている場合も同様）。

❹については，関係会社間では，対第三者取引とは異なる条件で取引が行われている可能性があるため，まずは関係会社に対する売上債権の残高を把握し，その回収条件が他の得意先と同一であるかどうかを確認します。回収条件が異なる場合には，その理由を確認する必要がありますが，特に関係会社の支援が行われている場合（例えば，関係会社に対する売掛金の回収サイトを長くしている場合）に注意が必要です。この際，関係会社株式の評価等の観点からは，当該関係会社の財務状況の把握が重要になるほか，買収後の回収条件の変更可否についても併せて確認しておく必要があります。

第5章　財務デュー・デリジェンスのチェックリスト　69

3 棚卸資産

項　目	チェック
❶ 棚卸資産に関係する会計方針を理解する	☐
❷ 調査対象期間における棚卸資産の増減要因を把握する	☐
❸ 棚卸資産の主要な内訳を確認する	☐
❹ 棚卸資産の管理状況を把握する	☐
❺ 特に海外においては，棚卸資産の原価外払出しやスクラップの処理などを確認する	☐
❻ 棚卸資産の実地棚卸の概要を把握し，棚卸差異の分析資料の内容を検討する	☐
❼ 委託在庫（預け在庫）がある場合には，その内容を把握し，実地棚卸を含む管理の状況を確認する	☐
❽ 未出荷売上や預り在庫がある場合には，その内容を把握し，出荷されていない理由を確認する	☐
❾ 買収対象会社が考える適正在庫の水準を確認する	☐
❿ 棚卸資産の回転期間分析を行う	☐
⓫ 滞留在庫の管理状況を把握し，貸借対照表上の評価（簿価切下げの有無）を確認する	☐
⓬ 余剰在庫や保守部品などの管理状況を把握し，貸借対照表上の評価を確認する	☐
⓭ 物理的な劣化や損傷がみられる棚卸資産の管理状況を把握し，貸借対照表上の評価を確認する	☐
⓮ 市場価格が原価割れとなっている棚卸資産（原材料を含む）の評価を確認する	☐
⓯ 棚卸資産の廃棄損の推移を把握し，廃棄に関する方針を確認する	☐
⓰ 関係会社から仕入れた棚卸資産の残高を把握する	☐

　❶については，棚卸資産の評価基準及び評価方法などの会計方針を確認します。なお，買収後には買手との会計方針の統一が検討されますが，財務DDの段階では，データの制約上，他の評価基準や評価方法を採用した場合の影響額を把握するのは難しいと考えられます。

　❷については，製品・商品・仕掛品・原材料といった科目別の全体的な残高

の推移のほか，データがあれば，取扱品目（製品群）別の残高の推移も把握します。この際，買収対象会社の事業に季節性がある場合などは，月々の残高推移を分析するケースもあります。全体として，また得意先別に見て，大きな増減がある場合には，売上高や仕入高の推移との整合性を確認したうえで，QAリスト等によりその増減要因を確認する必要があります。また，棚卸資産については，増減の長期的な傾向（漸増していないかどうか）を確認することも重要になります。

❹❺については，棚卸資産の管理方法は企業によってまちまちであるため，棚卸資産の管理や実地棚卸に関する規程などから，買収対象会社の棚卸資産の管理状況（具体的には，入出庫情報の管理，実地棚卸の頻度，不良在庫等の把握方法など）を確認します。特に海外（新興国）においては，原価外の払出しやスクラップの勘定処理などの確認が重要になります。これは，単純な原材料（金属など）や製品（消費者向けのものなど）の横領のほか，例えば，製品をサンプル品として払い出したうえで（原価外払出し），それを横領したり，原価計算から外れたスクラップを無断売却し，その代金を横領したりするような不正も比較的よくあるためです。

❻については，実地棚卸の結果報告書や棚卸差異の分析資料の内容を検討します。棚卸差異（棚卸資産の帳簿残高と実地残高の差異）については，まずは棚卸資産残高に対して何％程度発生しているのかを大まかに把握します。多額の棚卸差異が発生しているような場合には，その発生原因（盗難や紛失等を含む）のほか，❹の棚卸資産の日常の管理方法や具体的な棚卸手続についても，QAリストやインタビューを通じて，より詳細に確認する必要があります。

❼については，販売委託などに伴う委託在庫（預け在庫）がある場合，架空売上などの利益操作に使われるケースもあるため，その内容を把握し，（自社在庫の管理方法との関係で）委託在庫をどのように管理しているかを確認します。また，委託在庫についても定期的な実地棚卸が行われていることを併せて確認します。

❽については，売上計上されているものの，未出荷となっている在庫がある

場合，❼と同様に架空売上などのリスクがあるため，その内容を把握します。また，未出荷売上に対応するものも含め，買収対象会社が他社から預かっている在庫（預り在庫）については，それを預かっている理由（未出荷売上に対応するものについては，未出荷のまま売上計上されている理由）を確認します。

❾については，買収対象会社が考える適正在庫の水準を確認します。財務DDにおいては，在庫保有のマイナス面（運転資本の増加による資金繰りの悪化）に着目しますが，事業運営上は機会損失や納期遅延といったリスクへの対応から，一定の在庫は保有せざるをえない面があるため，最も事業をよく理解している買収対象会社の見解を確認することになります。

❿については，棚卸資産に関して，全体として（または勘定科目や主要な製品群ごとに）以下の算式で回転期間を計算します。

$$\text{棚卸資産回転期間} = \frac{\text{棚卸資産残高}}{\text{月次仕入高}}$$

（注）月次の製造原価や売上原価（原材料を分析対象にする場合には，月次の原材料費）を分母として用いることもあります。

この棚卸資産回転期間は，端的には「仕入で見て，何か月分の在庫を保有しているか」を示す指標であり，その推移が分析対象となります。棚卸資産回転期間が延びている場合には，その要因を検討する必要があります。最も重要なのは棚卸資産の滞留の可能性ですが，業績が右肩下がりの場合（販売不振で仕入も抑えている場合）や事業年度末の棚卸資産残高が一時的に増えている場合（期末直前に多額の仕入を行った場合）なども回転期間は長く計算される可能性があります。なお，この情報は運転資本分析（③4（170頁）参照）にも活用されます。

⓫については，在庫の保有期間は事業によって大きく異なるため，まずは買収対象会社における「滞留在庫」の定義を確認します。そのうえで，滞留在庫の管理方法を把握し，棚卸資産の品目ごとに平均的な保有期間を算定した資料（年齢調べ表）などを検討します。すなわち，品目ごとに「入庫してから出庫されるまでの期間」を把握するとともに，当該品目の「最終出庫日から調査基

準日（現在）までの期間」も把握できるのであれば，それも有用な情報となります。また，滞留在庫については，一定の基準を設定し，それに基づいて簿価切下げを行うことが一般的であるため，買収対象会社における簿価切下げの状況を確認する必要があります。

❷については，滞留はしていないものの，1か月あたりの販売量（使用量）に比べて保有量が大きい棚卸資産（いわゆる「余剰在庫」）に関して，❶と同様，買収対象会社における管理状況や貸借対照表上の評価を確認します。このような問題は，特に保守部品について起こりやすいため，注意が必要です。

❸については，物理的に劣化した棚卸資産や，何らかの理由で損傷を受けた棚卸資産に関して，買収対象会社から開示を受けたリストを検討することにより，（通常の棚卸資産との）区分管理の状況を把握します。また，販売（または使用）可能性をQAリスト等で確認することで，評価の妥当性を検討します。

❹については，長期滞留はしておらず，物理的な劣化もないものの，帳簿価額以上での販売が難しい棚卸資産の評価方法を確認します。監査法人による監査を受けている場合，このような棚卸資産については，正味売却価額（売価から見積追加製造原価及び見積販売直接経費を控除したもの）まで簿価切下げが行われ，差額は費用として処理されます。しかしながら，監査を受けていない場合，このような処理が行われていない可能性があるため，原価割れ（または粗利率の低い）品目の有無をQAリスト等で確認し，そのような品目ごとに帳簿価額と直近の販売価格を比較することで，評価の妥当性を検討します。

❺については，棚卸資産の廃棄損の推移を把握するとともに，廃棄に関する買収対象会社の方針を確認します。これは，利益操作のために，買収対象会社が棚卸資産の廃棄（つまり，廃棄損の計上）を意図的に遅らせている可能性があるためです。このような場合，棚卸資産が過大に評価されている可能性があるほか，仮にあるべきタイミングで廃棄していれば，過去の収益性が悪化していたはずという意味で，正常収益力分析（②5（158頁）参照）の観点からも問題があります。

⓰については，関係会社との棚卸資産取引は，利益率が対第三者取引とは異なっていたり，期末近くの押込販売やいわゆる「飛ばし」（不良在庫の簿価譲渡）のリスクもあるため，関係会社から仕入れた棚卸資産の残高を把握します。買収対象会社が連結財務諸表の構成要素（親会社または子会社）であれば，連結パッケージ（未実現損益の計算資料など）から，このような取引を確認することができます。

74

4 原価計算

　買収対象会社に製造機能がある場合，財務DDにあたって，買収対象会社の原価計算制度を理解し，棚卸資産（または売上原価）の算定方法を把握する必要があります。

項　　目	チェック
❶　買収対象会社が採用している原価計算制度を理解する	☐
❷　製造原価と販売費及び一般管理費の区分方法を理解する	☐
❸　製造原価について，原材料費・労務費・経費の区分ごとに，費用の集計方法を理解する	☐
❹　製造原価（特に労務費）について，直接費と間接費の区分を理解する	☐
❺　仕掛品について，進捗率の計算方法を理解する	☐
❻　標準原価計算制度を採用している場合，標準原価の設定方法や改定頻度などを確認する	☐
❼　標準原価計算制度を採用している場合，原価差異（標準原価と実際原価の差異）の分析資料の内容を検討し，多額の原価差異が発生している場合には，その理由を確認する	☐
❽　買収対象会社が採用している原価計算制度について，自社（買手）の原価計算制度の重要な相違点を把握する	☐

　❶については，一般に企業によって原価計算制度は大きく異なるため，資料の閲覧やQAリスト等により，買収対象会社の原価計算制度を把握します。大きくいうと，買収対象会社が標準原価計算か実際原価計算のいずれを採用しているかが重要になりますが，より基礎的な部分では，以下の❷から❺のようなポイントを確認する必要があります。また，前提として，買収対象会社の製造拠点の概要は理解しておく必要があります。

　❺については，まずは加工費（労務費や経費）が仕掛品の集計範囲に含まれていることを確認します。また，製品の原価（進捗率100％）にそれぞれの仕掛品の進捗率を乗じて仕掛品の原価を計算している場合には，QAリスト等により，進捗率の見積方法を確認します。

　❻については，買収対象会社が標準原価計算制度を採用している場合，まず

は標準原価の設定方法を確認します。このときに重要なのは，どの程度厳しい原価を設定しているかという観点であり，これにより，❼の原価差異分析の意味合いも変わってきます。すなわち，「標準原価」は，基本的には「目標原価」を指す用語ですが，企業によっては，単純に過去の実績から導かれる「予定原価」を意味することもあります。

　また，標準原価は少なくとも1年に一度は改定されるべきですが，それよりも高い頻度で標準原価の改定を行うケースもあるため，その改定頻度についても確認します。

　❼については，標準原価計算制度を採用している場合，買収対象会社は原価差異（標準原価と実際原価の差異）を分析したうえで，必要な会計処理（売上原価と棚卸資産残高への按分）を行っているため，まずはその分析資料の開示を受けて，内容を検討します（ビジネスDDの観点からも，原価管理の一環として，原価差異の分析は重要になります）。特に原価差異（不利差異）が多額に発生している場合には，製造工程において何らかのトラブルが発生した可能性もあるため，その理由を詳細に確認します。

　❽については，買収後の原価計算制度の統合を視野に入れて，買手（自社）の原価計算制度との重要な相違点を把握します。

76

5 有形固定資産

項　目	チェック
❶ 有形固定資産の減価償却方法を理解する	☐
❷ 調査対象期間における有形固定資産の増減を勘定科目別に把握し，その増減要因（取得，減価償却，減損，除売却など）を分析する	☐
❸ 特に，建設仮勘定の残高の推移を把握し，滞留している建設仮勘定がないことを確認する	☐
❹ 有形固定資産の内訳を確認し，本社や工場の別に（勘定科目横断的に）帳簿価額を把握するほか，取得価額と減価償却累計額のバランスも確認する	☐
❺ 特に，主要な設備について，過去の設備投資の状況や現在の生産能力を把握し，将来の設備投資の要否を検討する	☐
❻ 不動産（土地及び建物）について，登記事項証明書を確認する	☐
❼ 償却資産について，耐用年数の設定方法を確認し，減価償却費計算を概括的に検証する	☐
❽ 有形固定資産の現物管理（ナンバリングや定期的な現物確認）の状況を把握する	☐
❾ 設備などの稼働状況を把握し，遊休資産（低稼働資産を含む）や除売却予定の資産の有無を確認する	☐
❿ 遊休資産やその他の事業外資産の評価を検討する	☐
⓫ 減損会計の適用に関する検討資料の内容を検討し，減損損失が計上されている場合にはその会計処理を確認する	☐
⓬ 正常に稼働している資産の評価を検討する（特に事業用不動産）	☐
⓭ 担保設定や所有権の留保など，資産の使用または処分に関する制限の有無を把握する	☐
⓮ 有形固定資産に含まれる（資産除去債務に対応する）除去費用の内容を把握する	☐
⓯ 調査対象期間後に実行する設備投資について，何らかのコミットメントがある場合，その内容を確認する	☐
⓰ 関係会社との有形固定資産取引の状況を把握する	☐

　❷については，有形固定資産の増減を勘定科目別に把握し，その増減要因を分析します。主な増減要因としては，取得，減価償却，減損，除売却などがありますが，大きな増減については，QAリスト等によりその内容を把握してお

く必要があります。特に，有形固定資産の「取得」金額の推移については，買収対象会社の過去の設備投資の実績を把握する第一歩となります。また，「減損」については，買収対象会社の（少なくとも1事業の）将来CFの減少を示唆するものであるため，詳細な確認が必要になります。

❸については，滞留している建設仮勘定がないことを確認します。これは，本勘定への振替の目途が立たない建設仮勘定については，一般に資産性に問題があるためです。また，このような建設仮勘定については，不正な支出が混入しているリスクについても注意が必要です。

❹については，有形固定資産の内訳を確認し，本社や工場の別に大まかな帳簿価額を把握します。土地については，簡便な評価を行って含み損益を把握するために，所在地や面積等を把握する必要があります。また，現状でどのように使用されているか（工場用地なのか遊休地なのか）も重要です。さらに，特に設備については，取得価額と減価償却累計額のバランス（減価償却の進み具合）が重要になります。例えば，ほぼ償却済みの設備ばかりであれば，長期にわたりそれらの設備を使用しており，更新投資の対象となっていないことが読み取れるかもしれません。

❺については，❷の増減分析を前提に，特に主要な設備に関して，過去の投資実績を把握し，現在の生産能力を確認のうえ，将来の設備投資の要否を検討します。また，QAリスト等により，買収対象会社の全般的な設備投資の方針や設備投資サイクルも把握します。これらの情報は資本的支出分析（③5（173頁）参照）や事業計画分析（4（175頁〜）参照）でも利用されます。例えば，現在の生産能力では事業計画上の販売量（生産量）を達成できない場合，新たな設備投資を事業計画に織り込む必要があるということです。

なお，過去の投資実績を見る際には，「業績が低迷している時期に一時的に設備投資を抑制する傾向がないかどうか」といった，過去の業績との関係も重要になります。

❼については，償却資産に関して，耐用年数の設定方法（すべて法定耐用年数か，一部それとは異なる経済的耐用年数を用いているか）を確認します。法

定耐用年数を用いている場合，製品サイクルの短い業界などでは，経済的耐用年数の観点から（実質的な）償却不足が生じている可能性があるためです。

また，❶の減価償却方法を前提に，平均的な耐用年数を基礎として減価償却費の計算を概括的に検証します。買収対象会社が監査法人による監査を受けていない場合，減価償却の停止等による利益（または所得）調整は一般的に行われていると考えられるため，検証のための概算値が減価償却費の実績値と大きく異なる場合は，その理由をQAリスト等で確認する必要があります。減価償却不足がある場合には，過去の正常収益力分析にも影響します。

❽については，買収対象会社における有形固定資産の管理状況を確認します。監査を受けている会社の場合，固定資産の管理規程に従い，個々の資産にナンバリングを行って，固定資産台帳との紐付けを行っているのが一般的です。また，有形固定資産の現物確認についても，例えば棚卸の際などに，併せて行われていると考えられます。一方で，監査を受けていない会社の場合，このような管理が行われておらず，特に移動が容易な金型などは，会計上の簿価が残っているにもかかわらず，現物が存在しないケースなども散見されます。また，海外においては，固定資産のナンバリングを行う実務自体がないこともあります。通常の財務DDにおいては，有形固定資産の現物確認までは行わないと考えられますが，このようなケースでは，個々の資産が実在していることを確認しておくことが重要になります。そのため，もし工場視察等を行うのであれば，その際に，稼働状況や老朽化状況も含めて，固定資産の状況を確認することも検討の余地があります。

❾については，設備の稼働率に関する管理資料の開示を受け，またQAリストやインタビューにより，主要な設備の稼働状況を確認するとともに，その他の有形固定資産も含めて，遊休（または低稼働の）資産の有無を把握します。また，買収対象会社が遊休資産のリストを作成している場合や，固定資産台帳上で遊休資産を区別している場合には，それらの情報を入手します。さらに，除売却予定のものがあれば，その内容も把握します。

❿については，有形固定資産のうち，❾の遊休資産やその他の事業外資産（事業で使用しておらず，事業と直接関係のない資産）を把握し，その評価を

検討します。この点は主として企業評価との関係で重要になります。有形固定資産中の事業外資産には，買収対象会社が所有する保養地やリゾート・マンション（土地・建物）のほか，骨董品（備品）などもあります。このような事業外資産については，QAリストや外部情報等により，時価に関する情報を入手します。事業外資産のうち，金額的に重要な不動産などの時価については，鑑定評価書を入手して検討するのが望ましいといえますが，代替的に公示地価・路線価・固定資産税評価額などを基礎として時価を推計するケースもあります。

❶については，減損処理されている有形固定資産がある場合，その会計処理に関する資料のみならず，減損会計の検討資料（減損の兆候の識別に始まる減損の判定プロセスを示す資料）の開示を受け，内容を確認します。これは，このような減損会計の検討資料に遊休資産に関する情報や，買収対象会社のマネジメントによる将来CFの見積り（監査法人も検討済み）などの情報が含まれている可能性があるためです。また，資産のグルーピングの方法なども確認しておく必要があります。

❷については，❿の遊休資産や事業外資産以外の資産，すなわち，正常に稼働している有形固定資産の評価を検討します。まず，売却予定（特に契約済み）の有形固定資産があれば，契約書等で売却価格を確認します。売却予定がない場合，事業用資産のうち，特に設備については，（正しく減価償却されているという前提で）そのまま帳簿価額で評価することが多いと思われます。また，事業用不動産については，仮に売却予定がなくても，❿と同様の方法で評価額を確認しておくのが望ましいと考えられます。

❸については，借入れに伴って担保設定されている不動産や所有権が留保されている割賦購入設備などの有無を確認します。これらの資産については，買収後に使用や処分が制限される可能性があるためです。

❹については，資産除去債務に対応する除去費用は，関連する有形固定資産の帳簿価額に加算され，減価償却を通じて費用配分されるため，有形固定資産にそのような除去費用が含まれている場合，その内容を把握します（詳細につ

いては，㉑の資産除去債務のチェックリスト参照)。

❶について は，調査対象期間後に実行する予定の設備投資に関して，買収対象会社がすでに何らかのコミットメントを行っている場合，事業計画分析との関係で，その内容を確認します。すなわち，重要な設備投資について，設備を発注済み（取消不可）である場合，事業計画上もキャッシュ・アウトフローを見込んでおく必要があるということです。

❶について は，関係会社との固定資産取引は，利益率が対第三者取引とは異なっていたり，いわゆる「飛ばし」（含み損資産の簿価譲渡）のリスクもあるため，把握しておく必要があります。この場合，固定資産の譲渡取引のみならず，賃貸借取引も対象とします。買収対象会社が連結財務諸表の構成要素（親会社または子会社）であれば，連結パッケージ（未実現損益の計算資料など）で，このような取引を確認することができます。

第5章　財務デュー・デリジェンスのチェックリスト　81

6　無形固定資産

　無形固定資産に関する調査内容については，基本的に⑤の有形固定資産の
チェックリストと同様であるため，無形固定資産特有の論点に絞って解説しま
す。

項　　目	チェック
❶　無形固定資産の償却方法（償却しないものを含む）を理解する	☐
❷　調査対象期間における無形固定資産の増減要因（取得，償却，減損，除売却など）を把握する	☐
❸　無形固定資産の内訳（特にソフトウェアや知的財産権など）を確認する	☐
❹　ソフトウェアについて，研究開発費との区分方法を確認する	☐
❺　ソフトウェアについて，過去の投資（更新）の状況を把握する	☐
❻　知的財産権について，権利の内容や他社へのライセンスの状況を把握する	☐
❼　知的財産権について，オフバランスになっているものの内容を把握する	☐
❽　無形固定資産の経済的耐用年数を検討する	☐
❾　無形固定資産に係る償却計算を概括的に検証する	☐
❿　無形固定資産の管理（取得や除売却時の処理）の状況を把握する	☐
⓫　ソフトウェアなどの使用状況を把握し，遊休資産の有無を確認する	☐
⓬　遊休資産やその他の事業外資産の評価を検討する	☐
⓭　減損会計の適用に関する検討資料の内容を検討し，減損損失が計上されている場合にはその会計処理を確認する	☐
⓮　無形固定資産の評価を検討する（特に知的財産権）	☐
⓯　関係会社との無形固定資産取引の状況を把握する	☐

　❸については，無形固定資産に含まれる様々な項目のうち，一般に財務DD
において重点的な調査の対象となるソフトウェアと各種の知的財産権の有無を
確認します。

　❺については，有形固定資産と同様，ソフトウェアに関しても過去の投資
（更新）状況を確認します。これは，適宜更新のための投資を行っていない場
合，陳腐化のリスクが高いためです。特に基幹システム等の重要なシステムに

ついては，個別にアップデートのための投資実績を把握するのが望ましく，業績要因で新規投資やアップデートを行っていなかったり，メンテナンス費用を削減したりしている場合には，注意が必要です。

❻については，買収対象会社が重要な知的財産権を保有している場合，法務DDとも連携しながらその権利の内容や存続（残存）期間を把握し，特許権や商標権などの登録される権利については，登録状況も確認します。この場合，買収に際して買手が特に重視している知的財産権があれば，その権利内容や利用状況について，詳細に把握する必要があります（このような場合，知的財産権を対象とするDDが行われるケースもあります）。また，他社へのライセンスがある場合，ライセンス契約の内容も把握します。逆に，買手が重視している知的財産権について，他社からライセンスを受けている場合には，買収後の取扱いを検討します。

❼については，買収対象会社が過去の買収により取得をしたものを除いて，知的財産権はオフバランスになっていることが多いため，そのようなものも含めて権利内容を確認します。これは，申請中の特許権等の権利についても同様です。

❽については，特に知的財産権に関して，税務上の法定耐用年数とは別に，経済的な耐用年数を確認します。これは例えば，他社にライセンスしている権利であれば，その権利がライセンス・フィーを生むと想定される期間を意味します。この点は，オフバランスの知的財産権についても同様です。

❿⓫については，無形固定資産が実在し，使用されていることを確認すべきという点で，有形固定資産の場合と同様です。しかしながら，無形固定資産の場合はその実在性も，使用の実態も，より把握しづらいため，この点はより重要になります。

⓬⓭⓮については，本来は財務DD上も，無形固定資産の価値をその無形固定資産が生む将来CF（例えば，将来のライセンス・フィー）から評価するのが望ましいといえます。

しかしながら，ソフトウェアについては，財務DD上も（適正な減価償却計算を反映した）帳簿価額を用いることが多いと考えられます。

また，知的財産権については，その帳簿価額は価値を全く反映していないものの，知的財産権を個別に評価するのは時間またはコスト面の制約により難しいという実情があります。したがって，❻❼の権利内容の確認や❽の経済的耐用年数の確認に留め，企業評価の際に無形固定資産の価値を含めて評価する場合が多いと思われます。つまり，知的財産権が生むCFを独立して捉えるのではなく，他のCFとの合算で営業CF全体として捉え，DCF法などで評価するということです（ただし，買収後の会計処理のために別途，識別可能な無形固定資産の評価を行うケースもあります）。

7 リース取引

項　目	チェック
❶ リース契約一覧表の開示を受け，その内容を把握する	☐
❷ 特に，解約不能なリース契約が含まれている場合には，その契約内容の詳細を確認する	☐
❸ リース契約の会計上の区分（ファイナンス・リース及びオペレーティング・リース）を確認する	☐
❹ ファイナンス・リース取引については，売買取引に準じて会計処理（オンバランス）されていることを確認し，リース債務は有利子負債として把握する	☐
❺ オフバランスになっているファイナンス・リース取引がある場合，❹と同様の方法でオンバランスされているものとして取り扱う	☐
❻ オペレーティング・リース取引については，賃貸借取引に準じて会計処理されていることを確認し，解約不能期間がある場合には，対応する未経過リース料を把握する	☐
❼ セール・アンド・リースバック取引など，特殊なリース取引がある場合には，その内容と会計処理を確認する	☐

　❶❷については，まずは買収対象会社のリース契約一覧表の開示を受け，その内容を把握します。この際に重要なのはリース契約の中途解約の可否であり，解約不能なリース契約（または違約金に関する規定により事実上解約不能なリース契約）は一種のコミットメントとなります。解約不能なリース契約がある場合，その契約内容の詳細（及び残リース料の残高）を確認します。

　❸については，買収対象会社におけるファイナンス・リースとオペレーティング・リースの区分方法を確認します。ここで，ファイナンス・リース取引とは，リース契約に基づくリース期間の中途において契約を解除できないリース取引で，借手がその経済的利益を実質的に享受し，使用に伴うコストも実質的に負担するリース取引をいい，（借入による）リース物件の購入に近いものです。一方，オペレーティング・リース取引とは，ファイナンス・リース取引以外のリース取引をいい，リース物件の単純な賃貸借に近いものです。

　❹については，まずはファイナンス・リース取引がオンバランスされている

ことを確認します。すなわち，ファイナンス・リース取引の借手は，通常の売買取引に準じて，リース物件とこれに係る債務を計上し（原則として，リース料総額に含まれる利息相当額は控除），リース資産については，自己所有の固定資産と同様の減価償却方法により（所有権移転ファイナンス・リース取引の場合）またはリース期間を耐用年数，残存価額をゼロとして（所有権移転外ファイナンス・リース取引の場合）減価償却を行います。財務DD上は，リース資産は他の固定資産と同様に取り扱い，リース債務は有利子負債として取り扱うのが一般的です。

❺については，オフバランスになっている（つまり，通常の賃貸借取引に準じた会計処理が行われる）ファイナンス・リース取引としては，単純にリース会計基準を適用していないもののほか，会計基準改正前（平成20年4月1日以後開始事業年度より前）に開始された所有権移転外ファイナンス・リース取引もあります。財務DD上は，これらもオンバランスして考えるべきといえます。

❻については，オペレーティング・リース取引の借手は，通常の賃貸借取引に係る方法に準じて会計処理を行うため，ファイナンス・リース取引におけるリース資産やリース債務に相当する金額はオフバランスとなります。このようなオペレーティング・リース取引については，財務DD上もあえてオンバランスしない場合が多いと思われます。しかしながら一方で，解約不能期間に係る未経過リース料（または違約金の支払い）は，一種のコミットメントであるため，その金額を財務諸表注記などから把握します。また，買収後も必要なリース資産か否かを判断し，買収後の取扱いについても検討する必要があります。

❼については，セール・アンド・リースバック取引（所有する物件を貸手に売却し，貸手から当該物件のリースを受ける取引）などの特殊なリース取引の有無を把握し，その取引を行った理由や経緯を確認します。また，セール・アンド・リースバック取引については，そのリース取引がファイナンス・リース取引に該当する場合，借手は，リースの対象となる物件の売却に伴う損益を基本的に繰延処理し，リース資産の減価償却費の割合に応じ減価償却費に加減して損益に計上していく必要があります（ただし，売却損失については繰延処理しない場合あり）。したがって，例えば，関係会社に対するセール・アンド・

リースバック取引がある場合，上記のような会計処理が行われていること（物件の売却益が一時に計上されていないこと）を確認する必要があります。

第5章 財務デュー・デリジェンスのチェックリスト　87

8 有価証券（関係会社株式を含む）

項　目	チェック
❶ 有価証券に関係する会計方針を理解する	☐
❷ 調査対象期間における有価証券（投資有価証券及び関係会社株式を含む。以下同様）の増減要因（取得，時価評価，減損，売却など）を把握する	☐
❸ 特に，調査対象期間における子会社及び関連会社の設立・株式取得や清算・株式売却の状況を把握する	☐
❹ 調査対象期間におけるその他有価証券評価差額金の推移を把握する	☐
❺ 有価証券の主要な内訳を確認する	☐
❻ 証券が発行されているものについては，現物管理の状況を把握する	☐
❼ 有価証券の会計上の保有目的による分類（売買目的有価証券・満期保有目的の債券・子会社株式及び関連会社株式・その他有価証券など）を確認する	☐
❽ 主な有価証券について，それを保有している理由及び投資先との関係を把握し，買収後の処分に係る制約の有無についても確認する	☐
❾ 特に，事業の運営上保有しておく必要がなく，売却に制約もない有価証券（事業外資産）を特定する	☐
❿ 上場株式など，市場価格のある有価証券については，調査基準日時点の時価により評価されていることを確認し，時価評価されていない場合，時価評価を行って含み損益の金額を計算する	☐
⓫ 上場株式など，市場価格のある有価証券について，減損処理の方針を把握し，その処理に関連する資料の内容を検討する（特にその他有価証券）	☐
⓬ 非上場株式など，市場価格のない有価証券については，投資先の直近の決算書における純資産の持分相当額など，一定の評価を行い，含み損益の金額を計算する	☐
⓭ 非上場株式など，市場価格のない有価証券について，減損処理の方針を把握し，その処理に関連する資料の内容を検討する（特に回復可能性の判断）	☐
⓮ 子会社株式及び関連会社株式について，連結または持分法適用の基礎となった財務諸表をもとに，その評価を検討する（特に財務DDの対象となっている重要な子会社等については，その財務DDの結果も反映させる）	☐

❶については，有価証券の評価基準及び評価方法などの会計方針を確認します。

❷❸については，有価証券（投資有価証券及び関係会社株式を含む。以下同様）の増減を把握し，その増減要因を分析します。子会社株式及び関連会社株式を含めて，新規取得については投資目的を確認し，売却については売却に至った経緯を確認します。また，時価の変動による有価証券の帳簿価額の変動についても，ここで把握します（その他有価証券については，❹の純資産に含まれる評価差額金の推移を把握します）。

❺については，有価証券の内訳，すなわち，銘柄・株数・簿価単価などの情報を把握します。

❽については，❺で内訳を把握した個々の銘柄に関して，投資（または保有）目的を把握します。関係会社株式については，この点は明らかといえますが，それ以外の（投資）有価証券については，主要取引先への出資など，投資先との関係維持を目的としたもの（いわゆる「政策投資」）か，純粋な資金運用目的のもの（いわゆる「純投資」）かについて，QAリスト等で確認します。政策投資の場合には，取引関係や人的関係（取締役の派遣など）についても確認し，買収後に処分可能なものかどうかも判断します。買収後の処分に関して制約がある場合には，買収前に売手（グループ他社）に買い取ってもらうための交渉も検討の余地があります。

❾については，❽の検討から，事業を運営していくうえで特に保有の必要がなく，また売却に何らの制約もない有価証券に関しては，事業外資産として取り扱うことが多いため，そのような有価証券を特定します。

⓫については，その他有価証券のうち，上場株式等の時価のある有価証券に関して，買収対象会社における減損処理のポリシーを把握します。このような有価証券については，個々の銘柄の時価が取得原価に比べて50％程度以上下落した場合，基本的には減損処理が行われる一方，時価の下落率が30％以上（50％程度未満）の場合には，それぞれの企業において一定の合理的な基準を

設け，当該基準に基づいて減損処理の要否を判断すべきこととされているためです。このようなポリシーは，買収対象会社が全般的にどの程度保守的な会計処理を行っているかを判断するうえでの指針にもなります。

❷については，非上場株式等の時価のない株式（より正確には，時価を把握することが極めて困難と認められる株式）は，貸借対照表上（減損処理が行われていない限り）取得原価で評価されていますが，財務DD上は一定の評価を行い，含み損益を計算します。一般的には，投資先の企業の直近の財務諸表の開示を受け，その純資産のうち持分相当額（＝投資先の純資産×持分割合）をもって評価することが多いと考えられます。また，投資先が保有する不動産などの含み損益なども可能な限り反映します。ただし，このような評価は，あくまでも投資先の直近の決算日時点での評価となるため，（投資先の）直近の決算日から財務DDの調査時点までに，投資先の状況に重大な影響を与える事象（大幅な業績悪化など）が発生していないかどうか，QAリスト等で確認する必要があります。

❸については，非上場株式等の時価のない株式は，投資先の財政状態の悪化により実質価額が著しく低下したとき（少なくとも株式の実質価額が取得原価に比べて50％程度以上低下したとき）には，基本的に減損処理を行う必要がありますが，株式の実質価額の回復可能性が十分な証拠によって裏付けられる場合には，減損処理を行わないことも認められます。買収対象会社が，実質価額が著しく低下した非上場株式等について減損処理を行っていない場合，QAリスト等で実質価額の回復可能性の根拠を確認するとともに，監査法人とどのような議論を行ったかについても，併せて確認するのが望ましいといえます。

❹については，買収対象会社が子会社株式または関連会社株式を保有している場合，基本的に連結または持分法適用の対象となった財務諸表を財務DDの対象とします。すなわち，原理的には❷のような評価と同様になりますが，株式として評価するのではなく，買収対象会社を頂点とする連結財務諸表の構成要素として評価するということになります。ただし，財務DDの調査対象に含まれていない子会社等については，❷と同様の方法により評価を行うことになります。

9 デリバティブ取引

一般的に行われるデリバティブ取引には，先物（または先渡）取引，オプション取引，スワップ取引などがあります。デリバティブ取引については，小規模な買収対象会社ではオフバランスになっていることもあるため，24 25 のオフバランス項目のチェックリストも参考にしつつ，調査を行います。

	項　目	チェック
❶	各種議事録や稟議書（一覧）の開示を受け，さらにはQAリストやインタビューにより，デリバティブ取引の有無を確認する	☐
❷	デリバティブ取引を行っている場合，デリバティブ取引の一覧表や契約書の開示を受け，その内容や使用目的を把握する	☐
❸	デリバティブ取引に関するリスク管理方針を把握する	☐
❹	デリバティブ取引に関係する会計方針（ヘッジ会計の適用を含む）を理解する	☐
❺	デリバティブ取引について，ヘッジ会計の適用有無により区分して把握し，純資産に与える影響を分析する	☐
❻	特に，ヘッジ会計が適用されているデリバティブ取引については，その要件を充足していることを確認する	☐
❼	調査対象期間におけるデリバティブ取引関連の勘定科目の増減を把握する	☐
❽	時価評価されているデリバティブ取引については，金融機関が発行する時価計算資料により評価を確認する	☐
❾	オフバランスになっているデリバティブ取引については，金融機関が発行する時価計算資料により，必要に応じて修正（純資産への反映など）を行う	☐

❷❸については，端的には，買収対象会社がデリバティブ取引を何のために行っているか，つまりヘッジ目的なのか投機目的なのかを把握します。ヘッジ目的であっても，長期のデリバティブ取引は一般にリスクが高いといえます。

❹については，デリバティブ取引がある場合，買収対象会社の会計方針を把握し，ヘッジ会計の適用の有無を確認します。すなわち，金融商品会計基準においては，デリバティブ取引は時価評価のうえ，評価差額は当期の損益として処理するのが原則です。しかしながら，ヘッジ会計を適用する場合，時価評価

第5章　財務デュー・デリジェンスのチェックリスト　91

されているデリバティブ取引（ヘッジ手段）に係る損益または評価差額を，ヘッジ対象に係る損益が認識されるまで純資産の部において繰り延べることになります（「繰延ヘッジ処理」）。また，その他，時価ヘッジと呼ばれる方法もあります。

　❺については，ヘッジ会計の適用の有無にかかわらず，基本的にデリバティブ取引の含み損益は純資産に反映されます。しかしながら，後述の❾のとおり，特例処理を行っている金利スワップや振当処理を行っている為替予約等，時価評価が行われないデリバティブ取引もあります。また，為替関連のデリバティブ取引については，ヘッジ会計の適用有無により営業損益の金額が影響を受けることがあります。そのため，デリバティブ取引について，ヘッジ会計の適用有無により区分し，それぞれの純資産への影響を検討します。

　❻については，買収対象会社が会計上，ヘッジ会計を適用している場合，❸のリスク管理方針等の存在を前提に，以下の2つの要件の充足状況を確認します。

> 1．ヘッジ取引時において，ヘッジ取引が企業のリスク管理方針に従ったものであることが客観的に確認されていること
> 2．ヘッジ取引時以降において，ヘッジ手段の有効性が定期的に確認されていること

　上記1については，ヘッジ取引開始時に，正式な文書によってヘッジ指定を行う必要があり，上記2については，以下の両者の変動額の比率がおおむね80％から125％までの範囲内にあれば，ヘッジは有効と判断できます。

> ・ヘッジ対象（例：外貨建売掛金）の相場またはキャッシュ・フロー変動の累計
> ・ヘッジ手段（例：為替予約）の相場またはキャッシュ・フロー変動の累計

　財務DDにあたっては，「会計上のヘッジ会計の要件を充足しているかどうか」よりも「経済的にヘッジの効果があるかどうか」のほうが重要ですが，買収後の会計処理を考えるうえでは，会計上の要件の充足状況も確認しておく必要があります。

❾については，買収対象会社が非上場で規模も小さい場合，そもそもデリバティブ取引がオフバランスになっていることがあります。この場合にはデリバティブに係る含み損益を把握し，純資産に反映します。また，金融商品会計基準を適用していたとしても，特例処理対象の金利スワップや振当処理対象の為替予約等については，時価評価が行われません。特例処理の場合，ヘッジが完全に有効であれば，必ずしもデリバティブの時価に関する情報の入手までは必要ないと考えられますが，振当処理対象の為替関連のデリバティブについては，念のため❽と同様に時価を確認することもあります。

第5章　財務デュー・デリジェンスのチェックリスト　93

10 外貨建取引及び外貨建資産・負債

項　　目	チェック
❶ 買収対象会社の外貨建取引の内容や為替リスクの発生状況を把握する	☐
❷ 外貨建取引の具体的な換算方法を確認する	☐
❸ 外貨建資産等を会計上のあるべき期末換算方法により換算していることを確認する	☐
❹ 為替予約（または通貨オプションや通貨スワップ）によるヘッジ取引を行っている場合，ヘッジ会計の適用の有無を確認する	☐
❺ 為替予約等にヘッジ会計を適用している場合，その要件を充足していることを確認する	☐
❻ 為替予約等にヘッジ会計を適用している場合，振当処理及び（または）繰延ヘッジ処理に係る具体的な会計処理を確認する	☐
❼ 為替リスクの管理資料の開示を受け，為替変動が買収対象会社の損益に与える影響を把握する	☐

　❶については，まずはどのような取引から為替リスクが発生しているのかを確認します。大きくは，営業取引（原材料の輸入や製品の輸出）のほか，非経常的な取引や海外子会社等への出資などからも為替リスクは発生します。

　❸については，会計上，企業が期末に有する外貨建資産及び負債の換算方法は，**図表5－2**のとおりであり，端的には，ほとんど決算日レートによる換算で，例外は「子会社株式及び関連会社株式」のみです。特に買収対象会社が監査法人による監査を受けていない場合，念のため上記のような換算が行われていることを確認します。

　❹❺❻については，ヘッジ会計の適用に関しては，9のデリバティブ取引のチェックリストのとおりですが，為替リスクに対するヘッジについては，振当処理という方法が認められています。これは，為替予約等により固定されたキャッシュ・フローの円貨額により外貨建金銭債権債務などを換算する方法をいいます。正確な表現ではないですが，この振当処理を採用し，かつ，事前に為替予約を行うオペレーションを行っている場合，基本的に売上や仕入が予約

レート（先物レート）で計上されることになります。

　❼については，買収対象会社の為替リスクの管理資料を入手し，為替変動が買収対象会社の損益に与える影響（例えば，対米ドルで１円円安になれば，営業利益がどの程度変動するかなど）を把握します。買収対象会社がそのような管理資料を作成していない場合，外貨建てのキャッシュ・フローの概算値を把握し，大まかな為替リスク金額を算定します。

図表５－２／外貨建資産・負債の会計上の換算方法

外貨建資産及び負債の区分		換算方法
外貨建金銭債権債務 (注1) （外貨預金を含む）	短期外貨建金銭債権債務	決算日レートによる換算
	長期外貨建金銭債権債務	
外貨建有価証券	売買目的有価証券	決算日レートによる換算
	満期保有目的債券	決算日レートによる換算
	その他有価証券	決算日レートによる換算
	子会社株式及び関連会社株式	取得時レートによる換算
外国通貨		決算日レートによる換算

ほとんど決算日レートによる換算

例外

（注１）外貨により授受された前渡金及び前受金は，外貨建金銭債権債務に該当せず，金銭を授受した時点の為替レートによる円換算額を付し，決算日レート換算は行わない。

（注２）決算日前後の為替レートの変動状況から判断して，決算日の為替レートが異常と認められる場合には，決算日の前後一定期間（決算日を含むおおむね１か月以内）の為替レートに基づいて算出された平均レートにより換算することが容認されている。

第5章　財務デュー・デリジェンスのチェックリスト　95

11 貸付金

項　　目	チェック
❶ 貸付金に関係する会計方針を理解する	☐
❷ 調査対象期間における貸付金の増減要因（融資，貸倒れ，回収など）を把握する	☐
❸ 貸付金（短期貸付金及び長期貸付金）の内訳及びそれぞれの融資条件を確認する	☐
❹ 特に，関係会社に対する貸付金の有無を把握し，その条件を他の貸付金と比較するとともに，買収前後における取扱いを検討する	☐
❺ 特に，役員に対する貸付金の有無を把握し，その条件を他の貸付金と比較するとともに，買収前後における取扱いを検討する	☐
❻ 主な貸付金について，融資先との関係や融資の目的（融資先における資金使途）を確認する	☐
❼ 融資先の直近の決算書などをもとに，貸付金に対する貸倒引当金の計上額の妥当性を検討する	☐

❶については，（貸付金に対する）貸倒引当金の計上基準などを把握します。

❷については，融資先別の残高の推移を把握します。この際，新規融資については，融資の目的をQAリスト等で確認し，既存の融資については，約定どおりに（つまり，以下の❸で確認する融資条件どおりに）貸付金の回収が行われていることを確認しておく必要があります。なお，対応する貸倒引当金についても，併せて推移を把握します。

❸については，貸付金（短期貸付金及び長期貸付金）の内訳を把握し，金銭消費貸借契約証書などにより融資条件（期間・金利・担保の有無など）も確認します。また，関係会社や役員に対する貸付金の有無も併せて確認します。

❹❺については，関係会社や役員に対する貸付金は，融資期間や金利などの観点で見て，他の借入金と条件が異なる可能性があるため，その詳細を確認します。この点は，税務DDの視点からも重要になります（特に，海外関係会社への貸付金に対する移転価格税制の適用）。また，このような貸付金について

は，買収前の返済など，買収の前後のアレンジメントについても，事前に検討のうえ，売手と交渉する必要があります。

❻については，❸で内訳を把握した個々の融資に関して，融資先との関係や融資の目的（融資先における資金使途）を把握します。この点は，関係会社に対する貸付金について，特に重要になります。例えば，融資先である関係会社において，設備投資が行われているなど，資金使途が明確であれば問題ありませんが，単純に関係会社の資金繰りを支援する等の漠然とした目的である場合には，その回収可能性が問題になります。また，役員に対する貸付金についても，その目的をインタビュー等で明確にしておく必要があります。さらに，主要取引先など，融資先との関係維持を目的としたものについては，投資の場合と同様，取引関係や人的関係（取締役の派遣など）についても確認し，買収後に回収可能なものであるかどうかも判断します。買収後の回収に関して実質的な制約がある場合には，買収前に売手（またはそのグループ会社）に肩代わりしてもらうための交渉も検討の余地があります。

❼については，買収対象会社が，貸倒引当金の設定の際に貸付金の回収可能性に関する検討資料を作成している場合，その開示を受けて検討の対象とし，不明点等はQAリストやインタビューにより質問します。一方，買収対象会社がそのような資料を作成していない場合，融資先の企業の直近の財務諸表の開示を受け，担保による回収見込額も考慮に入れて，貸付金の回収可能性を検討します。いずれの場合においても，融資先企業の直近の決算日から財務DDの調査時点までに，融資先の財務状況に変化がないかどうか，QAリスト等で確認する必要があります。

第5章 財務デュー・デリジェンスのチェックリスト　97

12 敷金・差入保証金

項　目	チェック
❶　調査対象期間における敷金・差入保証金の増減要因を把握する	☐
❷　敷金・差入保証金の内訳及び差入先との関係を確認する	☐
❸　敷金・差入保証金の契約書上の回収方法を確認する	☐
❹　主として敷金について，賃借建物等に係る原状回復費用の会計処理を確認する	☐
❺　敷金・保証金の差入先の財務状況を確認し，差入保証金の回収可能性を検討する	☐
❻　敷金・差入保証金の買収後の取扱いを検討する	☐

❶については，敷金や保証金などの差入先別の残高の推移を把握し，全体として，また差入先別に見て，大きな増減がある場合には，QAリスト等でその増減要因を確認します。

❷については，一般に敷金の差入先は不動産の貸主（事務所や店舗等の賃借に際して差し入れるもの）ですが，保証金の差入先としては，その他に仕入先（仕入代金の支払いを保証するために差し入れるもの）などもあるため，その内容を個別に把握します。

❸については，取引先との基本契約や不動産賃貸借契約の開示を受け，そもそも敷金や保証金をどのように回収することになるのかを確認します。仕入先に差し入れている保証金については，差入先の信用リスクの問題を除けば，（例えば，取引の打切り時に）全額返還を受けられる形態が多いと考えられます。一方，不動産賃借に係る敷金や保証金については，契約上そもそも返還されない部分（いわゆる「権利金」）があるほか，原状回復費用が相殺される場合があります。不動産賃借に係る敷金や保証金について，返還されない部分がある場合，その会計処理を確認し，仮に敷金や保証金の全額が資産計上されている場合，返還されない部分は前払賃料として扱うか，資産性がないものとして取り扱うのが一般的と考えられます。また，前払賃料として調整を行う場合，（支払賃料を通じて）正常収益力の調整も必要になる場合があります。

❹については，❸とも関連しますが，主として敷金に関して，賃借建物等に係る原状回復費用の会計処理を確認します。すなわち，建物等の賃貸借契約においては，通常，内部造作等（有形固定資産）の除去などの原状回復が要求されることから，当該有形固定資産に関連する資産除去債務を計上しなければならない場合があります。ただし，敷金がある場合には，資産除去債務の負債計上及び対応する除去費用の資産計上に代えて，「敷金の回収が最終的に見込めないと認められる金額」を合理的に見積もり，そのうち当期の負担に属する金額を費用に計上する方法も認められます。したがって，買収対象会社が原状回復費用の見積額をどのように会計処理しているのか（そもそも計上しているのか）を確認する必要があります。

❺については，特に不動産賃借に係る敷金や保証金に関しては，一般に契約期間（つまり回収までの期間）が長期に及ぶため，その間に差入先（貸主）の財務状況が悪化することもありえます。したがって，買収対象会社における回収可能性の検討資料の開示を受け，差入先の財務状況を把握します。また，QAリスト等により，差入保証金の回収可能性に関する買収対象会社の見解も確認することで，間接的に差入先の返済能力を評価し，回収可能性の検討を行います。さらに，特に金額的に重要である場合などは，差入先の信用調査を行うケースもあります。

❻については，買手の買収後の戦略により，回収を予定している敷金や保証金に関して，実際に資金を回収できるかどうかを検討します。例えば，買収後に買収対象会社の本社を移転させる場合や店舗を統廃合する予定の場合，このような検討が重要になります。具体的には，❺の敷金や保証金の回収可能性の問題のほか，不動産賃貸借契約の解除が可能かどうかという問題もあります。

13 その他の資産

項　目	チェック
❶　調査対象期間における各資産の増減要因を把握する	☐
❷　各資産の内訳を把握し，金額的に重要な項目を特定する	☐
❸　各資産の資産性の有無を検討する	☐
❹　将来資金化される以下のような資産について，回収可能性を検討する 　・未収入金（特に関係会社に対するもの） 　・立替金（特に関係会社に対するもの）	☐
❺　将来費用化される以下のような資産について，残高の妥当性を検討する 　・仮払金 　・長期前払費用（特に税務上の繰延資産）	☐
❻　時価が把握できる以下のような資産については，含み損益の状況や処分可能性を把握する 　・ゴルフ会員権 　・保険積立金	☐
❼　事業外資産の有無を確認する	☐

❶については，他の勘定科目と同様，その他の資産に関しても，まずは調査対象期間における増減を把握し，その増減要因をQAリスト等で確認します。

❸については，❷で特定した重要な項目に関して，資産性の有無を確認します。具体的には，未収入金のようにキャッシュ・インフローが予定されている資産は，「予定された期日に入金があるか」という観点から回収可能性を検討し，前払費用のように過去のキャッシュ・アウトフローを期間配分している資産は，「費用化が不足していないか」という観点から，あるべき残高を検討することになります。

❹については，将来入金が予定されている資産に関して，その回収可能性を検討します。特に関係会社に対する未収入金や立替金については，実質的に貸付金と変わらないことがあるため，その内容を詳細に確認する必要があります。

❺については，将来費用化される資産に関して，残高の妥当性を検討します。ここで，仮払金については，役員に対するものが含まれていないかなど，その内容を確認するのが一般的です。また，長期前払費用には，例えば，1年を超える保険料の前払いなどが含まれ，財務DDでは，金額的に重要なものについて，費用化のスケジュールを確認します。しかしながら，長期前払費用には，若干性質が異なる「税務上の繰延資産」が含まれていることがあります。ここで，税務上の繰延資産には，自己が便益を受ける公共的施設等の負担金など，雑多なものが含まれており（第6章③3⑥（210頁）参照），保険料のような純粋な前払いではないケースもあります。したがって，その内容によっては，財務DD上は資産性がないと判断する場合があります。

❻については，ゴルフ会員権等に関しては時価が確認できる資料の開示を受け，保険積立金に関しては払戻金に関する保険会社の報告書等の開示を受けるなどして，その含み損益を把握します。また，買収前後における処分の可能性も確認します。

❼については，買収対象会社が事業外資産（事業で使用しておらず，事業と直接関係のない資産）を保有していないかどうかを確認します。書画骨董などがその典型ですが，❻のゴルフ会員権や保険積立金などもよく議論の対象となります。財務DD上は，把握した事業外資産の評価を検討するほか，買収前の処分（売手による買取りを含む）についても，交渉の俎上に載せることが多いと考えられます。

第5章　財務デュー・デリジェンスのチェックリスト　101

14 仕入債務

項　目	チェック
❶ 買収対象会社の仕入計上基準を理解する	☐
❷ 調査対象期間における仕入債務の増減要因を把握する	☐
❸ 主要な仕入先を確認し，それらの仕入先に対する仕入債務の集中度合いを把握する	☐
❹ 新規仕入先との取引開始の際のプロセスを把握する（特に海外の場合）	☐
❺ 主要な仕入先との取引条件（仕入債務の支払条件）を把握し，他の仕入先よりも支払条件が不利な主要仕入先については，その理由を確認する	☐
❻ 仕入債務の回転期間分析を行う	☐
❼ 仕入債務に関する支払管理の状況を把握する	☐
❽ 仕入債務に係る期日別残高明細等により，支払保留となっている仕入債務の有無を把握し，支払いを遅らせている（支払いが遅れている）理由を確認する	☐
❾ 仕入債務の計上基準から判断して，未計上または計上不足となっている仕入債務がないことを確認する（特に輸入仕入について）	☐
❿ 監査法人による監査を受けている場合，仕入債務に係る残高確認の差異の発生状況を把握し，差異分析資料の内容を検討する	☐
⓫ 関係会社に対する仕入債務の残高や支払条件を確認する	☐

　❷については，支払手形や買掛金等の科目別の全体的な残高の推移のほか，主要仕入先別の残高の推移も把握します。全体として，また仕入先別に見て，大きな増減がある場合には，仕入高の推移との整合性を確認したうえで，QAリスト等によりその増減要因を確認する必要があります。

　❸については，主要な仕入先（取引金額や取扱品目の観点から重要な取引先）を確認し，仕入先との交渉力や供給の安定性という観点から，また買収後の取引の継続性の観点から，そのような仕入先への集中度合いも把握します。

　❹については，買収対象会社における新規の取引口座開設時の手続を把握します。特に海外においては，不正のために架空の取引口座の開設が行われるこ

とがあるほか，購買担当者と仕入先との癒着の問題があり，親族企業などへの優先発注なども散見されることから，この点は重要になります。

❺については，❻の回転期間分析の基礎として，主要な仕入先との取引条件，特に仕入債務の支払サイトを確認します。この情報は運転資本分析（③4（170頁）参照）にも活用されます。また，買収後の購買量の増加による価格交渉力の強化も視野に入れながら，自社とのコスト・シナジーを検討します。このような観点からは，支払サイトが短い主要仕入先について，他よりも支払条件が悪くなっている理由を確認し，買収後の支払サイトの短縮可能性についても確認しておくことが重要になります。

❻については，仕入債務に関して，全体として（また主要な仕入先ごとに）以下の算式で回転期間を計算します。

$$仕入債務回転期間 = \frac{仕入債務残高}{月次仕入高}$$

(注) 期末日が休日である場合，1か月分の仕入債務を調整（マイナス）する場合があります。

この仕入債務回転期間は，端的には「何か月分の仕入に相当する仕入債務残高があるか」を示す指標であるため，これが長いほど，運転資本管理が楽になります。また，この回転期間を主要仕入先の支払サイトと比較し，大きな乖離がないかどうかを確認します。計算された回転期間が主要得意先の支払サイトより長い場合には，買掛金が長期未決済になっている可能性があり，逆に計算された回転期間が主要得意先の支払サイトより短い場合には，仕入割引（早期決済）などを行っているか，仕入債務が計上漏れになっている可能性もあるため，その要因を確認する必要があります。また，主要仕入先との支払条件の変更についても，この分析で明らかになります。

❼については，支払期日の管理などを行っているかどうかを確認し，❽の支払保留の分析の基礎とします。

❽については，滞留している（支払保留となっている）仕入債務の有無を把握し，そのような仕入債務がある場合には，支払いを保留している理由を確認

します。一般に，買収対象会社自身の資金繰りの問題で支払いが遅れている場合には，重大な問題といえます。一方，仕入れた原材料の不具合などの取引上の問題により，あえて支払いを保留しているケースでは，その経緯を確認します（また，法務リスクへの波及の可能性もあるため，法務DDチームとの連携も検討します）。なお，仕入債務の滞留については，売上債権の滞留のような回収可能性の問題はありませんが，特に海外においては，そのような滞留を利用した不正（資金の引き出しや架空売掛金との相殺）が行われる可能性があるという認識も重要になります。

❾については，一般には財務DDにおいて負債の網羅性を確認するのは難しいものの，仕入債務の計上に係る具体的な手続をQAリストやインタビューにより確認することで，未計上の仕入債務が発生するリスクを判断します。このリスクは，特に輸入仕入について発生する可能性が高いため，❶の仕入計上基準（船積通知基準など）の確認とともに，輸入仕入に係る具体的な買掛金の計上方法などを確認しておく必要があります。また，期首近くで計上された仕入債務について，前期の仕入として計上すべきものではないことを確認する方法もあります。

❿については，通常は財務DDにおいて残高確認は実施しないため，買収対象会社の監査法人が行った残高確認の結果（差異分析を含む）がある場合には，その内容を検討します（買収対象会社が自社で残高確認を行っている場合も同様）。

⓫については，関係会社間では，対第三者取引とは異なる条件で取引が行われている可能性があるため，まずは関係会社に対する仕入債務の残高を把握し，その支払条件が他の仕入先と同一であるかどうかを確認します。仮に支払条件が異なる場合には，その理由を確認する必要がありますが，特に関係会社の支援が行われている場合（例えば，関係会社への買掛金の支払サイトを短くしている場合）に注意が必要です。この際，買収後の支払条件の変更可否を確認しておく必要があるほか，関係会社株式の評価等の観点からは，当該関係会社の財務状況の把握も重要になります。

15 借入金・社債

項　目	チェック
❶ 調査対象期間における借入金の増減要因（借入や返済など）を把握する	☐
❷ 借入金（短期借入金及び長期借入金）の内訳及びそれぞれの条件を確認する	☐
❸ 借入条件のうち，財務制限条項の詳細を把握し，それが遵守されていることを確認する	☐
❹ 借入条件のうち，担保・保証の詳細を確認し，買収後の取扱いを検討する	☐
❺ 借入条件のうち，期限前返済の制限に係る条項の詳細を確認し，買収後の取扱いを検討する	☐
❻ 金融機関の発行する残高証明書により借入金残高を確認する	☐
❼ 関係会社からの借入金の有無を把握し，その条件を他の借入金と比較するとともに，買収前後における取扱いを検討する	☐
❽ 役員からの借入金の有無を把握し，その条件を他の借入金と比較するとともに，買収前後における取扱いを検討する	☐
❾ 当座借越契約やコミットメント・ラインの有無を把握し，その他買収対象会社の借入余力を判断する	☐
❿ 社債についても，借入金と同様の検討を行う（ただし，新株予約権付社債等の潜在株式については，別途検討を行う）	☐
⓫ D/Eレシオ（＝負債（または（純）有利子負債）÷自己資本）を同業他社と比較する	☐

　❶については，借入先別の残高の推移を把握します。この際，新規借入れについては，QAリスト等で資金使途（通常の運転資金や設備投資など）を確認し，既存の借入れについては，約定どおりに（つまり，以下の❷で確認する条件どおりに）借入金の返済が行われていることを確認しておく必要があります。

　❷については，借入金（短期借入金及び長期借入金）の内訳を把握し，それぞれの借入金に係る金銭消費貸借契約証書などにより条件を把握します。基本的な条件として，金額・期間（返済期日）・金利・担保や保証の有無等がありますが，財務DDにおいては，財務制限条項（以下の❸参照）や期限前返済の

第5章　財務デュー・デリジェンスのチェックリスト　105

可否（違約金条項の有無）を確認しておくことも重要になります。同様に，チェンジ・オブ・コントロール条項（**25**のオフバランス項目のチェックリスト参照）にも注意が必要です。

❸については，財務制限条項とは，銀行等の金融機関が融資を実行する際の契約に含まれる条項の1つで，融資先の財政状態や経営成績が一定の制限に抵触する場合，融資先はその借入金について，期限の利益を喪失する（すなわち，返済期限を待たずに一括返済の義務を負う）ことを定めるものです。この財務制限条項の内容は多種多様ですが，一般的には以下のように分類できます。

分　類	主な内容
(1)「利益水準」に関するもの	例えば，損益計算書上の段階利益（営業利益・経常利益・当期純利益）について，一定水準を確保することを約する条項
(2)「純資産」に関するもの	例えば，純資産額について，一定水準を確保することを約する条項
(3)「（有利子）負債」に関するもの	例えば，（有利子）負債について，①絶対額，②総資産・純資産に対する割合，③債務償還年数などの指標を一定水準以下に抑えることを約する条項
(4)「現金及び預金」に関するもの	例えば，現預金の残高を一定水準以上に維持することを約する条項

　このような財務制限条項については，まずは買収対象会社における遵守状況を確認します。また，財務制限条項は買収後の事業を進めるうえで大きな制約になるため，財務DD上はその内容を詳細に把握しておく必要があります。

❹については，借入金に係る担保及び保証の状況を金銭消費貸借契約証書やQAリスト等により確認します。これは，担保提供資産については，買収後の売却等に制約があるため，それを事前に把握する趣旨です。また，保証については，保証料の支払いが付随する場合があるほか，買収後に買手が保証を求められる可能性についても検討しておく必要があります。

❺については，借入金に係る契約に期限前返済を制限する条項がある場合，❸の財務制限条項と同様，買収後の財務戦略の制約になるため，その内容を確認します。例えば，買収後に親子ローンへの切替えや，より有利な条件での借

換えを予定している場合などは，期限前返済の可否（または期限前返済に伴う追加コスト）の把握が特に重要になります。

❼❽については，関係会社や役員からの借入金に関しては，他の借入金と条件が異なる可能性があるため，その詳細を確認します。また，買収の前後における返済等のアレンジメントについても，事前に検討のうえ，売手と交渉する必要があります。

❾については，コミットメント・ラインとは，銀行等の金融機関が一定期間及び一定金額の融資枠を設定し，その融資枠の範囲内であれば，顧客の請求に基づいて融資を実行することを約する契約をいいます。買収後の財務戦略を考えるうえでは，買収対象会社の資金調達能力を判断することが重要になりますが，当座借越契約やコミットメント・ラインがある場合，買収対象会社は，その極度額または，融資枠の範囲内で自由に資金を調達できるため（ただし，当座借越には，融資の実行に関して銀行に裁量を認める規定が含まれていることが多い），その借入余力を判断するうえで重要な情報になります。なお，コミットメント・ラインについては，一般に融資枠の設定に対するフィーが発生するため，そのフィーの水準も確認しておく必要があります。その他，買収対象会社における担保余力も，借入余力を判断するうえで考慮されます。

❿については，潜在株式に関して，23の純資産のチェックリストをご参照ください。

⓫については，買収対象会社のD/Eレシオを同業他社と比較します。D/Eレシオの分子は，１．負債の場合，２．有利子負債の場合，３．純有利子負債（ネット・デット）の場合などがあり，明確な定義はありませんが，基本的には買収対象会社の安全性を示す指標といえます。また，これが同業他社と大きく乖離している場合には，DCF法で割引率を計算する際に補正が必要になるケースもあります。

第5章　財務デュー・デリジェンスのチェックリスト　107

16 税金・税効果

項　目	チェック
❶ 調査対象期間における未払法人税等（及び対応する法人税，住民税及び事業税）の推移を把握する	☐
❷ 調査対象期間における繰延税金資産・負債（及び対応する法人税等調整額）の推移を把握する	☐
❸ 特に海外においては，未収税金（法人税等のほか，間接税を含む）について，実際に還付が受けられることを確認する	☐
❹ 繰延税金資産の内訳（どのような将来減算一時差異等に繰延税金資産が計上されているか）を把握する	☐
❺ 繰延税金資産の回収可能性の検討資料の開示を受け，事業計画との整合性を確認する	☐
❻ 財務DD等における発見事項のうち，税金・税効果に影響があるものについて，純資産に与える影響を分析する	☐

❶については，第6章をご参照ください。

❷については，繰延税金資産・負債の推移を把握します。特に繰延税金資産の金額が漸増している場合には，その回収可能性に注意が必要です。

❸については，特に海外（新興国）において，未収還付法人税等や未収付加価値税（VAT）などが計上されている場合，実際に税務当局から還付を受けられる（または将来発生する未払税金と相殺できる）見込みであることを確認します。これは，日本とは異なり，税金の還付を受けるのが必ずしも容易ではないためです。

❺については，繰延税金資産の回収可能性の検討資料の開示を受け，事業計画との整合性を確認します。すなわち，買収対象会社が多額の繰越欠損金を有している場合などは，事業計画をもとに（将来減算一時差異の解消も加味した）繰越欠損金の使用計画が検討されることが一般的であるため（第6章①2（187頁）参照），それを買収対象会社における繰延税金資産の回収可能性の検討資料の内容と比較します。

❻については，財務DD（及び税務DDを含む他のDD）における発見事項のうち，税金・税効果に影響があるものに関して，純資産に与える影響を分析します。例えば，財務DDにおける売上債権の調査のなかで，滞留債権に対する貸倒引当金の計上不足が検出された場合，純資産からマイナスする形で調整が行われますが，❺の判断の結果，繰延税金資産の計上余力があれば，対応する税効果分だけ純資産への影響は軽減されるということになります。

第5章 財務デュー・デリジェンスのチェックリスト 109

17 未払給料・未払賞与（賞与引当金）・役員賞与引当金

	項　目	チェック
❶	未払給料が計上されている場合，その内容を検討する	☐
❷	未払給料が計上されていない場合，給与計算期間等から，その計上が不要であることを確認する	☐
❸	未払残業代等，法務DDにおける指摘事項がある場合，それが純資産に与える影響を分析する	☐
❹	賞与引当金または未払賞与が計上されている場合，賞与に関する規程で賞与の支給時期及び支給対象期間を理解するとともに，過去における賞与支給差額を把握することで，その計上額の妥当性を検討する	☐
❺	賞与引当金または未払賞与が計上されている場合，対応する社会保険料等も未払計上されていることを確認する	☐
❻	賞与引当金または未払賞与が計上されていない場合，賞与の支給対象期間等から，その計上が不要であることを確認する	☐
❼	役員賞与引当金について，賞与引当金と同様の検討を行う	☐

　❶については，買収対象会社が未払給料を計上している場合，まず給与規程を確認し，月々の給料の支給日及び計算期間（何日から何日までの勤務に対する給料なのか）を把握します。例えば，20日締め25日払いであれば，21日から月末まで（約10日分）の給料の未払計上が必要になりますが，残業代の計算期間が基本給部分と異なる場合には，その点も考慮したうえで，未払計上額の妥当性を検討します。人件費については一般に金額的に重要であり，純資産へのインパクトも大きい場合が多いので，詳細なチェックが必要になります。

　❷については，買収対象会社が未払給料を計上していない場合，❶と同様の視点で，調査基準日において未払給料の計上が必要ないことを確認します。

　❸については，法務DDにおいて，残業代などの不支給や過少支給が明らかになった場合，財務DDにおいては未払残業代を計上して純資産に反映させます。同時に，正常収益力の算定上は過去の人件費の金額を遡及的に修正します。

❹については，買収対象会社が賞与引当金または未払賞与を計上している場合，その内容を検討します。ここで，「賞与引当金」とは，翌期に支払う賞与支給額が確定していない場合に，支給見込額のうち当期に帰属する額を計上したものをいい，「未払賞与」とは，それが確定している場合の当期帰属額をいいます（正確には，未払費用または未払金として処理されます）。いずれの場合であっても，まず賞与に関する規程を確認し，賞与の支給時期及び支給対象期間（どの期間の勤務に対する賞与なのか）を把握します。そのうえで，賞与引当金については，過去の支給実績や現時点における支給見込みなどをQAリスト等により確認し，その見積額の妥当性を検討します（未払賞与については，基本的に支給額は確定しています）。また，過去における賞与支給差額（見積計上額と実際支給額の差額）を確認するのも有効です。

❺については，賞与引当金または未払賞与の計上にあたり，対応する社会保険料（標準賞与額に保険料率を掛けて計算されるもの）も未払計上されていることを確認します。

❻については，買収対象会社が賞与引当金または未払賞与を計上していない場合，❹と同様の視点で，調査基準日において賞与引当金または未払賞与の計上が必要ないことを確認します（❺の未払社会保険料についても同様）。

❼については，従業員賞与と同様，役員賞与に関しても，当事業年度の職務に係る役員賞与について，期末後に開催される株主総会の決議事項とする場合には，当該決議事項とする額（またはその見込額）は，基本的に役員賞与引当金として計上されます。したがって，従業員賞与と同様の調査を行う必要があります。

18 退職給付引当金

項　目	チェック
❶ 買収対象会社の退職給付制度の内容を理解し，確定給付型の制度を採用しているかどうかを確認する	☐
❷ 退職給付引当金に関係する会計方針を理解する	☐
❸ 調査対象期間における退職給付引当金の増減要因（退職給付費用の発生，年金資産の拠出，退職金の支払いなど）を把握する	☐
❹ 原則法を採用している場合，退職給付債務の計算資料の内容を検討する	☐
❺ 原則法を採用している場合，退職給付債務の計算の基礎となる割引率の水準を検討する	☐
❻ 退職給付債務の計算について，必要に応じて年金数理人などの外部専門家と連携する	☐
❼ 年金資産の評価を確認する	☐
❽ 原則法を採用している場合，期待運用収益率の水準を検討する	☐
❾ 原則法を採用している場合，未認識部分の金額を把握する	☐
❿ 簡便法を採用している場合，退職給付債務の計算資料の内容を検討する	☐
⓫ 退職給付債務の計算に反映されていない退職給付（臨時的に支給される功労加算金など）の有無を把握する	☐
⓬ 買収対象会社が総合型厚生年金基金等の複数事業主制度に加入している場合，退職給付引当金の計上の要否を検討する	☐

　❶については，まずは買収対象会社の退職給付制度の内容を把握します（買収後に制度の変更や統合の可能性がある場合には，この点が特に重要になります）。単純にいうと，退職給付制度には，拠出と給付のいずれの金額が確定しているかにより，確定拠出型の制度と確定給付型の制度があります。確定拠出型の制度の場合，企業サイドは将来の退職給付に係るリスクを負わないため，掛金の拠出時に費用処理するのみです。一方，確定給付型の制度の場合，企業サイドが将来の退職給付に係るリスクを負うため，基本的に退職給付引当金を計上する必要があります。したがって，まずは買収対象会社が確定給付型の制度を採用しているかどうかが重要です。特に海外においては，退職給付制度自体の理解に時間を要する場合があるため，注意が必要です。

❷については，退職給付引当金に関係する会計方針を理解します。特に，数理計算上の差異の償却期間（またはその基礎となる従業員の平均残存勤務期間）などが重要になります。

❸については，買収対象会社が原則法と簡便法のいずれを採用しているかにもよりますが，基本的に退職給付引当金は，退職給付費用の発生により増加し，逆に年金資産の拠出（外部積立制度の場合）や退職一時金の支払い（社内制度の場合）により減少します。これに加えて，連結財務諸表上は，数理計算上の差異等の発生によっても残高が増減します。このような理解を前提に，退職給付引当金に大きな増減がある場合には，QAリスト等でその増減要因を確認する必要があります。

また，増減分析にあたっては，退職給付費用の額と年金資産の拠出（または退職一時金の支払い）の額との大小関係を意識しておく必要があります。これは，事業計画分析に際しては，会計上の退職給付費用のみならず，年金資産の拠出等のキャッシュ・アウトフローも重要になるためです（特に両者の差異が大きい場合）。

❹については，買収対象会社が原則法を採用している場合，まずは退職給付債務の計算資料（年金数理人などが作成した年金数理計算書）を入手して，その内容を検討します。一般的に，退職給付債務の計算が年金数理人により行われていれば，計算の合理性を確認するためだけに，財務DDにおいて再計算を行うことは基本的にないと考えられます。一方で，退職給付債務の計算は多くの仮定（各種の基礎率）に基づいているため，その仮定自体の妥当性を検討することが財務DDの主眼になります。

❺については，❹の原則法による退職給付債務の計算上の仮定のうち，特に重要な割引率に関して，その決定方法を根拠資料により確認し，QAリストやインタビューにより決定のプロセス（監査法人との議論などを含む）を確認します。また，同業他社の有価証券報告書などに開示されている割引率と比較して，大まかな水準を把握する方法も有効です。これは，割引率が安全性の高い債券（国債，政府機関債及び優良社債）の利回りを基礎として決定されることから，従業員の平均残存勤務期間に大きな差がなければ，企業によって大きな

第5章　財務デュー・デリジェンスのチェックリスト　113

差はないと考えられるためです。なお，割引率は，退職給付債務の計算におい
て非常に重要な仮定であり，割引率を少し動かすだけで，退職給付債務の額は
大きく変動する可能性があります。そのため，仮に，買収対象会社が設定して
いる割引率が高すぎるという結論になれば，退職給付債務の額を再計算（試
算）せざるをえないケースも想定されます。

　❼については，年金資産を運用している団体からの報告書等により，年金資
産の評価額を確認します。年金資産は，会計上は退職給付引当金の構成要素と
なりますが，実態としては株式や債券による運用に他ならないため，年金資産
の内訳も把握しておく必要があります。

　❽については，期待運用収益率に関して，❺の割引率と同様，その決定方法
を根拠資料により確認し，QAリストやインタビューにより決定のプロセス
（監査法人との議論の有無などを含む）を確認します。期待運用収益率は，保
有している年金資産の内訳や運用方針によって水準が異なるため，❺の割引率
のように同業他社と比較することは必ずしも合理的ではありませんが，大まか
な水準を確認する趣旨であれば，そのような比較にも意味があると考えられま
す。また，過去の実際運用収益（年金資産の運用実績）との比較で，期待運用
収益率の水準の妥当性を確認する方法もあります。

　❾については，修正簿価純資産法の観点からは，「退職給付債務と年金資産
の差額」があるべき退職給付引当金の残高といえるため，未認識部分もすべて
退職給付債務（退職給付引当金）として認識すべきであり，そのような趣旨で
未認識部分の金額を把握します。すなわち，個別貸借対照表上，「退職給付債
務－年金資産」がそのまま退職給付引当金となるわけではなく，その差額の一
部が未認識になっています（「遅延認識」）。未認識部分のうち重要なのが数理
計算上の差異ですが，これは「年金資産の期待運用収益と実際の運用成果との
差異」や「退職給付債務の数理計算に用いた見積数値と実績との差異」などを
指し，平均残存勤務期間以内の一定の年数で按分した額が毎期費用処理（また
は費用の減額処理等）されていきます（つまり，常に「未認識数理計算上の差
異」が存在する）。もちろん，制度会計上，（個別財務諸表上は）このような退
職給付債務の遅延認識が認められていますが，財務DDにおいては，そのよう

な退職給付費用の繰延べは考慮しないのが一般的です。

　なお，企業評価に際しては，退職給付債務と年金資産との差額を有利子負債等に含める場合があります（その際には，事業計画上，退職給付費用に係る調整も必要になります）。

　❿については，買収対象会社が簡便法（期末の退職給付の要支給額を用いた見積計算を行う等の簡便な方法）を採用している場合，原則法により退職給付債務を計算した場合とは異なる金額で退職給付引当金が計算されることになります。その影響が極めて大きいと予想される場合には，財務DDにおいて数理計算を行い，原則法による退職給付債務を計算することも考えられます。しかしながら，通常は時間的にもコスト的にもそのような対応は難しいため，従業員の平均残存勤務期間や昇給率といった情報をもとに，過去の支給実績も考慮しつつ，何らかの方法で退職給付債務の額を推計せざるをえません。

　⓫については，功労加算金など，臨時に支給される退職給付で退職給付債務の計算に反映されていないものに関しては，支払時の退職給付費用として処理されるため，そのような退職給付の有無を把握します。仮にその功労加算金が恒常的に支出されているものであれば，財務DD上は退職給付引当金への上乗せも検討されます。

　⓬については，買収対象会社が総合型厚生年金基金など，複数の事業主により設立された確定給付型企業年金制度に加入している場合，自社に帰属する年金資産の金額が必ずしも明らかではないという問題があります。この場合，自社に帰属する年金資産の金額を合理的な基準によって計算できないときには，確定拠出制度に準じた会計処理が行われ，退職給付引当金が計上されません。しかしながら，当該年金制度が積立不足の場合には，制度からの脱退の際に積立不足分の一時拠出を求められる場合があり，将来的な負担が発生する可能性があります。したがって，財務DD上は，財務諸表の注記（当該年金制度全体の直近の積立状況等の開示）などを参考に，簿外債務の金額（退職給付引当金に相当する金額）を見積もるのが望ましいといえます。特に，買収後に買収対象会社が複数事業主制度から脱退することを予定している場合には，より精緻な見積りが必要になります。

第5章　財務デュー・デリジェンスのチェックリスト　115

19 役員退職慰労引当金

項　目	チェック
❶ 役員退職慰労引当金に関係する会計方針を理解する	☐
❷ 調査対象期間における役員退職慰労引当金の増減要因（計上及び支給による取崩し）を把握する	☐
❸ 役員退職慰労金に関する内規の内容を理解し，過去の支給実績を把握する	☐
❹ 役員退職慰労引当金が計上されている場合，役員退職慰労金に関する内規の内容を理解するとともに，過去における支給実績を把握することで，その計上額の妥当性を検討する	☐
❺ 役員退職慰労引当金が計上されていない場合，その計上が不要であることを確認する	☐
❻ 買収に伴って退任する役員に退職慰労金を支払う予定である場合，その見込額を役員退職慰労引当金として調整する	☐

　❶については，役員退職慰労引当金とは，役員の将来における退職慰労金の支払いに備えて設定される引当金で，支給見積額のうち各事業年度の負担相当額（決算日時点での要支給額）を引当金として計上するものであり，退職給付会計基準の適用対象外とされています。

　❸については，役員退職慰労金は，その支給に関する内規に基づいて金額が決定されることが多いため，まずはその内規の内容を把握します。そのうえで，過去の支給実績がその内規どおりであることも併せて確認します。

　❹については，過去に内規に従った支給が行われている場合，その内規に基づいて役員退職慰労引当金が計上されていることを確認します。一方，内規が存在しない場合には，過去の支給実績と比較する形で，役員退職慰労引当金の計上額の妥当性を検討します。

　❺については，過去に役員退職慰労金の支給実績がなく，将来も支給の見込みがない場合を除き，基本的に役員退職慰労引当金の計上は必要と考えられます。実際には，監査法人による監査を受けていない買収対象会社においては，

役員退職慰労引当金が計上されていないケースも多いですが，そのような場合には，QAリスト等により，不計上の理由を確認します。

❻については，オーナー企業などで，買収に伴って退任する役員に退職慰労金を支払う予定である場合，買収対象会社がその見込額を役員退職慰労引当金として計上していなければ，財務DD上，引当金を計上する調整を行い，純資産に反映させます。オーナーが買収対象会社の役員でもある場合，税務メリット（オーナー個人の所得税と買収対象会社の法人税の観点）のために，実質的な株式の譲渡対価の一部を退職慰労金として支払う場合があるため，このような調整が行われることは比較的多いと考えられます。

第5章 財務デュー・デリジェンスのチェックリスト 117

20 その他の引当金

項　目	チェック
❶ 買収対象会社が計上している引当金に関係する会計方針を理解する	☐
❷ 調査対象期間における引当金の増減要因（設定，目的使用による取崩し，戻入など）を把握する	☐
❸ 引当金の目的使用について，実績値との差異を把握する	☐
❹ 引当金の戻入について，その理由を確認する	☐
❺ 計上されている引当金の計算資料の内容を検討する	☐
❻ 継続的に発生する費用について，損益計算書分析における情報を利用し，調査基準日における引当金計上の要否を検討する	☐
❼ 進行事業年度における月次（または四半期）損益計算書に計上されている費用または損失について，調査基準日における引当金計上の要否を検討する	☐
❽ オフバランス項目との関係で，債務保証損失引当金や製品保証引当金といった引当金について，計上漏れ（簿外債務）がないことを確認する	☐
❾ 営業取引との関係で，売上割戻引当金（またはポイント引当金），返品調整引当金，受注損失引当金といった引当金について，計上漏れ（簿外債務）がないことを確認する	☐

　❷については，調査対象期間における引当金の増加（新規設定及び積増し）及び減少（目的使用による取崩し及び戻入）に関して，その要因を確認します。特に，過年度に設定した引当金について，新たに積増しを行っている場合には，買収対象会社における見積りの精度の観点からは注意が必要です。

　❸については，買収対象会社における見積りの精度を確認する趣旨で，引当金の目的使用に関して，費用または損失の実際発生額との差異を把握します。つまり，引当金が過大に計上されていたのか，過少に計上されていたのか，ということです。この場合，その差異が発生した理由についても，QAリスト等で確認します。また，事業の性質上，買収後も継続的に計上される引当金（例えば，製品保証引当金など）については，将来の負担に関する情報を入手する意味でも，このような調査は有用といえます。

❹については，引当金の戻入は，少なくとも引当金の一部に関して，実際の費用または損失が発生しなかったことを意味するため，その理由をQAリスト等で確認します。

❺については，買収対象会社が計上している引当金に関して，その計算根拠を示す資料の開示を受け，計算ロジックや使用データの合理性を検討します。

❻については，製品保証引当金のように，継続的に引当対象費用が発生するものに関して，損益計算書分析で検出された継続的な費用発生の状況に応じて，調査基準日における引当金設定の要否を検討します。

❼については，（調査対象期間後の）進行事業年度における月次（または四半期）損益計算書を確認し，計上されている費用または損失（例えば，損害賠償費用）に関して，調査基準日における引当金の計上が不要であったかどうかを検討します。

❽については，24 25 のオフバランス項目のチェックリストをご参照ください。すでに計上されている引当金の金額の妥当性を検討するのに比べて，そもそも計上されていない項目を検出するのは困難といえますが，財務DDにおいては，QAリストやマネジメント・インタビューにより，またDDにおける他の調査との関係で，可能な限り引当金の計上漏れがないことを確認します。

❾については，損益計算書分析の結果（2 4 1（139頁）参照）を利用します。

第5章　財務デュー・デリジェンスのチェックリスト　119

21　資産除去債務

項　目	チェック
❶　調査対象期間における資産除去債務の増減要因を把握する	☐
❷　資産除去債務の内訳を確認し，金額的に重要な項目を特定する	☐
❸　資産除去債務の内訳について，環境リスクを示唆する項目がある場合，その内容を確認する	☐
❹　資産除去債務の見積計算の内容を確認する	☐
❺　資産除去債務が計上されていない場合，実際に計上が不要であることを確認する	☐

❶❷については，資産除去債務とは，有形固定資産の取得，建設，開発または通常の使用によって生じ，当該有形固定資産の除去（売却，廃棄，リサイクルその他の方法による処分等）に関して法令または契約で要求される法律上の義務及びそれに準ずるものをいいます。資産除去債務はその発生時に負債として計上される（対応する除去費用は有形固定資産の帳簿価額に加算される）ため，まずはこの資産除去債務の増減や内訳を把握し，重要な項目を特定します。

❸については，資産除去債務には環境リスクの一部を定量化したものも含まれており，財務DDにおいては，オフバランス項目の調査（環境リスク関連）でも重視されます。すなわち，資産除去債務として計上されるものの中には，建物解体時の有害物質の除去費用や，工場閉鎖時の土壌汚染調査費用など，いわゆる環境債務のうち，その除去が（実質的に）義務付けられているものが含まれており，そのような項目の確認が特に重要になります。

❹については，資産除去債務は一定の業種では金額的に重要になり，例えば，小売業などでは，土地（または土地・建物）を賃借している店舗が多数ある場合，その原状回復義務に対して資産除去債務が計上されることが多いと考えられます。資産除去債務はその発生時に，有形固定資産の除去に要する将来キャッシュ・フローを見積もり，貨幣の時間価値を反映した無リスクの税引前の利率で割り引いて，割引後の金額（割引価値）をもって算定されます。資産除去債務自体は有形固定資産と同額が計上されるため，（少なくともその発生

時には）純資産への影響はありませんが，多額の資産除去債務が計上されている場合，将来のキャッシュ・アウトフローが予測されるため，財務DDにおいても，将来の除去費用の見積りの確認は重要になります。

　❺については，監査法人による監査を受けていない買収対象会社の場合，資産除去債務が計上されていないケースも多いため，そのような場合には，QAリスト等により，実際に計上が不要であることを確認します。

22 その他の負債

項　目	チェック
❶　調査対象期間における各負債の増減要因を把握する	☐
❷　各負債の内訳を確認し，金額的に重要な項目を特定する	☐
❸　各負債の計上額の妥当性を検討し，見積計上しているものについては，その見積方法を確認する	☐
❹　調査基準日において未払計上すべき項目について，期ズレが発生していないことを確認する	☐
❺　負債の計上漏れ（簿外債務）がないことを確認する	☐

　❶については，他の勘定科目と同様，その他の負債に関しても，まずは調査対象期間における増減を把握し，その増減要因をQAリスト等で確認します。

　❸については，❷で特定した重要な項目に関して，計上額の妥当性を検討します。金額が確定しておらず，見積計上しているものについては，その見積方法を確認します（詳細については，20のその他の引当金のチェックリストをご参照ください）。

　❹については，いわゆる費用のカットオフの問題であり，本来は調査基準日に未払計上すべきであったにもかかわらず，それが計上されていない（つまり，翌期に費用処理されている）ものがないかどうかを検討します。この問題は，買収対象会社が，請求書の到着タイミングで未払計上することとしており，その請求書が決算時点で未着であった場合などに発生します。したがって，まずはQAリスト等により，買収対象会社における未払費用や未払金の捕捉方法（網羅性確保の方法）を確認する必要があります。また，進行事業年度において，調査時点で到着している請求書の開示を受けて，調査基準日における未払計上の有無を確認する方法もあります。

　❺については，QAリストやインタビューにより，またDDにおける他の調査との関係で，負債の計上漏れ（簿外債務）がないことを検討します（詳細については，24 25のオフバランス項目のチェックリストをご参照ください）。

23 純資産

項　目	チェック
❶ 買収対象会社の資本政策や配当政策を理解する	☐
❷ 純資産の主要な内訳（株主資本とそれ以外の区分など）を確認する	☐
❸ 買収対象会社における分配可能額を計算する	☐
❹ 貸借対照表及び株主資本等変動計算書により，調査対象期間における純資産の増減要因を内訳別に把握する	☐
❺ 特に，過去における配当実績を把握する	☐
❻ （授権株式数及び）発行済株式総数を確認する	☐
❼ 希薄化の原因となる潜在株式（新株予約権など）の状況を把握する	☐
❽ 自己株式を保有している場合，その株式数と保有目的を確認する	☐
❾ 自己株式を保有している場合，自己株式の会計処理を確認する	☐
❿ 自己株式を保有している場合，今後の使用予定及び自己株式に係る含み損益を把握する	☐
⓫ 種類株式を発行している場合，その内容を把握する	☐
⓬ 従業員持株会がある場合，その内容を把握する	☐
⓭ ストック・オプション制度を有している場合，その内容を理解する	☐

❶については，純資産の構成要素やその増減内容を確認するための前提として，買収対象会社における資本政策や配当政策の概要を把握します。

❷については，買収対象会社の純資産の構成要素を把握します。貸借対照表の純資産の部を見る際には，まずは大きく，(1)株主資本と(2)株主資本以外の項目に分けて考えます。(1)株主資本は，資本金，資本剰余金及び利益剰余金により構成されますが，過去の損益はこのうち利益剰余金（のうち繰越利益剰余金）に反映されています。(2)株主資本以外の項目は，評価・換算差額等及び新株予約権により構成されますが（連結貸借対照表上は非支配株主持分の区分もあり），このうち評価・換算差額等には，その他有価証券評価差額金や繰延ヘッジ損益のように，資産または負債は時価評価しているが評価差額を当期の損益としていないものが含まれます（連結貸借対照表上は為替換算調整勘定等や退職給付に係る調整累計額もあり）。この評価・換算差額等は，利益剰余金と同様に純資産を構成しますが，実現損益（例えば，その他有価証券の売却

益）が累積した利益剰余金とは異なり，あくまでも未実現の損益（例えば，その他有価証券の評価差額金）という位置付けである点に注意が必要です。

❸については，買収後の配当による資金回収を考えて，買収対象会社における分配可能額（剰余金の配当等に係る財源規制）を算定します。詳細は割愛しますが，日本の場合，分配可能額については，「その他資本剰余金の額（資本剰余金のうち資本準備金以外の部分）＋その他利益剰余金の額（利益剰余金のうち利益準備金以外の部分）－自己株式の帳簿価額」が基礎となり，これに一定の調整を加える形で算定します。海外においても，同様に分配可能額の計算ルールを把握する必要があります。

❺については，（利益）剰余金の増加要因としての過去の利益に対して，剰余金の減少要因としての配当の実績を確認します。配当還元方式により買収対象会社の株価を評価する局面では，配当の実績や方針は重要になります。

❻については，買収により取得予定の株式数との関係で，買収対象会社の（授権株式数及び）発行済株式総数を把握します。具体的には，定款や登記事項証明書，株主総会及び取締役会の議事録などを閲覧します。また，発行済株式総数は，1株当たり情報（1株当たり純資産額，1株当たり当期純利益金額または当期純損失金額，潜在株式調整後1株当たり当期純利益金額）の計算要素となります。

❼については，❻の発行済株式総数の確認と同じ理由で，買収対象会社の潜在株式の状況を把握します。ここで，潜在株式とは，その保有者が普通株式を取得することができる権利（新株予約権など）または普通株式への転換請求権等が付された証券（新株予約権付社債など）をいいます。潜在株式がある場合，その株主（潜在株主）の権利行使により，発行済株式総数の増加を通じて既存株主の持分が希薄化する（例えば，1株当たり純資産額が減少する）可能性があります。すなわち，買収予定の株式（持分）の希薄化につながるということであり，潜在株式の有無とその条件を確認しておく必要があります。なお，潜在株式数は，潜在株式調整後1株当たり情報の計算要素となります。

❽については，保有する自己株式数は，実質的には発行済株式総数からマイナスされるべき性質のものであるため，❻の発行済株式総数の確認と同じ理由で，自己株式数も把握します。また，保有目的や自社株買いに至った経緯についても，併せて確認します。一般に，自社株買いの基本的な目的は，株主への資金の還元ですが，ストック・オプションの付与のほか，株価対策や買収防衛策，また相続対策などの目的で自社株買いが行われているケースもあります。

❾については，取得した自己株式は，取得原価をもって純資産の部の株主資本から控除しますが，買収対象会社がこのような会計処理を行っていることを念のため確認します。

❿については，買収対象会社が保有している自己株式の今後の使用予定を確認します。自己株式を消却する予定であれば，❾の会計処理どおりのインパクトとなります。一方，（市場などで）処分する予定であれば，株式の発行と同様，資金調達の手段となるため，自己株式に係る含み損益の把握が重要になります。すなわち，自己株式の処分に係る会計処理としては，自己株式処分差益はその他資本剰余金に計上され，自己株式処分差損はその他資本剰余金から減額されるため，処分損益が計上されるわけではありません。しかしながら，自己株式に多額の含み損益がある場合，処分により自己株式の帳簿価額とは異なるキャッシュ・インフローが見込まれます。言い換えると，自己株式の処分差損益は純資産全体の増減要因になるため，このような情報を財務DDで把握しておく必要があるということです。

⓫については，買収対象会社が種類株式（優先株式など）を発行している場合，買収により取得予定の株式との関係で，種類株式に関して，種類ごとの内容及び株式数を把握します。

第5章　財務デュー・デリジェンスのチェックリスト　125

24 オフバランス項目（全般）

項　　目	チェック
❶ 貸借対照表注記におけるオフバランス項目の有無を把握する（債務保証など）	☐
❷ オフバランス項目の有無について，QAリスト（における当初質問）により可能な限り網羅的に確認する	☐
❸ オフバランス項目の有無について，マネジメント・インタビューで確認する（または質問書への回答を求める）	☐
❹ 取締役会や経営会議等の議事録の開示を受け，オフバランス項目の有無を確認する	☐
❺ 稟議書（一覧），また各種契約書の開示を受け，オフバランス項目の有無を確認する	☐
❻ 法務DDチームと連携することにより，オフバランス項目の有無を確認する	☐
❼ （調査対象期間後の）進行事業年度における月次損益計算書により，調査基準日においてオフバランス項目が存在した兆候がないかどうかを確認する	☐
❽ オフバランス項目（に該当する可能性がある項目）が検出された場合，QAリストやインタビューによりその詳細を確認し，リスクの定量化に必要な資料の開示を受けるほか，必要に応じて外部専門家の見解を入手する	☐

　❶については，オフバランス項目は文字どおり貸借対照表には表れない項目ですが，注記上は一定の情報が開示されます。例えば，保証債務は貸借対照表注記の対象になるため（担保資産及び担保付債務についても同様），そこから多少の情報は得ることができます。

　❷については，財務DDにおいてオフバランス項目を網羅的に把握することは困難といえますが，一方で株式買収の形態をとる場合には，その調査は重要になります。オフバランス項目に関する調査は，財務諸表に表れていない情報の検出を主眼としているため，主な調査手法は質問と資料の閲覧であり，まずはQAリストにより，可能な限り網羅的な形で，その有無を確認するのが第一歩となります。

❸については，オフバランス項目に関しては，買収対象会社のマネジメントのみがその情報を持っている場合があることから，マネジメント・インタビューにおける確認が重要になります。また，インタビューに先がけて，想定しうるオフバランス項目を一覧にした質問書を送付し，その質問書への回答を求めるケースもあります。この場合，オフバランス項目（に該当する可能性がある項目）が存在しない場合であっても，マネジメントや法務部門の責任者などから，「存在しない」という回答を得ておくことが重要になります。

❹❺については，資料の閲覧により，オフバランス項目を調査します。基本的には，何らかの事実が発生したり，何らかの意思決定は行ったりしているものの，その影響がまだ財務諸表に反映されていないような項目が調査対象となります。

❻については，法務DDチームにおいても，各種議事録・契約書の閲覧や法務部門へのインタビューを行っているため，その情報の共有を受けて，オフバランス項目の有無を検討します。

❼については，（調査対象期間後の）進行事業年度における月次（または四半期）損益計算書により，調査基準日においてオフバランス項目が存在した兆候がないかどうかを確認します。例えば，進行事業年度において，保証債務の履行が発生している場合，財務DDにおいては，基本的に調査基準日において債務保証損失引当金の計上が必要であったと判断することになります。

❽については，オフバランス項目に関しても可能な限りリスクを定量化する必要があるため，QAリストやインタビューによる確認や関連資料の検討を行います。また，リスクの定量化にあたっては，外部専門家の見解が必要になる場合もあります。例えば，訴訟リスクの定量化にあたって，弁護士の見解を入手するケースがこれに該当します。

第5章　財務デュー・デリジェンスのチェックリスト　127

25 オフバランス項目（個別項目）

　オフバランス項目について，検討すべき項目を事前に網羅的に把握することは困難ですが，最低限以下のような項目については，その有無を確認しておく必要があります。なお，リース取引（[7]），デリバティブ取引（[9]），資産除去債務（[21]）については，オフバランス項目にもなりえますが，本書においては独立の項目としてチェックリストを示しています。

項　　目	チェック
❶　債務保証及び保証類似行為 関係会社等の借入れに対する債務保証については，その関係会社等が債務不履行となった場合，買収対象会社が履行する義務を負います。この点は，保証類似行為（保証予約や経営指導念書の差入れなど）についても実質的に同様です。	☐
❷　裏書手形及び割引手形 手形の裏書・割引等については，手形振出人が支払不能となり，手形が不渡りとなった場合には，基本的に買収対象会社が手形を買い戻す責任を負います。	☐
❸　訴訟（または損害賠償請求） 買収対象会社を被告として訴訟が提起されている（または今後訴訟に発展する可能性がある）場合，または損害賠償請求を受けているような場合には，買収対象会社に損失負担が発生するリスクがあります（訴訟の種類によっては，買収後の事業上の制約になるリスクもあります）。	☐
❹　クレーム 自社の製品等に関して，顧客からクレームを受けている場合，買収対象会社に何らかの費用負担（代品出荷など）や損失負担（損害賠償など）が発生するリスクがあります（❸の訴訟リスクに発展する可能性もあります）。	☐
❺　リコール 自社の製品等に欠陥があることが判明した場合，販売した製品を無料で回収して修理することがあり（いわゆる「リコール」），この場合，買収対象会社に製品の回収費用や修理費用が発生するリスクが高いといえます。	☐

❻	**環境問題** 工場の土壌汚染等が判明した場合，買収対象会社に処理費用が発生するリスクが高く，定められた環境に関する規制基準を遵守していない場合，将来的に対策費用が発生するリスクもあります。環境問題は，新興国においても重要ですが，逆に環境規制の厳しい欧州などでも重要になります。	☐
❼	**長期契約（不利な契約）** 原材料（特に金属等）の長期購入契約などを締結している場合，原材料価格の大幅な下落により買収対象会社が不利な契約を抱える（当該契約から直接または間接の損失が発生する）リスクがあります。	☐
❽	**チェンジ・オブ・コントロール条項** 買収対象会社が締結している重要な契約，例えば，取引の基本契約（販売や購買など），金銭消費貸借契約，合弁事業に係る株主間契約等において，「（買収対象会社の）株主に異動があった場合，契約内容に何らかの制限が生じる」という条項（いわゆる「チェンジ・オブ・コントロール条項」）が含まれている場合，買収によって，それらの契約が無効または見直しとなり，買収後の事業に制約が生じるリスクがあります。	☐
❾	**事業のリストラクチャリング** 事業のリストラクチャリングのうち，計画段階または実行段階にあるもの（つまり，完了していないもの）については，事業整理に伴う固定資産の処分損や人員整理に伴う割増退職金の支払いなど，多額の費用や損失負担が発生するリスクが高いといえます。	☐
❿	**当局による行政処分** 買収対象会社に規制当局の調査（例えば，税務当局による税務調査など）が入り，何らかの行政処分を受ける可能性がある場合，罰金などの損失負担が発生するリスクがあります。	☐

2 | 損益計算書分析

1 | 損益計算書分析の意義

① 損益計算書分析とは

損益計算書分析は，調査対象期間の損益計算書項目の分析により，買収対象会社の損益構造を把握し，正常収益力を算定するための調査をいいます。損益計算書分析は，ビジネスDDとも密接に関連しており，買収対象会社が生み出す価値の源泉を数値面から確認するものといえます。

② 損益構造の把握

損益計算書分析における「損益構造の把握」とは，単純にいうと，買収対象会社がどのように儲けているのかを理解することです。損益構造の把握のためには，損益計算書のボトムラインである「当期純利益」がどのように生み出されているかを，まずは損益計算書の段階損益を追う形で把握します。

すなわち，最終利益である「当期純利益」は，売上から売上原価を控除し（売上総利益），そこから販売費及び一般管理費も控除し（営業利益），また営業外損益を考慮し（経常利益），特別損益も考慮したうえで（税引前当期純利益），最後に税金費用を加味する形で算定されるため（**図表5−3**参照），その区分ごとの損益を見ていきます。

もちろん，各段階損益のみならず，それを構成する各損益項目の内訳も確認します。売上高についていえば，「どのセグメントや製品群が売上（または利益）に寄与しているのか？」，「主要顧客別の売上高内訳は？」等々の視点で分析します。同様に売上原価や販売費及び一般管理費については，費目別の内訳の把握のみならず，固定費と変動費への分解も行います。また，その損益を生み出す源泉である資産（及び負債）との関係も確認します。

このように，過去及び現在の損益構造を明らかにすることで，買収対象会社の正常収益力の算定や，企業評価の基礎となる事業計画の分析を行うことが可能になります。

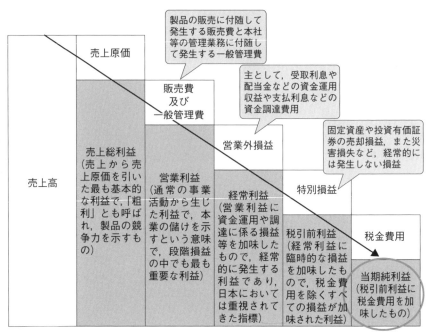

③ 正常収益力の算定

 損益計算書分析における「正常収益力」とは，現時点における損益構造を前提として，非経常的な損益や非継続的な損益を除外した買収対象会社の収益力をいいます。

 この正常収益力は，一般的にEBITDA（第1章3(2)①（13頁）参照），すなわち利息・税金・減価償却費等控除前利益を基礎として算定されます。これは，EBITDAが，対象会社の最も基礎的な収益力を表していると考えられるためです。すなわち，EBITDAは，支払利息控除前であるため資本構成の影響を受けず，税金控除前であるため税制の影響を受けず，また減価償却費等控除前であるため減価償却方法の影響を受けません。

 正常収益力の分析にあたっては，過去のEBITDA（または営業利益）の実績値から，非経常的な取引や非継続的な取引の影響を排除する形で正常収益力を算定していきます。この正常収益力は，基本的には把握された損益構造をベースに生み出されるものであるため，正常収益力を分析するための基礎は，

②損益構造の把握といえます。

④ 他の分析との関係

①１④（61頁）のとおり，貸借対照表と損益計算書は，純資産を通じてリンクしているため，貸借対照表分析の結果は，損益計算書分析にも影響します。

また，一般にCFは，会計上の利益を基礎として，それに調整を加える形で計算されます。その意味で損益計算書分析の結果は，キャッシュ・フロー計算書分析にも直接的に影響します。

しかしながら，損益計算書分析が最も重要になるのは，事業計画分析との関係においてです。すなわち，損益計算書分析はあくまでも過去情報の分析ですが，将来情報である事業計画は，過去の実績と連続しているはずです。つまり，事業計画上の各種の前提条件の妥当性は，損益計算書分析の結果（買収対象会社の損益構造や正常収益力）との比較で確認されるということです（**図表５−４参照**）。

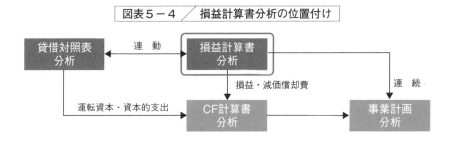

図表５−４　損益計算書分析の位置付け

2 損益計算書の推移分析

損益計算書分析を行うにあたっては，すぐに個別の項目の調査に入るのではなく，まずは要約損益計算書から，買収対象会社の全体像を理解することが重要になります。

また，過去５事業年度などの一定期間の損益計算書の推移から，業績の変動を把握し，その要因の検討を行うことが一般的です。環境変化が速い業界の場合，この業績変動の把握は特に重要です。このような損益計算書の推移分析にあたっては，過去の事業環境や事業内容の変化（ビジネスDDで把握された情報），会計方針の変更，または重要なイベントの発生に関する情報を意識して

おく必要があります。さらにいえば，売手が対象会社の売却価格を引き上げるために，対象会社の損益を調整しているケースもあるため（例えば，研究開発費の支出を抑えるなど），そのような可能性も念頭に置いておきます。

　損益計算書の推移分析にあたっては，全体的な推移のみならず，各損益計算書項目間の連動性にも注意が必要です。例えば，売上高の増加に伴い，どの程度売上原価や販売費及び一般管理費などが増加しているか，その傾向を見極めることが重要であり，これが買収対象会社の損益構造の把握にもつながるわけです。

　なお，貸借対照表分析と同様，この段階では，調査対象期間よりも長い期間で推移を見ておくのが望ましいといえます。また，進行事業年度における月次損益計算書（累計）も並べておけば，過去の業績推移と関連する形で，調査基準日以降の変化も把握することができます。

第5章 財務デュー・デリジェンスのチェックリスト 133

3 | 損益構造の把握のためのチェックリスト

　損益計算書分析において，各損益項目の内容を検討する際には，常に買収対象会社の損益構造を把握できるよう意識しておく必要があります。

　この場合，まず買収対象会社が単一の事業しか営んでいないのか，複数の事業を営んでいるのかが重要になります。同じく，日本のみで事業を営んでいるのか，複数の国や地域にまたがって事業を展開しているのかも重要です。これは，損益構造の把握にあたっては，損益構造が異なるごとに，買収対象会社の損益を分解する必要があるためです。

1 | 損益の分解

項　目	チェック
❶ 損益構造の異なるごとに区分された買収対象会社の損益を把握する	☐
❷ 特に，複数の事業セグメントがある場合，事業セグメント別（または事業セグメント内の製品群別）の損益を把握する	☐
❸ 特に，海外事業がある場合，地域別の損益を把握する	☐

　❶については，買収対象会社が複数の事業を営んでいたり，複数の国や地域にまたがって事業を行ったりしている場合には，事業や地域ごとに損益構造が異なる場合があるため，まずは損益を分解することが分析の出発点になります。具体的には，買収対象会社における管理資料の開示を受け，QAリスト等で情報を補足します。この場合，共通費（本社費など）がどのように配賦されているかを理解しておく必要があります。

　❷については，事業セグメントごとの損益を把握します。より細かいレベルでは，事業セグメント内の製品群別に分析を行うこともありますが（特に主力の製品群について），どこまで分析を行うかは，買収対象会社がどこまで細分化して損益を管理しているかに依存します。また，このような分析は，特定の赤字セグメントについて，買収対象からの除外や買収後の整理を検討するきっかけにもなります。なお，事業セグメント別に損益が分析できる場合，事業計画分析においても同様の単位で分析が可能です。

❸については，買収対象会社が海外に進出している場合，地域によって損益構造が大きく異なることが想定されるため，地域別の損益を把握したうえで分析の対象とします。また，これは国内であっても同様ですが，買収対象会社が拠点別（例えば店舗別）に損益を管理している場合，その単位で分析を行うことも可能です。

第5章　財務デュー・デリジェンスのチェックリスト　135

2　損益構造の把握

　損益構造が異なるごとに買収対象会社の事業（損益）を分解できた段階で，次は個々の事業の損益構造を見ていくことになります。

項　目	チェック
❶　損益計算書の推移から，主に段階損益のどのレベルで（最終）利益を稼得しているかを把握し，将来的な利益の持続可能性を判断する	☐
❷　各段階損益の構成要素である，売上高，売上原価，販売費及び一般管理費といった各損益項目の内訳を確認する	☐
❸　売上高（及び売上原価）の推移について，以下のような視点で詳細に分析する ・製品群別・地域別・顧客別 ・売上総利益率 ・平均販売単価×平均販売数量	☐
❹　売上原価の推移について，以下のような視点で詳細に分析する ・製品群別・地域別・顧客別（仕入先別） ・原価率 ・平均仕入単価×平均仕入数量	☐
❺　売上原価を構成する製造原価の推移について，以下のような視点で詳細に分析する ・費目別（製造原価要素別） ・標準原価との差異	☐
❻　販売費及び一般管理費の推移について，以下のような視点で詳細に分析する ・費目別 ・売上高に対する比率 ・予算との差異	☐
❼　売上原価と販売費及び一般管理費の合計額のうち，人件費部分を抽出し，その推移について，以下のような視点で詳細に分析する ・役員報酬と従業員給与の別 ・費目別（給料，賞与，退職給付費用，福利厚生費など） ・1人当たり人件費×従業員数（平均昇給率の確認を含む） ・間接部門の人件費の構成割合 ・変動費部分（残業代や非正規雇用者に係る人件費など）の割合 ・出向者（派遣または受入れ）に係る人件費	☐

❽	1人当たり人件費を1人当たり売上高と比較するとともに，同業他社の水準と比較する（特に海外の場合）	☐
❾	売上原価と販売費及び一般管理費の合計額を変動費と固定費に分解し，損益分岐点分析を行う	☐

　❶については，損益構造の把握に際して，まずは損益計算書の段階損益を追っていき，どの段階で利益を稼得しているかを判断することで，利益の持続可能性を判断します。極端な例でいうと，通常の営業活動から生じた営業利益は，一過性の取引で発生した特別利益に比べて，持続可能性が高いものと予想できます。また，同じ営業利益の伸びであっても，それが売上高の増加を主因とする場合と，販売費及び一般管理費等の経費の削減を主因とする場合で，将来の見通しも変わってきます（一般に経費削減のほうが容易）。

　❷については，❶の次の段階として，各段階損益のみならず，その構成要素である，売上高，売上原価，販売費及び一般管理費といった各損益項目の内訳を確認します。

　❸については，売上高に関して，まずは「どの製品群が売上に寄与しているか」，「どの地域の売上が伸びているか」，「どの顧客に対する売上が重要か」等々の視点で分析します。また，各区分の売上高について，売上総利益率を計算し，売上値引や割戻の影響も確認します。さらに，各区分の売上高について，「平均販売単価×平均販売数量」という要素に分解して分析します（詳細については4①（139頁）参照）。

　❹については，❸と同様の分析を売上原価に関して行います。

　❺については，まず，製造原価の内訳（原材料費，労務費，間接費など）を確認します。また，貸借対照表分析で把握される買収対象会社の原価計算制度の理解（①③④（74頁）参照）を前提に，標準原価計算制度が採用されている場合には，原価差異（実際原価と標準原価の差異）の分析を行います。特に，多額の原価差異が発生している場合には，製品群別の収益性分析が意味をもたない可能性もあるため，その要因を確認することが重要になります。

❻については，販売費及び一般管理費に関して，まず費目別の内訳を把握します。次に，（人件費以外で）買収対象会社にとって重要な費目（例えば，研究開発費や販売促進費）を抽出し，その推移や増減理由を確認するほか，売上高に対する比率なども計算します。さらに，予算との差異を把握し，差異原因を確認することも有効です（詳細については4③（149頁）参照）。

❼については，売上原価（製造原価）や販売費及び一般管理費に含まれる人件費を抽出して分析します。これは，一般的には，企業にとって人件費が最も重要なコストであるためです。

分析にあたっては，まずは全体の推移を把握します。この際，過去（あるいは直近）において，一時的な人件費の抑制策（例えば，定期昇給の停止や賞与カットなど）が実施されていなかったかどうかを確認することが重要です。もし人件費の抑制策が実施されていれば，その時点の人件費を基礎に正常収益力は算定できない可能性がある（つまり，買収後には人件費を元の水準まで引き上げなければならないリスクがある）ためです。

また，分析の視点としては，人件費は役員報酬と従業員給与に分解し，役員報酬については，各人別の水準を把握するとともに，買収後に退任予定の役員に係る報酬を把握しておきます。そして，主に従業員給与について，人件費を費目別に把握し，それを「1人当たり人件費×従業員数」に分解します。すなわち，人件費の推移分析においては，その変動要因が1人当たり人件費の増減（平均的な昇給率など）によるものか，従業員数の増減によるものかを理解することが重要です。これに加えて，買収後の対応を考えると，自社（買手企業）との給与水準の格差も把握しておく必要があるでしょう。

さらに，一般に人件費の削減によるコスト・シナジーは重要であるため，間接部門の人件費を抽出することで，買収後の引下げ余地を確認することも重要になります（特に間接部門の統合や合理化を予定している場合）。これは，残業代や非正規雇用者に係る人件費等の変動費部分についても同様です。

❽については，1人当たり人件費に関して，1人当たり売上高と比較することにより，労働生産性の観点で，大まかな水準の妥当性を検討します。また，同業他社の水準と比較することで，買収後の引下げ余地も確認します。さらに，海外においては，架空人件費のチェック目的で，1人当たり人件費を分析する

場合もあります。

❾については，売上原価（製造原価）と販売費及び一般管理費の合計を，売上高との連動性という観点から，変動費と固定費に分解し（いわゆる「固変分解」），「限界利益（売上高−変動費）でどれだけの固定費を回収し，利益を稼得できるか」という視点で，損益分岐点分析を行います。

一般に，人件費や減価償却費といった固定費の割合が高い場合には，売上数量を伸ばせば，利益率が改善される一方，売上数量が落ちても固定費の水準が下がるわけではないため，不況に対する耐性は低くなり，買収対象会社の事業リスクは相対的に高くなります（いわゆる「営業レバレッジ」）。これに対して，変動費の割合が高い場合には，変動費（率）の削減により，利益率の改善を行う必要があります。

このような費用の固変分解と損益分岐点分析により，買収対象会社の費用構造や売上高との連動性が明らかになるため，これを事業計画分析（特に売上を増減させるシナリオ分析など）に活かすことになります。また，固定費の割合が高い場合，営業利益またはキャッシュ・フローの変動という意味でのリスクが高くなるため，DCF法においても高い割引率が適用される傾向にあります。

第5章　財務デュー・デリジェンスのチェックリスト　139

4 ▍損益計算書科目別チェックリスト

　損益計算書分析にあたっては，2の推移分析の内容を念頭に置き，かつ3の損益構造の把握という視点を持ちながら，損益計算書における各項目の内容を見ていく必要があります。

1 ▍売上高

　買収対象会社の収益力を判断するための分析の第一歩は，売上高の分析です。そもそも売上が計上されない事業を買収することは考えづらく，その意味で，買収は売上高を目的として行われるといっても過言ではありません。売上高の分析については，ビジネスDDと密接な関係があり，財務DD上も様々な角度から分析を行います。

項　目	チェック
❶　調査対象期間における売上高の推移と増減要因を把握する	☐
❷　複数の事業セグメントがある場合，事業セグメント別（または製品群別）の売上高の推移を把握し，増減要因を分析する	☐
❸　海外事業がある場合，地域別の売上高の推移を把握し，増減要因を分析する	☐
❹　主要な得意先別の売上高の推移を把握し，主要得意先への売上高の集中度を確認するとともに，その増減要因を分析する	☐
❺　特に，関係会社に対する売上高の推移を把握し，販売単価の第三者価格との差異の有無を分析するとともに，買収後の対処方法を検討する	☐
❻　主要な得意先との取引基本契約書により，販売単価の見直しタイミングなどの諸取引条件を把握するとともに，長期の販売契約の有無を確認する	☐
❼　1人当たり売上高の推移を把握する	☐
❽　売上高を単価と数量の要素に分解し，売上高の増減要因を分析する	☐
❾　調査対象期間における売上総利益率の推移と増減要因を把握する	☐
❿　調査対象期間における売上の控除項目（売上値引・売上割戻・返品）の推移と増減要因を把握する	☐
⓫　販売単価に影響を与える売上値引や売上割戻について，その詳細な内容を確認する	☐

⑫	特に海外においては，売上値引や売上割戻（リベート）の管理体制を詳細に把握する	☐
⑬	販売数量に影響を与える返品について，その詳細な内容を確認する	☐
⑭	返品の月次推移を把握し，期首付近に返品が偏っていないかを確認する	☐
⑮	調査対象期間において，多額の返品がある場合，製造や販売に関するプロセスの問題として捉え，ビジネスDDや法務DDチームとも連携する	☐
⑯	買収対象会社のビジネスに季節性がある場合，売上高の月次推移を把握する	☐
⑰	製品や商品の販売以外に，役務提供や無形資産のライセンスといったビジネスがある場合，フィー（手数料）収入やロイヤルティ収入といった項目について分析する	☐

❶については，売上高の分析は，損益構造の違いなどに応じて，様々な切り口（例えば，事業セグメント別または製品群別，地域別，得意先別など）で売上高を分解し，それぞれの区分の売上高の推移と増減要因を分析する作業が中心になりますが，その第一歩として，まずは全体としての売上高の推移を把握し，その増減要因を分析します。増減要因はQAリスト等で確認しますが，その回答には通常，特定の事業セグメントまたは製品群，特定の地域，特定の得意先に係る売上高の増減に関するコメントがあるため，そのような情報をより詳細な分析の基礎とします。

❷❸については，損益を分解する際（3①（133頁）参照）と同様，事業セグメント別，及び地域別の売上高の推移を把握します。もちろん，買収対象会社がより細かい単位で損益を管理している場合には，その単位で分析を行うことも可能です。

❹については，主要な得意先別の売上高の内訳データ（例えば，上位20社など）の開示を受け，得意先の集中度合いを確認するとともに，主要得意先別売上高の増減要因を確認します。まずは，主要な得意先に対する売上高の推移を見ることになりますが，調査対象期間において新規に取引を開始した得意先や逆に取引を停止した得意先も含めて，その増減要因を把握する必要があります。特に，取引の停止の原因を分析することで，買収対象会社の事業全体に関する

第5章　財務デュー・デリジェンスのチェックリスト　141

示唆を得られることがあります。例えば，「特定の得意先からの値引要請に応えきれず，取引を打ち切られた」ということであれば，それはその得意先だけの問題ではなく，買収対象会社の事業全体で起こりうる事象かもしれません。また，売上高の集中度についていえば，買収対象会社の売上が少数の特定の得意先に依存している場合，買収後にその得意先との取引を打ち切られると，事業への影響が非常に大きくなるという意味で，一定のリスクがあります（同じく，信用リスクの問題について，①3②（65頁）参照）。

❺については，❹で主要得意先別の売上高を把握した結果，その中に関係会社が含まれていた場合，まずは取引の利益率の問題があります（5③（163頁）参照）。言い換えると，第三者に対する販売価格との差異の問題であり，現状の販売価格が不利になっている場合のみならず，有利になっている場合にも注意が必要です。これは，買収後も同じ販売単価や条件が適用される保証はないためであり，買収後の取引継続の可否を含めて，買収後の対応を検討する必要があります。この点は，売手との交渉の際にも俎上に載せる必要があります。

❼については，まずは効率性（労働生産性）の観点から1人当たり売上高の推移を把握します。ただし，海外のほか，国内でも循環売上などの懸念がある業界においては，不正リスクへの対応という観点からも，1人当たり売上高のチェックは有効です。

❽については，買収対象会社が作成している分析資料の開示を受け，「売上高＝販売単価×販売数量」という計算式で見た場合，売上高の変動が販売単価の変動と販売数量の変動のいずれを主因としているのかを把握します。より詳細には，「純売上高＝値引等反映後販売単価×返品反映後販売数量」で数値を把握できれば理想的です。これにより，ビジネスDDの裏付けとして，買収対象会社の販売戦略を数値面から検証でき，販売単価から買収対象会社の競争力を読み取ったり，販売数量からマーケット・シェアを検討することも可能になります。なお，上記の分析は，標準的な製品を販売する企業であれば，通常は行われている分析と考えられますが，買収対象会社における管理レベルや作成資料のレベルが財務DDにおける分析の限界になります。

❾については，重要なのは売上高よりも利益であるため，売上高の分析を売上総利益の分析にリンクさせます。具体的には，製品群ごと等の適切な区分で，売上総利益率（＝売上総利益／売上高）の推移を把握し，その増減要因を確認しますが，売上高でいえば，重要なのは❽で分析した販売単価の推移です。これと製品の標準原価単価の推移（②の売上原価のチェックリスト参照）を組み合わせることで，売上総利益の増減要因がある程度見えるので，そのような分析をもとにQAリストやインタビューにより追加の情報を入手することになります。

❿については，「総売上高」と「純売上高」との差額である売上控除項目（売上値引・売上割戻・返品）を分析の対象とし，まずは，売上高の推移と比較する形で売上控除項目の推移を把握します。売上控除項目の多寡は，基本的に業界慣行により異なりますが，重要なのは「総売上高」よりも「純売上高」なので，売上控除項目が売上高や売上総利益に与える影響の分析は重要になります。

なお，売上割引については，金利としての性質から，営業外費用として処理されます。

⓫については，販売単価に影響を与える売上値引や売上割戻に関して，まず得意先との取引基本契約等の開示を受け，詳細な取決めの内容を確認します。売上値引や売上割戻の水準については，業界慣行で大まかには決まっているものの，その目的は販売奨励金などと同様に販売促進であり，買収対象会社が販売政策の一環として決定するものです。したがって，売上値引や売上割戻の（対売上高での）増減要因は，買収対象会社の販売戦略に関わるものとして，マネジメント・インタビューにおいて確認すべきものといえます。

⓬については，不正リスク対応という観点でも，売上値引や売上割戻（リベート）の管理体制を確認しておく必要があります。特に海外企業に対するDDにおいては，業界の慣習から，契約を含む文書による定めのないまま，担当者が得意先にリベートを支払っているようなケースも散見されるため，この点は特に重要になります。

❸については，販売数量に影響を与える返品に関して，その詳細な内容を把握します。具体的には，得意先からの返品実績の管理資料の開示を受け，重要な返品について取決め内容をQAリスト等で補足的に確認します。返品された製品が（必要に応じて補修の上で）再び販売可能であったかどうかも重要な視点になります。もし在庫の廃棄まで必要になった場合には，在庫処分費用も含めて，返品に伴う損失額は一般に多額に上るためです。返品の水準も業界慣行による部分は大きいといえますが，売上高に対する返品の割合が高い場合，返品調整引当金のような形で（調査基準日における返品予定額の売上総利益に見合う金額について）純資産を減額するという対応もありえます。なお，出版業や製薬業のように無条件に返品を受け入れるような業界慣行がある場合，返品に備えて返品調整引当金が設定されていることもあり，その場合には，返品調整引当金の計算資料の開示を受ければ，上記のような分析の一部に代替することができます。

❹については，架空売上や利益調整の有無を確認する目的で，❸の返品の分析の際に，返品の月次推移を把握し，期首付近に返品が偏っていないかを確認します。つまり，前期末に売上計上したものが，期首にまとめて返品されていないか，ということです。

❺については，❸の返品の分析の際に，多額の返品があった事実が判明したり，売上高に対する返品の割合が（業界の平均的な水準よりも）高いことが判明した場合，買収対象会社の製品自体（製造プロセス）または販売方法（販売プロセス）に何らかの問題がある可能性があります。したがって，ビジネスDDや法務DDと情報を共有し，連携することが重要になります。また，調査対象期間の特定の時期に，特定の製品について，多くの返品が発生している場合には，クレームやリコールといったリスクもあるため，オフバランス項目（[1]3[24][25]（125頁～）参照）に係るリスクも検討する必要があります。

❻については，買収対象会社のビジネスに季節性がある場合，正常運転資本との関係で，売上高の月次推移の把握が重要になります。すなわち，買収対象会社の売上（や活動量）が月によって大きく変動する場合，必要となる運転資本の額も大きく変動します。例えば，官公庁向けの工事案件などがある場合，

予算消化の関係から３月の売上高が他の月に比べて圧倒的に多くなるケースがあります。この場合，３月の売上計上（及び数か月後の代金回収）に向けて，棚卸資産が積み上がっていき，対応する運転資本も増加していきます。これは，短期借入などで賄うことになりますが，その後，売上が計上されて代金が回収されると，必要となる運転資本も減少するため，その短期借入も返済することになります。このように，買収対象会社のビジネスに季節性がある場合，運転資本を調整するオペレーションが重要になるため，買収後の財務の安定性確保という観点からも，売上高の月次変動の理解は重要になります。

❼については，買収対象会社に役務提供や無形資産のライセンスといったビジネスがある場合，受取手数料やロイヤルティ収入といった項目に関しても分析の対象とします。いずれも，まずは契約書などの開示を受けてその内容（相手先，契約期間，フィーやロイヤルティの計算方法）を把握し，調査対象期間における営業収益の推移を把握します。また，ロイヤルティ収入については，そのもととなる無形（固定）資産（①３⑥（81頁）参照）との関係も理解しておく必要があります。さらに，買収後にライセンス契約などを継続できる可能性についても，企業評価に直結する問題であるため，例えば，チェンジ・オブ・コントロール条項（①３㉕（127頁））の内容などについて，法務DDチームと連携しつつ検討することになります。

第5章 財務デュー・デリジェンスのチェックリスト 145

2 売上原価（及び仕入高または製造原価）

　売上原価の分析については，売上高との関係，すなわち原価率（＝売上原価／売上高）の分析が中心になります。また，商品や原材料の仕入や（買収対象会社に製造機能がある場合の）製造原価の分析についても，ここで解説します。

　なお，売上原価については，仕入れた（または製造した）棚卸資産の原価を，売上に対応する形で売上原価として振り替えただけのものであり，貸借対照表分析（棚卸資産や仕入債務に関する分析）と重複する部分も多いため，ここでは主に貸借対照表分析で触れなかった部分を解説します。

		項　　目	チェック
売上原価	❶	調査対象期間における売上原価の推移と増減要因を把握する	☐
	❷	売上高と同様の区分で（例えば，事業セグメント別など），調査対象期間における原価率の推移を把握し，その増減要因を分析する	☐
	❸	特に海外においては，原価率の異常値を不正リスクの観点からも分析する	☐
仕入高	❹	調査対象期間における仕入高の推移と増減要因を把握する	☐
	❺	主要な仕入先の内訳を把握し，それらの仕入先に対する集中度合いを確認する	☐
	❻	関係会社からの仕入高の推移を把握し，仕入単価の第三者価格との差異の有無を分析するとともに，買収後の対処方法を検討する	☐
	❼	主要な仕入先との取引基本契約書により，仕入単価の見直しタイミングなどの諸取引条件を把握するとともに，原材料などの仕入に関する長期契約の有無を把握する	☐
	❽	調査対象期間における仕入の控除項目（仕入値引・仕入割戻・返品）の推移と増減要因を把握する	☐
	❾	仕入単価に影響を与える仕入値引や仕入割戻について，その詳細な内容を確認する	☐
	❿	特に海外においては，仕入値引や仕入割戻（リベート）の管理体制を詳細に把握する	☐
製造原価	⓫	調査対象期間における製造原価の推移（原材料費・労務費・経費といった製造原価要素別）と増減要因を把握する	☐
	⓬	特に，原材料費の単価変動を詳細に分析する	☐

⓭	外注費の支払いがある場合，主要な外注先（関係会社を含む）及びそれぞれの取引条件や取引形態（例えば，有償支給・無償支給の別など）を確認し，外注先別の発注金額の推移を把握する	☐
⓮	標準原価計算を採用している場合，原価差異の発生状況を把握する	☐

❶については，まず調査対象期間における売上原価の推移を把握しますが，その際に損益計算書上の売上原価の構成要素を確認します。例えば，棚卸資産の評価損や（標準原価計算を採用している場合の）原価差異の配賦額が売上原価に含まれている場合には，それらを区分したうえで分析するということです。

❷については，⓵の売上高のチェックリストにおける売上総利益率の裏返しで，原価率（＝売上原価／売上高）の推移を原価サイドから確認します。売上高の分析では，販売単価に重点を置きますが，売上原価の分析では，製品の原価単価（製品群の平均的な標準単価）の推移に重点を置きます。事業セグメント別など，売上高と同様の区分で，平均的な原価単価を直接材料費・直接労務費・製造間接費等の別に把握するほか，原価差異が売上原価（率）に与える影響も検討します。また，この分析において特に重要なのが，原価率の上昇により利益が圧迫されている事業セグメントや製品群の特定です。この点については，ビジネスDDチームとも連携し，そのような事業セグメントや製品群の事業計画上の取扱いを検討します。

❸については，海外においては，原価率の異常値が不正（例えば，利益の付替えや不正支出の原価集計）を示唆する場合もあるため，原価率の分析にあたり，そのような観点も必要になります。

❹❺については，調査対象期間における主要な仕入先別仕入高（例えば，上位20社など）の情報開示を受け，主要な仕入先への仕入の集中度を把握するとともに，主要仕入先別仕入高の増減要因を確認します。特に，調査対象期間において新規に取引を開始した仕入先や，逆に取引を停止した仕入先は特定しておく必要があります。そのうえで，取引を停止した主要仕入先については，その経緯や問題（品質問題や関係悪化など）の有無もQAリストやインタビュー

で確認します。また，仕入高の集中度についていえば，買収対象会社の仕入が少数の特定の仕入先に依存している場合，一般に調達リスクが高くなるため，買収後の他の仕入先への切替えの可能性なども併せて検討します。

❻については，❺で主要仕入先別の仕入高を把握した結果，その中に関係会社が含まれていた場合，まずはその仕入価格に関して，第三者取引価格との差異の問題があります。これは，現状の仕入価格が不利になっている場合のみならず，有利になっている場合にも注意が必要です。すなわち，買収対象会社が集中購買（購買業務をグループで一括して行うことで発注量を増やし，仕入単価を引き下げるもの）に参加している場合，買収後も同じ仕入単価や条件が適用される保証はないため，買収後の継続の可否（及び代替的な仕入先の有無）を含めて，買収後の対応を検討する必要があるということです。また，このような情報は正常収益力分析にも反映させます。

❼については，オフバランス項目との関係で，原材料などの仕入に関する長期契約の有無を把握します。解約不能な長期の購入契約がある場合，契約書などの開示を受け，その内容（対象品目・期間・条件など）を確認します。また，長期契約における購入単価について，調査時点における市況等で見て，有利な状態なのか不利な状態なのかを把握し，不利な契約と判断される場合には，オフバランス項目として認識しておく必要があります。

❽については，仕入控除項目（仕入値引・仕入割戻・返品）を分析の対象とし，仕入高の推移と比較する形で仕入控除項目の推移を把握します（仕入割引については，金利としての性質から，営業外収益として処理されます）。

❾❿については，仕入値引や割戻（リベート）のうち，特に実際に入金があるものに関して，不正リスク対応の観点から把握しておく必要があります。特に海外においては，単純なリベートの横領のほか，購買担当者が仕入先と癒着し，通常よりも高い価格で仕入を行い，キックバックを受領するといった不正は頻繁に発生しているため，仕入値引や割戻の管理体制を確認することが重要になります。

❶については，調査対象期間における製造原価の構成要素別の内訳（原材料費・労務費・経費等）やその推移を把握し，QAリスト等で追加の情報を入手します。まずは各構成要素の割合を確認し，例えば，原材料費が重要なのか加工費（直接労務費や製造間接費など）が重要なのかを検討します。このうち，原材料費は一般には変動費であり，仕入単価の推移が重要といえるため，❷と同様に単価に関する分析を行います。また，原材料費には製造工程におけるロスも反映されているため，原価差異の把握も重要になります。一方，労務費は一般に固定費であり，金額的にも重要な構成要素であるため，❸②（135頁）の損益構造の把握において，販売費及び一般管理費に含まれる人件費と併せて検討します。製造間接費についても，一般にその大部分が固定費であり，基本的には費目別の推移分析が中心になります。

❷については，原材料費は，その単価変動が事業上のリスクになりえるため，QAリストやインタビューにより，原材料費のうちに市況の影響を受けやすいものがあるかどうかを確認するとともに，業界の慣行として，そのような原材料価格の変動を，どの程度，販売価格に転嫁できるのかも併せて確認します。

❸については，特に買収後に外注の見直し（内製化を含む）が予定されている場合には，外注の内容や取引条件などを詳細に把握します。すなわち，買収後に内製化が予定されている場合，外注費や業務委託費などは，人件費やその他の製造原価に置き換わる可能性があるため，人件費等と同様の視点で分析する必要があるということです。

また，取引形態については，外注先への原材料等の支給時に所有権が移転する有償支給と，所有権は移転せず加工賃のみが支払われる無償支給の別を把握します。無償支給の場合には，買収対象会社の在庫が外注先に保管されていることになるため，その管理状況も把握する必要があります。

❹については，買収対象会社が標準原価計算を採用している場合，原価差異（標準原価と実際原価の差異）の発生状況を確認します（①❸❹（74頁）参照）。なお，原価差異の会計処理（売上原価と棚卸資産残高への按分）は期末に行われることが多いので，❶で月次推移の分析を行う際には，その点に注意が必要です。

第5章　財務デュー・デリジェンスのチェックリスト　149

3　販売費及び一般管理費

項　目	チェック
❶　販売費及び一般管理費の主要な費目別内訳を確認する	☐
❷　特に，人件費の内容を確認する	☐
❸　特に，修繕費や減価償却費の内容を確認する	☐
❹　特に，研究開発費の内容を確認する	☐
❺　特に，広告宣伝費（またはより広く販売促進費）の内容を確認する	☐
❻　特に，物流関連費用の内容を確認する	☐
❼　特に，支払賃料の内容を確認する	☐
❽　特に，無形資産のライセンスに対するロイヤルティ（ライセンス・フィー）の内容を確認する	☐
❾　特に，コンサルティング・フィーやエージェント・フィーの内容を確認する（海外の場合）	☐
❿　費用の水準や内容が異常な項目がある場合，支払相手先が売手（オーナー）の関係会社ではないことなどを確認する（特に海外の場合）	☐
⓫　調査対象期間における販売費及び一般管理費の推移と増減要因を把握する	☐
⓬　推移分析にあたり，変動費（主に販売費）については売上高との連動性を確認する	☐
⓭　推移分析にあたり，固定費（主に一般管理費）についてはその水準の変動を確認する	☐
⓮　推移分析にあたり，本来営業外損益や特別損益として処理すべき項目や，一時的または臨時的に発生している項目が含まれていないことを確認する	☐
⓯　調査対象期間における販売費及び一般管理費の実績額について，予算との差異を分析する	☐
⓰　販売費及び一般管理費のうち，関係会社への支払金額とその内容を把握する	☐
⓱　買収後の統合により不要になる費用を把握する	☐
⓲　買収後に追加的に発生する可能性が高い費用について検討する	☐

　❶については，販売費及び一般管理費の主要な費目別内訳を確認しますが，分析にあたっては，変動費と固定費の構成割合を常に意識しておく必要があります（後述の⓬⓭参照）。

❷については，人件費は重要な費目であり，基本的には売上（製造）原価に含まれるものと併せて分析します（3❷（135頁）参照）。

❸については，一般に設備投資の額は，会計上は資本的支出（固定資産の帳簿価額の増加）と修繕費に区分されるため，トータルの設備投資額を把握する趣旨で，修繕費の内容を確認します。また，減価償却費については，基本的には製造原価に含まれるものと併せて，貸借対照表分析の対象とします（❶3❺（76頁）参照）。なお，減価償却費は利益調整に使われやすいため，営業利益の推移との関係を確認することも有用です。

❹については，買収対象会社の業種にもよりますが，研究開発費に関しては，買収対象会社における研究開発戦略や研究開発費のテーマごとの内容を確認するとともに，費用の水準について同業他社との比較を行うなど，通常は重点的な分析を行います。これは，研究開発費については，単純な維持管理費的な費目とは性質が異なり，設備投資と同様，製造技術等の無形資産の構築のための「投資」と考えられるためです。その意味で，過去の研究開発費の支出実績の把握も重要になります。また，買収後の効率化の観点から，自社（買手）における研究開発テーマとの重複なども併せて確認します。

❺については，❹と同様，広告宣伝費等のマーケティング費用に関しても，ブランド等の無形資産の構築のための「投資」と捉えることも可能であるため，広告宣伝の内容確認や支出実績の把握のほか，同業他社との比較など，重点的な分析を行います。また，より広く，販売促進費を分析対象とする場合もあります。

❻については，物流コストは一般的に重要な費目であるため，買収対象会社の物流拠点に関する情報を前提に，その内容を確認します。また，物流はコスト・シナジーが得られやすい分野であるため，買収後の物流拠点の統合などが予定されている場合には，コストの削減見込みも併せて検討します。

❼については，支払賃料（地代・家賃）は一般的に固定費であり，金額的にも重要になることが多いため，買収後の削減可能性の検討も含めて，内容を確

認します。

❽については，ロイヤルティの支払対象となっている無形資産の内容も併せて確認します。

❾については，海外で支出するコンサルティング・フィーやエージェント・フィーに関しては，コンサルタントやエージェントを経由した（外国公務員等への）贈賄のリスクがあるため，契約書上の業務内容や成果物の有無を確認します。

❿については，海外でオーナー企業を買収する場合などは，そのオーナーが所有する他の会社等，関係会社の範囲が必ずしも明確にはならない場合があるため（5③（163頁）参照），費用の水準や内容が異常な項目があれば，支払相手先がオーナーが所有する他の会社（関係会社）ではないことなどを確認する必要があります。

⓫については，調査対象期間における販売費及び一般管理費の推移を把握し，その増減要因をQAリスト等により確認します。販売費及び一般管理費内の費目処理が安定している（つまり，同じ費用は一貫して同じ費目で処理されている）場合には，費目ごとに分析する意味がありますが，費目処理が不安定であるなど，買収対象会社の経理レベルが低い場合には，より大きな括り（例えば，人件費合計など）で分析します。また，貸借対照表分析で把握した会計方針の変更などは，推移分析を行ううえでも常に意識しておく必要があります。

⓬⓭については，買収対象会社の費用構造を確認する観点で，主に変動費で構成される販売費と主に固定費で構成される一般管理費の推移に関して，売上高との推移との関係で分析します。このような分析により，変動費率の低下や固定費の削減が進んでいるかどうかについても，一定の傾向が把握できます。

⓮については，推移分析を行う際には，正常収益力分析の観点から，本来は販売費及び一般管理費ではなく，営業外損益や特別損益として処理すべき項目が含まれていないことを確認します。また，販売費及び一般管理費として処理

すべき項目についても，一時的または臨時的に発生している（つまり，今後は発生することが見込まれない）項目が含まれていないかどうかを併せて確認します。

❶❺については，調査対象期間における販売費及び一般管理費の予算の開示を受け，実績値と比較します。予算と実績の差異（特に乖離が大きいもの）については，その原因をQAリスト等により確認します。これにより，過去の費用削減の状況や今後の費用削減の余地についても，一定の情報が得られます。また，買収対象会社が作成する事業計画の信頼性が間接的に確認できるため，事業計画分析の観点からも有用な情報となります。

❶❻については，関係会社への支払金額とその内容を把握します。これは，第三者取引との比較でその水準を検討するという趣旨もありますが，買収対象会社が親会社や他のグループ会社から役務提供を受けている場合，買収後を見据えて，その役務の内容を把握しておくことが重要になるためです。

よくあるのは，親会社（やシェアード・サービスを行っている関係会社）から本社費の配賦を受けているケースです。このような配賦費用がある場合には，その計算資料の開示を受け，実際に提供を受けている役務の内容やその配賦基準（何をベースに配賦されているか）を把握します。

買収後は，このような配賦費用が基本的に外部（または買手）への支払いに置き換わるため，配賦費用の水準も重要になります。例えば，配賦費用にシステム使用料が含まれている場合，将来的には，買収対象会社が自社で新たにシステムを構築し，維持するためのコストに置き換わる可能性があります（もちろん，短期的には，買収後もそのシステムを継続使用する場合もあり，その場合は配賦費用の水準の検討がより重要になります）。同じく，買収対象会社の親会社の管理部門に対する経営指導料が配賦費用に含まれていれば，買収後はそのような役割を買手が担うことになります。

このような問題は，一般に「スタンドアロン・イシュー」と呼ばれます（販売費及び一般管理費ではありませんが，グループ購買やグループ・ファイナンスの恩恵を受けている場合も同様です）。

なお，実際には，関係会社への支払いが行われていない場合でも，関係会社から何らかの便益を受けていれば，買収後には同様の問題が起こりえます（例

えば，関係会社から無償の技術供与や役務提供を受けている場合）。

⓱については，買収対象会社で現在発生している販売費及び一般管理費のうち，買収後の統合により削減できるものを検出します。例えば，買収対象会社の本社機能を削減する予定である場合には，関連する管理コスト（不動産賃借料などを含む）を削減できる余地があります。このような買収による費用削減効果は買手としての企業評価にも織り込みます。

⓲については，**⓱**の逆であり，**⓰**の配賦費用の置換えのように，買収後に追加的に必要になる管理コストなどを見積もります。販売費及び一般管理費については，一般に買収後に削減できるものと追加的に発生するものが混在しているので，買収後に不要になる費用を除外し，逆に買収後に必要になる費用を加えることで，買収対象会社における買収後の定常的な販売費及び一般管理費の水準を見積もっておくことが非常に重要になります。

4 営業外損益

項　目	チェック
❶　営業外損益の主要な内訳を確認する	☐
❷　特に，雑収入（雑益）及び雑損失（雑損）の内訳を詳細に確認する	☐
❸　特に，売上割引及び仕入割引の有無を確認する	☐
❹　調査対象期間における営業外損益の推移と増減要因を把握する	☐
❺　以下の項目については，それぞれ対応する貸借対照表項目との関係を把握する 　•受取配当金（投資有価証券・関係会社株式など） 　•受取利息（預金・貸付金など） 　•支払利息（借入金・社債など）	☐
❻　営業外損益に営業損益として正常収益力分析に反映すべき項目が含まれていないことを確認する	☐

❷については，営業外損益を構成する項目のうち，雑収入（雑益）及び雑損失（雑損）の内訳を詳細に確認します。これは，独立項目としたくない損失項目を雑損失に含めるケースがあるためです。その意味で，雑損失の明細で「その他」の構成割合が高ければ，「その他」の明細についても開示を依頼する必要があります。また，雑収入や雑損失には，本来営業損益を構成する項目（営業活動との関連性が高い項目）が含まれていることもあるため，正常収益力分析の観点（以下の❻参照）からも確認が必要になります。

❸については，売上割引や仕入割引は金利としての性質を有しており，売上債権や仕入債務の回転期間分析にも影響を与えるため，その有無を把握します。

❺については，貸借対照表分析との関係で，配当利回りや利率などを把握します。

❻については，営業外損益は，文字どおり営業活動以外の活動から生じる損益であるため，基本的に営業損益を対象とする正常収益力分析の対象とはなりません。しかしながら，買収対象会社における独自ルール（過去からの継続的な処理や管理目的など）により，本来営業損益として処理すべき項目が営業外

第5章　財務デュー・デリジェンスのチェックリスト　155

損益として処理されている可能性があります。例えば，本来営業収益に含めるべきロイヤルティ収入が営業外収益に含まれる場合などがこれに該当します。また，本来販売費及び一般管理費（の雑費）として処理すべき項目を営業外費用（の雑損失）に含めることで，営業利益をかさ上げしようという粉飾の意図があるケースもあります。さらに，勘定処理によっては，為替差損益なども，営業外損益とするよりも営業利益に反映させたほうがよい場合があります。このような項目については，財務DD上は営業損益として取り扱い，正常収益力分析（5①（159頁）参照）に含める必要があります。

5 特別損益

項　目	チェック
❶ 特別損益の主要な内訳を確認する	☐
❷ 特に，特別損益に「その他」という項目がある場合には，その内容を確認する	☐
❸ 調査対象期間における特別損益の推移と増減要因を把握する	☐
❹ 特別損益に営業損益として正常収益力分析に反映すべき項目が含まれていないことを確認する	☐
❺ 経常性を有しない臨時的な損益として特別損益に含まれている項目について，本来は過去の営業損益として継続的に計上すべきものではなかったかどうかを検討する	☐
❻ 前期損益修正の性質を有する項目が特別損益に含まれていないことを確認する	☐

❹については，営業外損益と同様，特別損益も基本的に営業損益を対象とする正常収益力分析の対象とはなりません。しかしながら，監査法人による監査を受けていない会社においては，買収対象会社における独自ルール（過去からの継続的な処理や管理目的など）により，本来営業損益として処理すべき項目が特別損益として処理されている可能性があります。例えば，引当金の当期繰入額は販売費及び一般管理費で処理する一方，前期の引当金の戻入額（総額）を特別利益で処理するようなケースがこれに該当します。また，営業利益をかさ上げする目的で，営業費用を特別損失として処理しているケースもあります。このような項目については，財務DD上は営業損益として取り扱い，正常収益力分析（5①（159頁）参照）に含める必要があります。

❺については，特別損益は経常性を有しない臨時的な損益を表示する区分ですが，本来は過去において営業損益として計上すべきであった経常性を有する項目に関して，そのような処理を行わず，特定の期に臨時的な損益としてまとめて認識しているケースがあります。例えば，リストラクチャリングなどに際して，滞留債権に対する貸倒引当金の設定や棚卸資産の廃棄を一時に行って費用計上している場合，本来はそれ以前の事業年度で徐々に営業損益に反映させるべきものであった可能性があります。財務DDにおいて，そのような項目が

第5章　財務デュー・デリジェンスのチェックリスト　157

検出された場合，正常収益力分析において，過去の損益の修正として取り扱います。

❻については，過年度遡及会計基準の適用前は，特別損益に前期損益修正項目（例えば，過年度における引当金過不足修正額など）が含まれていました。しかしながら，同会計基準の適用後は，このような項目が特別損益に含まれることは基本的になくなっています。すなわち，前期損益修正の性質を有する項目については，その修正が見積り誤りに起因する場合，過去の誤謬として修正再表示の対象となる一方，過去には最善の見積りを行っており，その修正が当期中における状況変化に起因する場合，その性質に応じて，営業損益または営業外損益として処理されるためです（つまり，いずれの場合でも特別損益には計上されません）。しかしながら，監査法人による監査を受けていない会社においては，依然としてこのような項目が特別損益に含まれていることがあるため，その有無を確認する必要があります。財務DDにおいて，そのような項目が検出された場合，正常収益力分析において，過去の損益の修正として取り扱います。

5 正常収益力分析のチェックリスト

　買収対象会社の損益構造の把握後，項目別の損益計算書分析による理解を前提として，次に分析すべきは買収対象会社の正常収益力です。

　ここで，損益計算書分析における「正常収益力」とは，現時点における損益構造を前提として，非経常的または非継続的な損益を除外した買収対象会社の収益力をいい，指標としては，EBITDAをベースにすることが多いと考えられます。

　正常収益力分析は，単純にいうと，買収対象会社の過去の損益計算書における誤った会計処理を修正したうえで，正常でない損益，すなわち非経常的または非継続的な損益などを除外する作業になります。非経常的な損益というのは，例えば一時的に発生するリストラ費用であり，非継続的な損益というのは，例えば，すでに撤退済みで現在は存在しない事業の（過去における）損益を意味します。また，正常収益力分析にあたっては，過去の会計方針の変更による影響を排除するための調整も行います。

　このような調整を行うことで，買収対象会社の正常化されたEBITDA（調整後EBITDA）が算定され，これが買収対象会社の持続可能な将来収益の稼得能力を示すことになります。

　具体的には，以下1～3のような分析が必要になります。

1 EBITDA推移の把握と会計処理の修正

項　目	チェック
❶ 正常収益力分析の基礎となる数値（EBITDA）の推移を把握し，変動要因を分析する	☐
❷ 営業損益に，本来は営業外損益や特別損益に含めるべき項目（または異常値）が含まれている場合，それをEBITDAの計算から除外する	☐
❸ 営業外損益や特別損益に，本来は営業損益に含めるべき項目（正常収益力を構成する継続的な損益項目）が含まれている場合，それをEBITDAの計算に含める	☐
❹ 調査対象期間内で一時に計上している費用（特別損益項目を含む）について，本来はそれ以前の営業損益に反映させるべきものである場合，遡及的に過去のEBITDAを修正する	☐
❺ 調査対象期間内に会計処理の誤りがあった場合，過去から継続して正しい会計処理が適用されていたと仮定して，遡及的に過去のEBITDAを修正する	☐

❶については，まず買収対象会社の基礎的な収益獲得能力を示すEBITDAを計算します。具体的には，EBITDAは通常，営業利益に減価償却費などの非資金支出費用を足し戻す形で算定されます。このEBITDAに種々の調整を加えて，正常収益力（調整後EBITDA）を計算していくことになります。

また，3の損益構造の把握で得た情報を活用し，EBITDAの推移を変動要因別に分解して把握します。例えば，EBITDAの増加については，販売数量の増加，販売単価の上昇，変動費率（材料仕入単価等）の低下，固定費額（製造間接費や販売費及び一般管理費等）の圧縮などの要因の影響を検討します。

❷については，あまりないケースですが，営業損益に，本来は営業外損益や特別損益に含めるべき項目が含まれている場合，それをEBITDAの計算から除外します。同じく，営業損益項目としての分類が正しい場合であっても，異常値であれば修正します。例えば，オーナー企業などで，販売費及び一般管理費に計上されている役員報酬が高額すぎる場合，特に買収後にその役員が退任予定であれば，それを適正水準（例えば，業務を引き継ぐべき部長クラスの人員の給与水準）まで引き下げる調整を行うケースなどがあります。

❸については，営業損益よりも下の項目である営業外損益や特別損益に含まれている項目に，本来は営業損益に含めるべきもの（正常収益力を構成する継続的な損益項目）がないかを確認し，仮にあった場合にはそれを営業損益に振り替えて，EBITDAの計算に反映する形の調整計算を行います。例えば，雑収入（営業外収益）に含まれるロイヤルティ収入を営業収益に振り替えたり，特別損失に含まれる固定資産廃棄損について，毎期継続的に発生しているということで，営業費用に振り替えたりといった調整がこれに該当します。このような振替を行うためには，営業外損益や特別損益に含まれる各項目の内容をQAリストやインタビューにより詳細に確認する必要があります（❹❹❺（154頁～）参照）。

❹については，❸に類似しますが，損益計算書上で一時に発生している費用（特別損益項目を含む）が，本来はそれ以前の営業損益に反映させるべき費用であった場合，その実態を反映するような調整を行います。例えば，リストラクチャリングなどに際して，滞留債権に対する貸倒引当金の設定や棚卸資産の廃棄を一時に行って費用計上している場合，本来はそれ以前の事業年度で徐々に営業損益に反映させるべきものであった可能性があります（❹❺（156頁）参照）。このような取引があった場合，それ以前の事業年度で徐々に貸倒引当金の繰入れや在庫の簿価切下げに伴う損益を認識する形で，あるべきEBITDAを計算します。また，このようなイレギュラーな会計処理以外でも，数年に一度のサイクルで多額に発生する費用（修繕費など）については，正常収益力の算定上，前後数事業年度に費用を配分する調整を行うのが望ましいといえます。

❺については，財務DDの過程で営業損益（より正確にはEBITDA）に影響するような誤りが発見された場合，正常収益力分析にも反映する必要があります。これは例えば，貸借対照表分析において棚卸資産の簿価切下げが必要と判断される場合，損益計算書も併せて修正するケースなどが該当します。

第5章　財務デュー・デリジェンスのチェックリスト　161

2 状況変化に対応する損益の遡及的な調整

項　　目	チェック
❶ 調査対象期間の一時点から行われなくなった取引に係る損益を遡及的に調整する	☐
❷ 調査対象期間の一時点から新たに発生した取引に係る損益を把握する	☐
❸ 調査対象期間の一時点において撤退した事業や売却した子会社等に係る損益を遡及的に調整する	☐
❹ 調査対象期間の一時点において新たに開始した事業や買収した子会社等に係る損益を把握する	☐
❺ 調査対象期間における非経常的かつ非継続的な取引に係る損益を遡及的に調整する	☐
❻ 調査対象期間における為替レートの変動割合が大きい場合，事業計画上の為替レートへの調整など，損益の遡及的な調整を検討する	☐
❼ 調査対象期間内に会計方針の変更があった場合には，可能な範囲で，変更後の会計方針に基づく損益に遡及的に調整する	☐

　❶については，過去に行われていたものの，現時点では行われていない取引に係る損益に関して，過去に遡って「なかったこと」として取り扱う調整です。正常収益力分析全般についていえますが，何らかの変化があった場合には，変化後の（つまり，調査時点の）状況に合わせる形で調整を行います。例えば，すでに打ち切られた主要顧客との取引は，過去のEBITDAには反映されていますが，当然ながら買収後のEBITDAには寄与しません。そこで，当該主要顧客との取引に係る損益が重要であれば，正常収益力から除外する調整を行います。

　❷については，❶とは逆に，過去の一定時点から新たに発生した取引に係る損益に関しても，その増分を把握します。この場合，ある事業年度の中途で新規に取引が開始されている場合は，その損益の影響を年間ベースに引き直します。また，取引発生前の事業年度についても，必要に応じて遡及して調整を行います。

❸については，❶と同趣旨で，すでに撤退した（または撤退が確定している）事業や売却した（または売却が確定している）子会社に係る損益を遡及的に正常収益力から除外する調整を行います。

❹については，❸とは逆に，新たに開始した事業や買収した子会社等に係る損益を把握します。

❺については，過去に実際に発生したものの，今後は発生することが合理的に予測できない取引や事象に係る損益を遡及的に除外する調整を行います。ここで注意を要するのは，損益計算書上，非経常的かつ非継続的な取引に係る損益は通常，特別損益に含まれているため，営業利益を基礎に計算されるEBITDAから除外されるのは，営業損益に影響する非経常的かつ非継続的な取引に限定されるということです。例えば，過去の一時点で何らかの特需により売上が急増したり，逆に大規模な災害が営業損益にも影響している場合がこれに該当します。このような取引や事象は将来の損益には影響しない1回限りの取引や事象と考えられるため，正常収益力の算定上は除外する調整を行うということです。

❻については，為替レートの変動割合が大きく，それが買収対象会社の過去の損益を歪めていると判断される場合，為替変動の影響を排除するために，一定の為替レート水準（例えば，事業計画上の為替レート）への調整など，損益の遡及的な調整を検討します。

❼については，会計方針の変更があった場合，その前後で比較可能性が損なわれるため，可能な範囲で「あたかも過去から継続して変更後の会計方針が適用されていたかのような損益水準」に調整を行います（この点は過年度遡及会計基準が適用されている場合も同様です）。

3 関連当事者取引の価格調整

項　目	チェック
❶　関連当事者取引を網羅的に把握する	☐
❷　特に，海外においては，売手（買収対象会社のオーナー）の関係会社の範囲を明確に確認する	☐
❸　取引が行われた経緯や目的等を確認する	☐
❹　関係会社取引の価格の決定方針を把握する	☐
❺　関係会社との取引が第三者価格で行われておらず，損益が歪んでいる場合には，可能な範囲で取引価格を第三者価格に修正する調整を行う	☐
❻　役員や株主との取引についても，取引価格の検討を行う	☐

❶❷については，関連当事者取引は，その取引価格の水準の検討が必要であり，また買収後は解消される可能性があることから，関係会社取引の明細のほか，役員・株主との取引の明細の開示を受け（財務諸表注記の根拠資料や連結パッケージなど），まずは関連当事者取引を網羅的に把握します。特に，海外でオーナー企業を買収する場合などは，そのオーナーが所有する他の会社など，関係会社の範囲が必ずしも明確にならないケースがあります。このような場合でも，（オーナーの）関係会社のリストの開示を依頼し，QAリストやインタビューにより，可能な限りその範囲を明確化することが重要になります。

❹については，❶で把握した関係会社取引に関して，QAリストやインタビューにより，買収対象会社における取引価格の決定方針を確認します。この点は税務の観点からも重要になります。

❺については，（買収前の）グループ内での取引価格が第三者価格と異なる場合に，そのグループからの離脱を前提に，第三者価格への調整を行います。この調整計算は相手先ごとに現状の価格条件とあるべき価格条件を比較するなど，相当な労力を要するため，入手できるデータの範囲内で割り切りで計算を行うことが多いと考えられます。

3 キャッシュ・フロー計算書分析

1 キャッシュ・フロー計算書分析の意義

① キャッシュ・フロー計算書分析とは

キャッシュ・フロー計算書分析は，調査対象期間における買収対象会社のキャッシュ・フロー（以下「CF」）の発生状況を把握するものです。この分析により，DCF法で利用される将来CFの基礎とするほか，会計上の利益とCFの関係を理解することが可能になります。

買手の立場からは，買収対象会社のキャッシュ・フローの稼得能力が何よりも重要な情報であり，また，買収に伴うファイナンスは，基本的に買収対象会社のCF（特に後述のフリー・キャッシュ・フロー）を原資として，（それを配当により回収することで）返済していくことになります。その意味でも，買収対象会社のCFの発生状況を理解しておくことは非常に重要になります。

買収対象会社が上場会社やその子会社等の場合，通常は（個別）キャッシュ・フロー計算書が作成されているので，活動区分（営業・投資・財務）ごとのCFを対象として分析を行うことができます。

一方，買収対象会社が非上場会社で，キャッシュ・フロー計算書が作成されていない場合，直接的にキャッシュ・フロー計算書の分析を行うことはできません。この場合，代替的に資金繰り表等の内部管理資料を用いるか，あるいは財務DDの過程で簡易版のキャッシュ・フロー計算書を作成するという対応も考えられます。

また，キャッシュ・フロー計算書分析において，損益計算書分析に追加して行う分析としては，正常運転資本や設備投資（資本的支出）の分析が中心であるため，あえてキャッシュ・フロー計算書自体の分析は行わず，これらの分析をもって代替することもあります。

② フリー・キャッシュ・フローとは

キャッシュ・フロー計算書における活動区分には，営業活動・投資活動・財務活動がありますが（それぞれの内容は**図表5−5**参照），キャッシュ・フ

ロー計算書分析においては，主に営業活動によるCF（営業CF）と投資活動によるCF（投資CF）を分析の対象とします。

図表5－5／キャッシュ・フローの活動区分ごとの内訳

区分	大まかな内容		例
営業活動によるCF	本業がどれだけのCFを生み出しているか	＋	製品の販売（売掛金の回収）
		－	原材料の購入（買掛金の支払）
投資活動によるCF	営業CFをもとにどれだけ投資を行っているか（どの程度それを回収しているか）	＋	設備売却
		－	設備投資
財務活動によるCF	営業CFと投資CFをバランスさせるためにどの程度CFを調達しているか（どの程度返済しているか）	＋	借入または株式発行
		－	借入金返済または自社株買い

　明確な定義はないものの，営業活動によるCFと投資活動によるCFの合計はフリー・キャッシュ・フロー（FCF）と呼ばれ，キャッシュ・フロー計算書を作成していない場合には，以下のように計算することも可能です。

FCF＝税引後営業利益±運転資本増減＋減価償却費－資本的支出

　上式から，キャッシュ・フロー計算書分析の中心は，運転資本の分析と資本的支出（設備投資）の分析であることが確認できます。これは，税引後営業利益や減価償却費については，損益計算書分析において，すでに分析の対象となっているためです。

③　他の分析との関係

　一般にCFは会計上の利益をベースに計算されるため，キャッシュ・フロー計算書分析も損益計算書分析の結果を基礎とします。また，会計上の利益とCFの主な調整項目である運転資本や設備投資に関する情報については，貸借対照表分析の結果を利用します。さらに，キャッシュ・フロー計算書分析は，数値の連続性という意味で，事業計画分析の基礎となります。具体的には，キャッシュ・フロー計算書分析の結果をもとに，事業計画に含まれる運転資本の動きや将来の設備投資予算の妥当性を検討することになります（**図表5－6**参照）。

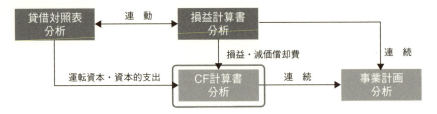

図表5-6 キャッシュ・フロー計算書分析の位置付け

2 キャッシュ・フロー計算書のパターン把握

キャッシュ・フロー計算書分析にあたっては、まず買収対象会社における大まかな資金の流れを把握します。このような分析にあたり、キャッシュ・フロー計算書の活動区分ごとのCFの符号（プラス・マイナス）は、大まかにいうと**図表5-7**のように解釈します。

図表5-7 活動区分ごとのキャッシュ・フローのプラス／マイナスの解釈

区分	何がわかるか？		プラス／マイナスの大まかな解釈
営業活動によるCF	本業の好不調	＋	本業が好調で資金を獲得している
		－	本業が不調で資金が流出している
投資活動によるCF	事業規模の変化	＋	資産売却を進めて事業規模を縮小している
		－	設備投資により事業規模を拡大している
財務活動によるCF	資金調達状況	＋	借入等により追加の資金調達を行っている
		－	借入金返済等により資金を返済している

ポイントとしては、（営業活動によるCFを除いて）必ずしもプラスのほうがよいというわけではないことです。例えば、積極的な設備投資をしたり、有利子負債を圧縮したりすれば、それぞれ投資・財務活動によるCFはマイナスになりますが、それは一般的に悪いことではありません。

この段階では、項目ごとの詳細な分析は行わず、**図表5-8**のように、活動区分ごとのCFの構成を把握し、全体像を把握することがまずは重要になります。

第5章 財務デュー・デリジェンスのチェックリスト 167

図表5-8 / 典型的なキャッシュ・フロー計算書のパターン

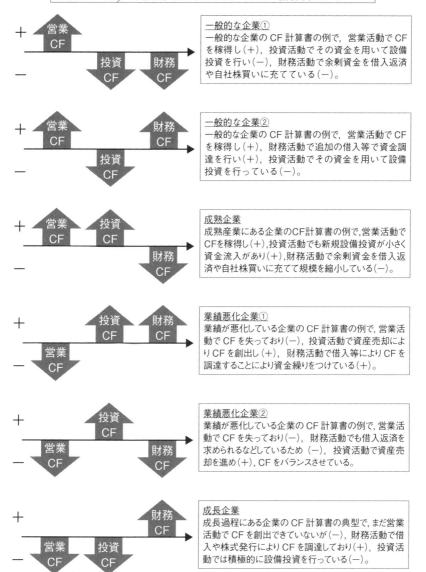

出典:佐和周『貸借対照表だけで会社の中身が8割わかる』

3 ┃ キャッシュ・フロー計算書の推移分析

次に，キャッシュ・フロー計算書分析においても，過去5事業年度などの一定期間の営業CF・投資CF・財務CFの推移を把握します。これにより，大局的な視点で買収対象会社の資金の流れが把握でき，個別の分析（運転資本の分析や資本的支出の分析）の基礎となる情報が得られるためです。

キャッシュ・フロー計算書分析にあたっては，損益計算書分析において利益の推移が把握されており，貸借対照表分析において運転資本（を構成する売上債権，棚卸資産及び仕入債務など）や固定資産の増減要因も把握されていることから，基本的にそのような情報を組み合わせて，CFの推移を分析することになります。

例えば，利益が安定的に推移するなか，営業CFが大幅に改善している場合，貸借対照表分析において，運転資本の削減度合いを確認します。その結果，マネジメントの在庫管理強化の方針により，棚卸資産の残高が大幅に削減されていることが確認できれば，営業CFの改善の背景が理解できるわけです。

具体的には，以下のような視点でその推移を確認します。

項　　目	チェック
❶ 調査対象期間におけるCF（営業CF・投資CF・財務CFの合計）の推移を把握し，キャッシュ残高との関係（積増しや取崩し）を理解する	☐
❷ 調査対象期間におけるFCF（＝営業CF＋投資CF）の推移を把握し，その使途も確認する（例えば，配当や有利子負債の削減など）	☐
❸ 調査対象期間における営業CFについて，マイナスになっている年度の有無を把握し，営業CFがマイナスの年度についてはその要因を確認する	☐
❹ 営業CFについて，（税引後）営業損益との関係を理解する	☐
❺ 調査対象期間における投資CFについて，過去の設備投資実績との関係を理解する	☐
❻ 投資CFについて，営業CFとの関係を把握する（例えば，営業CFの範囲内で投資CFが賄えているかどうかなど）	☐
❼ 調査対象期間における財務CFについて，主な資金の調達や返済の状況を把握する	☐

第5章　財務デュー・デリジェンスのチェックリスト　169

❽	調査対象期間における財務CFについて，配当実績を把握する	☐
❾	財務CFについて，営業CF及び投資CFとの関係を把握する（例えば，営業CFの範囲内で投資CFが賄えない場合，財務CFでどのように資金調達する傾向にあるかなど）	☐

4 運転資本分析のチェックリスト

運転資本分析は，文字どおり，買収対象会社の運転資本を対象とする分析であり，売上高等の増減と運転資本の増減の関係から，正常な運転資本の水準を算定するものです。

運転資本の増減は，利益とCFの調整項目の一要素となるため，事業計画上の将来損益をもとに将来CFを見積もるにあたり，運転資本分析は必須です。

ここで，運転資本とは，事業に関連する短期的な投資（純額ベース）またはそれに対応する資金調達をいい，最も単純には以下の算式で計算します。

運転資本＝売上債権＋棚卸資産－仕入債務

（注）運転資本の範囲について明確な定義はなく，買収対象会社の事業内容によって，運転資本の範囲は異なります。例えば，いわゆるその他の流動資産・負債（未収入金・未払金など）を運転資本の構成要素と考える場合もあります。

通常のビジネスにおいては，キャッシュ・アウトフロー（原材料の購入）がキャッシュ・インフロー（製品の売上）に先行するため，その時間的なずれに対応する資金が必要になります。言い換えると，長期的な投資である設備投資に資金調達が必要になるのと同様，短期的な投資である棚卸資産等の購入についても，運転資本という形で見合いの資金調達が必要になるということです。

運転資本分析については，具体的には，以下のような分析を行います。

項　　目	チェック
❶ 買収対象会社における運転資本の定義（管理対象）を理解する	☐
❷ 売上債権，棚卸資産，仕入債務，及びその他の項目の金額をもとに運転資本の金額を計算する	☐
❸ 正常運転資本の金額を把握するために，運転資本（の構成要素）から以下のような項目を除外する ・売上債権に含まれる滞留売掛金など ・棚卸資産に含まれる滞留在庫など ・仕入債務に含まれる期日経過買掛金など（特に業績不振の場合）	☐
❹ 運転資本（正常運転資本）の年次または月次推移を分析し，変動の傾向を把握するとともに，変動要因を理解する	☐

第5章　財務デュー・デリジェンスのチェックリスト　171

❺	関係会社取引に係る回収・決済条件が第三者取引のそれと異なる場合，関係会社に対する売上債権・仕入債務を区分する	☐
❻	キャッシュ・コンバージョン・サイクル（CCC）を算定し，運転資本管理の状況を概括的に把握する	☐
❼	主要得意先の回収条件を把握し，売上債権の回転期間と比較する	☐
❽	主要仕入先の支払条件を把握し，仕入債務の回転期間と比較する	☐
❾	在庫管理資料（年齢調べ表など）の開示を受け，棚卸資産の回転期間と比較する	☐
❿	主要得意先の回収条件や主要仕入先の支払条件のうち特別な条件となっているものを抽出し，不利な条件について改善の余地を検討する	☐

　❶については，運転資本の定義は会社によって異なるため，まずは買収対象会社における運転資本の定義，すなわち，どの金額を運転資本管理の対象としているかを確認します。

　❸については，まず買収対象会社の正常運転資本の金額を把握します。すなわち，運転資本の構成要素には異常項目（例えば，滞留売掛金や滞留在庫，期日経過買掛金など）が含まれていることがあるため，これを除外したうえで，正常な運転資本の金額を計算する必要があります。

　❹については，❸で把握した正常運転資本の年次または月次の推移を分析します。運転資本の水準は，基本的には事業活動レベルに合わせて変動するため，多少のタイム・ラグはあるものの，月次ベースでは売上高の季節変動に合わせて変動するはずです。また，売上債権や在庫の回転期間または仕入債務の回転期間に変動があれば，それも運転資本の水準に影響します。例えば，得意先に売上割引などのインセンティブを与えて，売掛金の早期回収を図っているような場合には，一般に運転資本が削減されるはずです。このような正常運転資本の変動の推移を分析し，QAリストやインタビューにより，変動要因を確認する必要があります。

　❻については，キャッシュ・コンバージョン・サイクル（CCC）とは，運転資本の管理に用いられる指標で，一般に以下の算式により計算します。

CCC＝売上債権回転期間＋棚卸資産回転期間－仕入債務回転期間

　CCCは，端的には，仕入に伴う現金支払いから販売に伴う現金回収までの期間（日数または月数）を表しており，この期間が短いほど，現金回収サイクルが早く，運転資本管理が効率的に行えていることになります。貸借対照表分析の結果，CCCの計算要素はすべて把握されているため，それをもとにCCCを算定し，同業他社などと比較することで，買収対象会社の全般的な運転資本管理の状況が確認できます。

　❼❽については，主要得意先の回収条件や主要仕入先の決済条件が，売上債権や仕入債務の回転期間と整合していることを確認します。**❾**についても同様の趣旨ですが，これらの分析には貸借対照表分析の結果（[1]❸❷❸（65頁〜），[14]（101頁））を利用します。また，いずれも**❻**におけるCCCの概括的な理解を前提に分析を行います。

　❿については，主要得意先や主要仕入先の回収・支払条件を把握し，平均的な回収・支払条件と乖離しているものを抽出し，その理由や買収後の改善の余地があるかどうかを検討します。この点についても，貸借対照表分析の結果を利用しますが，このような改善交渉が運転資本の削減にも寄与するという視点が必要です。

5 ┃ 資本的支出分析のチェックリスト

資本的支出分析は，文字どおり，買収対象会社の過去の設備投資（資本的支出）を対象とする分析です。

資本的支出分析においては，過去の投資内容を大きく「更新投資」と「新規投資」に分類します。ここで，更新投資とは，老朽化した既存設備の取替えなど，既存の生産能力を維持するための投資を意味し，新規投資とは，新製品の生産設備に対する投資など，事業拡大のための投資を意味します。

このような資本的支出分析により，買収後の追加の設備投資の要否を判断し，将来CFに与える影響の見積りを行うことも可能になります。

資本的支出分析においては，具体的には，以下のような分析を行います。

項　目	チェック
❶ 買収対象会社の設備投資の方針を理解する	☐
❷ 過去の設備投資金額の推移を把握する	☐
❸ 過去の設備投資に係る資金調達の状況を確認する	☐
❹ 過去の設備投資を大まかに更新投資と新規投資（拡大投資）に分類する	☐
❺ 過去の設備投資金額を（既存設備に係る）減価償却費と比較する	☐
❻ 更新投資の金額が各年度の減価償却費を大きく下回っている場合，その理由を確認する	☐
❼ 現時点の設備投資計画を入手し，その内容を検討する	☐

❷については，過去の設備投資実績から，買収対象会社の設備投資サイクルを把握します。特に一定の間隔で大規模な投資（または修繕）が行われている場合，それが業界の特性である可能性があります。なお，過去の設備投資の金額は，資本的支出（有形固定資産等の増加）以外に，修繕費などの費用項目や（オフバランスの）リースに含まれている場合もあるので，注意が必要です。

❹については，過去の設備投資を大まかに更新投資と新規投資（拡大投資）に分類します。同じ設備投資であっても，更新投資と新規投資では意味合いが異なるため，それぞれの過去の投資水準を把握することは重要になります。また，この情報は事業計画分析においても有用になります。

❺については，買収対象会社の過去の設備投資方針の検証には，設備投資金額と減価償却費との大小関係が重要になるため，両者の関係を把握します。すなわち，既存設備は減価償却により年々減少していきますが，更新投資による設備の増加がそれを相殺するような形になります。つまり，更新投資のみでは規模は拡大しませんが，既存設備の劣化に見合う投資は行われていることになります。一方，大規模な新規投資を行えば，減価償却による減少幅を超えて，設備が増加します。

❻については，過去の更新投資が減価償却費を大きく下回っている場合，買収対象会社が長期的な投資を先延ばしにしている可能性があるため，買手にとっては，買収後に（将来的に）大規模な更新投資が必要となるリスクがあります。特に，買収対象会社の業績が良くない場合，短期的な資金繰りや利益確保のため，設備投資を抑えている可能性があります。この場合，買収対象会社の設備投資方針との関係で，その理由を確認するとともに，今後の更新投資計画を確認します。また，もし可能であれば，現地視察等により，既存設備の老朽化の状況等を調査する必要があります。

❼については，まずその設備投資計画が取締役会等で承認されたものかどうか（逆にいうと，買収対応で作成された設備投資計画ではないか）を確認し，計画の信頼性を評価します。また，将来の設備投資計画をその性質ごとに（更新投資と新規投資の区分で）把握し，将来の事業計画との整合性を確認します。さらに，設備投資のファイナンスについても，対応する将来の資金調達計画への反映を確認します。なお，調査時点ですでに実行をコミットしている設備投資がある場合，その内容も把握します（①３⑤（76頁）参照）。

4 | 事業計画分析

1 | 事業計画分析の意義

① 事業計画分析とは

　事業計画分析とは，買収対象会社が作成し，買手に開示する事業計画の信頼性に関する分析をいい，将来CF等の情報を用いる企業評価の基礎となるものです。

　このような事業計画については，ビジネスDDにおいても検討の対象とされていますが，財務DDにおいては，より数値面に重点を置いて分析を行います。端的には，過去の実績の分析（損益計算書分析やキャッシュ・フロー計算書分析など）を基礎として，それとの数値面の連続性を確認する作業が中心になります。具体的には，事業計画が前提としている重要な条件（仮定）を洗い出し，その前提条件が過去の実績から飛躍したものではないことを確認します。また，その前提条件を所与とした場合，損益計算書分析で明らかにした損益構造の下で，事業計画上で想定されている損益が発生するかどうかも検討の対象となります。

　「将来のことは誰にも予測できないので，少なくとも過去との整合性は確認しておく」というのが事業計画分析の基本的なスタンスです。ただし，予測できない将来とはいえ，一定の備えは必要であるため，特定の前提条件（例えば，販売数量）が変化した場合の将来CFや事業価値への影響を把握するための分析（いわゆる「感応度分析」）を行う場合もあります。同じく，買収対象会社から提供された事業計画を基礎にして，それよりも楽観的な前提条件をもとにした計画と，逆に悲観的な前提条件をもとにした計画を作成する等の対応も考えられます（いわゆる「シナリオ分析」）。

　事業計画分析において，ビジネスDDと財務DDのいずれにおいても重要なのが，買収対象会社の事業の価値の源泉を理解することです。例えば，新規事業による売上高成長率が重要な企業もあれば，既存事業のブランド力向上による販売単価の引上げが重要な企業もあります。この点はビジネスDDが主体的

に分析していますが，財務DDにおいても，ビジネスDDで実施される事業面から分析結果の情報共有を受けて，総合的な検討を行う必要があります。

なお，買収対象会社が非上場で規模も小さい場合には，信頼に値する事業計画が作成されていない場合もあります。この場合，買手（または外部のコンサルタント）が事業計画を作成し，それを企業評価の基礎とする必要があるため，ビジネスDDや財務DDを通じて，必要な情報を買収対象会社から引き出します。

②　事業計画分析の重要性

事業計画分析が重要なのは，上記①のとおり，それが買収対象会社の事業価値に直結するためです。つまり，信頼性の低い事業計画からは信頼性の低い企業評価しかできないということです。

また，事業計画分析は買収後の予算制度の統合を考えても重要です。すなわち，買収後には買収対象会社の事業計画は，買手の連結ベースの事業計画の一部となるため，買収対象会社の事業計画の精度が低ければ，その重要性にもよりますが，買手の事業計画の精度にも悪影響が及びます。このような観点から，買収対象会社における事業計画の作成プロセスなどは把握しておく必要があります。

さらに，買収価格は（直接的または間接的に）買収対象会社が作成した事業計画に基づいて決定されます。その場合，買収後の買手の連結財務諸表における「のれん」の減損処理（または個別財務諸表における子会社株式の減損処理）の要否の判断は，実績値を事業計画上の数値と比較する形で行われます。つまり，実現可能性の低い事業計画をもとに買収を行うと，買収後の減損リスクが高くなるということです。

③　他の分析との関係

事業計画分析においては，過去の実績値との連続性が重要になるため，損益計算書分析やキャッシュ・フロー計算書分析との関係が特に重要になります（**図表5−9**参照）。

第5章　財務デュー・デリジェンスのチェックリスト　177

図表5−9 ／ 事業計画分析の位置付け

貸借対照表分析	←連　動→ 損益計算書分析	
	↓損益・減価償却費	連　続
→運転資本・資本的支出→	CF計算書分析 →連　続→ 事業計画分析	
		↓ DCF法など

2 | 事業計画分析のチェックリスト

事業計画分析においては，以下のような分析を行います。

項　　目	チェック
❶ 事業計画の作成者（作成部署）や作成プロセスを確認する	☐
❷ 事業計画の作成時期や作成目的を確認する	☐
❸ 事業計画の基礎となる主要な前提条件を理解する	☐
❹ 事業計画の基礎となる主要な前提条件について，過去の実績との連続性を確認し，不整合がある場合はその理由（新製品の販売計画やコスト削減計画など）を確認する	☐
❺ 事業計画の基礎となる主要な前提条件について，他分野のDDの分析結果との整合性を確認し，不整合がある場合はその理由を確認する	☐
❻ 事業計画内の各数値や仮定の整合性が確保されていることを確認する（例えば，事業計画上の損益やCFを稼得するために必要な投資は事業計画に反映されているか）	☐
❼ 事業計画上，スタンドアロン・イシューが考慮されていることを確認する	☐
❽ そもそもの事業計画の信頼性を確認するために，過去における事業計画の達成度合いや達成状況のモニタリング方法を確認する	☐
❾ 事業計画や予算の見直し方法を確認する	☐
❿ 進行事業年度における月次ベースの実績値を事業計画と比較することで，事業計画の進捗状況を把握する	☐
⓫ 受注販売形態のビジネスがある場合，調査時点までの受注残の推移を把握する	☐
⓬ 買収対象会社が作成した事業計画について，その主要な前提条件を一定の範囲内で変動させ，計画上の最終損益等の感応度を分析する（感応度分析）	☐
⓭ 買収対象会社が作成した事業計画について，重要な問題（合理性を欠く前提条件や数値・仮定間の不整合）が検出された場合には，（買手として）事業計画を修正する	☐
⓮ 買収対象会社の（修正）事業計画に，買手とのシナジーを織り込む	☐

❶については，事業計画の信頼性を判断する目的で，事業計画の作成者（作成部署）や作成プロセスを確認します。事業計画の作成には一定の（事業に関

第5章　財務デュー・デリジェンスのチェックリスト　179

する）知識や（会計面での）スキルが必要となるため，誰（どの部署）が事業計画を作成しているかは重要な情報です。また，作成プロセスについては，主にマネジメントからのトップダウンか，各事業部からのボトムアップがありますが，その承認プロセスについても確認し，買収対象会社としてオーソライズした事業計画であることを確認しておく必要があります。

❷については，事業計画の作成時期や作成目的を確認しますが，ここで最も重要なのは事業計画がもともと作成されていたものか，それとも買収を前提に新たに作成されたものか，ということです。後者の場合，買収価格の引上げのために，楽観的な計画が作成されている可能性があり，注意が必要になります。

また，前者の場合，事業計画の作成目的によって，計画の厳しさが異なり，純粋な目標として高めの水準で事業計画を作成している場合や，業績管理目的で達成可能な水準で事業計画を作成している場合などがあります。このような作成目的により，事業価値を評価するうえでの取扱いも変わってくるため，過去における達成度合いなどを確認し（以下の❽参照），事業計画の性格を確認しておく必要があります。

さらに，事業計画の作成時期によっては，現在とは大きく異なる前提条件（例えば，製品や原材料の市場価格，為替レートなど）が置かれている可能性もあるため，この点にも注意する必要があります。

❸については，事業計画の主要な前提条件（仮定）を確認します。将来の事業計画は，様々な前提条件のもとに作成されていますが，「その前提条件が満たされなかった場合に計画上の最終損益などに重要な影響が及ぶもの」を抽出して検討することがポイントになります。何をもって主要な前提条件とするかは案件ごとに異なりますが，例えば，以下の前提条件は一般に重要になります。

- 既存事業に係る売上高（販売数量×販売単価）の成長率の予測
- 原価率または売上総利益率の予測
- 販管費比率（変動費率と固定費額）の予測
- 新規事業に係る設備投資（及び人員）計画と同事業が生む営業損益の予測
- 為替レートの予測

このような事業計画の前提条件を明確化しておくことは，売手との価格交渉

における論点整理の意味でも重要です。

❹については，財務DDにおける事業計画分析の最重要ポイントであり，❸において抽出した主要な前提条件（利益率など）に関して，過去との連続性を確認します。また，事業計画を過年度の損益計算書（実績値）と並べれば，主要な前提条件が反映されたEBITDA等の財務指標の連続性も確認できます。事業計画上の数値と過年度における実績値との差額は，将来における改善案（例えば，買収対象会社が提示した新製品の販売計画やコスト削減計画など）にほかならないため，その改善案に裏付けがあるかどうかを確認します。逆にいうと，過去の損益構造や正常収益力の分析内容と不連続または不整合な点が検出されれば，QAリストやインタビューによって，その理由を確認することになります。

❺については，❸において抽出した主要な前提条件（成長率など）に関して，将来の市場予測など，ビジネスDDチームから提供される情報との整合性を確認します。同じく，チェンジ・オブ・コントロール条項（①3㉕（127頁）参照）への抵触など，法務DDチームから提供される情報が重要になる場合もあります。

また，特に海外企業のDDにおいては，税務DDの分析結果を参照するケースもあります。すなわち，将来の課税所得に対して適用される税率（引下げが予定されている場合や優遇税制の適用期間が終了する場合など）のほか，税務上の減価償却スケジュールなどは，税引「後」CFの見積りにあたって重要になります。さらにいうと，買収対象会社（の子会社）に第6章③④⑤（256頁）で後述するタックス・ヘイブン対策税制が適用される場合は，日本の税率で課税される前提として税金費用を試算したほうが適切なケースもあります。

❻については，事業計画内の各数値や仮定の整合性を確認しますが，ここでいう整合性には，損益計画内の整合性のみならず，損益計画と予想貸借対照表との整合性の確認も含まれます。単純にいうと，「事業計画内で，連動すべき数値が連動しているかどうか」という視点です。

例えば，新規事業のための設備投資は，資金調達余力の存在が前提になります。また，設備投資の結果は，減価償却費（や資金調達コスト）の増加として

表れますが、一方で将来の売上高も増加させるはずです。同時に、それにより従業員を増員するという人員計画があれば、人件費も増加させなければ、新規事業への参入という仮定とは整合しません。

同じく、商圏の拡大は、新たな倉庫施設の建設または賃借による減価償却費または支払賃料の増加につながるか、あるいは輸送距離の増加による運送費（を含む物流コスト）の増加につながるのが通常です。したがって、新たな地域における事業が現在の事業と同程度の利益率となる保証はありません。

また別の例として、事業のリストラクチャリングによる将来の営業損益の改善を見込むのであれば、リストラクチャリングに伴う一時的な費用（例えば、早期退職制度に伴う特別退職金）も近い将来に見込んでおく必要があります。

このように、「現時点で計画されている事象が正しく事業計画に反映されているかどうか」、また、「関連する数値や仮定が整合しているかどうか」という観点から、事業計画を検討することが重要になります。

❼については、買収対象会社に親会社がある場合や、一定規模の企業グループに属している場合に起こりうるスタンドアロン・イシュー（買収対象会社が既存の企業グループから離脱することにより生じる問題。詳細については②4③（149頁）参照）について、事業計画に反映されていることを確認します。例えば、買収後は現在使用している（買収前の）グループのシステムを使用できなくなる場合、新規のシステム投資（及び付随する減価償却費）かシステムの賃借料を事業計画に反映する必要があります。

❽については、すでに実績値が出ている過去の期間に関して、（それ以前に作成された）対応する予算と実績の比較を行い、その乖離状況の分析から、現時点で作成している事業計画の信頼性を検討します。特に乖離の方向に一定の傾向がある場合（特に実績が予算を下回っている場合）には、その傾向を現時点の事業計画にも織り込む必要があります。また、買収対象会社がどのように事業計画の達成状況をモニタリングしているかについても、QAリスト等で併せて確認します。例えば、実績値が計画値を下回っている場合の対応（追加のコスト削減指示など）の確認などがこれに該当します。

❾については、❽と同趣旨であり、買収対象会社における事業計画（や予

算）の見直しのタイミングや頻度を確認します。

❶❶については，買収対象会社に受注販売形態のビジネスがある場合，受注残の情報開示を受ければ，それを将来の売上の先行指標として用いることができます。具体的には，過去の一定の時点から調査時点までの受注残の推移を追いかける方法がありますが，これは受注残の推移が将来の売上の推移に連動する可能性が高いためです。すなわち，そこから得られる情報と事業計画上の売上高の予測（推移）との整合性を確認します。

❶❷については，❸において抽出した主要な前提条件（利益率や成長率など）に関して，変動が想定される範囲で変動させ，EBITDA（または最終損益やCFなど）への影響を定量的に分析します（いわゆる「感応度分析」）。海外における買収の場合，一般に為替レート変動への感応度も確認します。

そして，買収対象会社から提供された事業計画を基礎にして，それよりも楽観的な前提条件をもとにした計画と，逆に悲観的な前提条件をもとにした計画を作成する等の対応も考えられます（いわゆる「シナリオ分析」）。つまり，ベスト・ケースとワースト・ケースの幅の範囲内で買収対象会社のEBITDAの変動を見るということです。

❶❸については，ここまでの事業計画分析を受けて，買収対象会社が作成した事業計画を買手が修正します。この修正後の事業計画が買手としての企業評価や売手との価格交渉の基礎となります。

❶❹については，買手にとっての買収対象会社の評価額は，自社とのシナジー効果（による将来CFの現在価値）も含むため，買手として，そのようなシナジー効果を事業計画に織り込みます。一方で，シナジーがどの程度発現するかは不確定な要素もあることから（特に収益面のシナジー），❶❷の感応度分析やシナリオ分析の際に，シナジーの発現度合を1つの変数とすることも考えられます。

第6章

税務デュー・デリジェンスのチェックリスト

ここでは，税務DDのチェックリストを以下の区分で見ていきます。

1. タックス・ポジションの把握
2. 過去の分析──税務調査結果の分析
3. 現在の分析──税務申告書の分析
4. 将来の分析──ストラクチャリングへの影響分析
5. 消費税に関するDDのポイント
6. 源泉所得税に関するDDのポイント
7. 関税に関するDDのポイント

1 タックス・ポジションの把握

1 課税所得・税額分析のチェックリスト

　税務DDにあたっては，税務リスクの把握の前段階として，まずは買収対象会社の申告の状況を理解し，過去の課税所得（または欠損金）や納税額の推移（いわゆる「タックス・ポジション」）を把握します。

	項　目	チェック
❶	過去の納税額の推移を把握する	☐
❷	納期限が到来している税金で，未納となっているものがないことを確認する	☐
❸	過去の課税所得の推移を把握する	☐
❹	過去の税負担率の推移を把握する	☐

❺	別表四における申告調整項目の推移を把握することで，課税所得計算の概要（端的には会計上の利益から課税所得への調整計算の内容）を理解する	☐
❻	申告調整項目のうち，重要な社外流出項目の内容を把握する	☐
❼	申告調整項目のうち，重要な留保項目の内容を把握し，加算項目については，大まかな減算認容のスケジュールを確認する	☐
❽	特に海外企業の買収においては，申告調整項目の内容のうち非課税所得の発生状況を把握する	☐
❾	税額控除がある場合は，その内容を把握する	☐
❿	海外企業の買収において，買収対象会社が優遇税制の適用を受けている場合，その内容を把握する	☐

　❶については，買収対象会社の全般的な納税状況を理解するために，まずは過去の納税一覧表や申告書から，納税額の推移を把握します。具体的には，課税所得から納税額に至る計算過程を概観し，適用税率や税額控除の有無なども併せて確認します。また，住民税の均等割など，課税所得の発生の有無にかかわらず発生する税額の水準も併せて把握しておく必要があります。

　❸については，買収対象会社の過去の課税所得の推移を把握します。これにより，買収対象会社の規模感がつかめるほか，繰越欠損金の発生（及び使用）状況も確認できます。

　❹については，損益計算書をもとに，買収対象会社の過去の税負担率（＝税金費用／税引前利益）の推移を把握します。これが恒常的に実効税率と乖離している場合には，重要な申告調整項目（社外流出項目）が存在する可能性があります。ただし，買収対象会社が税効果会計を適用していない場合には，この分析は必ずしも有効ではありません。

　❺については，買収対象会社の課税所得計算の概要として，会計上の利益（税引前利益）から課税所得への調整（いわゆる「申告調整」）の内容を理解します。この場合，調査対象期間における（別表四の）申告調整項目の推移を表形式にまとめることで，申告調整の概要を一覧でき，社外流出項目と留保項目の別に，重要な申告調整項目を抽出することが可能になります。

❻については，❺の申告調整項目のうち，重要な社外流出項目の内容を把握します。例えば，交際費等や寄附金の損金不算入額のほか，受取配当金の益金不算入額などがこれに該当します。社外流出項目の特定が重要なのは，留保項目とは異なり，社外流出項目（加算項目）により発生した税金は取り返す余地がないためです。すなわち，留保項目の場合，仮に税務DDにおいて加算漏れが検出されたとしても，その減算認容の見込みが立ち，かつ将来所得も十分ありそうであれば，税金支払いのタイミング（及び加算税などのペナルティ）だけの問題となります（イメージとしては，未払法人税等が追加計上されても，対応する繰延税金資産が計上できる）。一方で，社外流出項目の加算漏れは，将来において減算認容により税金を減額させることはできず，❹の税負担率に直接の影響を与えます。

❼については，❺の申告調整項目のうち，重要な留保項目の内容を把握します。また，留保（加算）項目については，その減算認容のスケジュールも確認します。例えば，工場用地に係る減損損失については，一般に減算認容の見込みは立たない一方，廃棄予定の設備に係る減損損失であれば，その廃棄のタイミングで減算認容され，将来の税金の減額効果が見込めるためです。長期にわたり減算認容されない留保項目は，❻の社外流出項目に近い性質があります。逆に，翌事業年度に減算認容される留保項目の金額が重要である場合（例えば，平均的な課税所得を上回る場合），タックス・ポジションとしては，繰越欠損金と同様の位置付けになるケースもあります。なお，一概には言えませんが，留保（加算）項目が多い買収対象会社は，引当金を早めに設定するなど，保守的な会計処理を行っている可能性があります。

❽については，買収対象会社に海外企業が含まれている場合も，「会計上の利益±申告調整＝税務上の所得」という調整表を作成するのが一般的ですが，この申告調整項目に（日本の税制にはない）非課税所得が含まれている場合があるため，その発生状況を確認します。例えば，国外源泉所得やキャピタル・ゲイン（株式の譲渡益など）が非課税の国においては，そのような項目の有無を把握します。非課税所得の発生は，買収対象会社の税負担率を引き下げる方向であるため，それ自体は問題になりません。しかしながら，買収対象会社である日本企業の海外子会社において，そのような非課税所得が発生している場

合には，買収対象会社において，③④⑤（256頁）で後述するタックス・ヘイ
ブン対策税制の問題が生じる可能性があります。また，買収後には買手におい
て同様の問題が生じるリスクがある点にも注意が必要です。

❾については，試験研究費の税額控除や外国税額控除が該当します。詳細に
ついては，③③⑳（237頁）をご参照ください。

❿については，特に海外企業の買収において，買収対象会社が優遇税制の適
用を受けている場合，その内容を把握します。優遇税制のタイプは多岐にわた
りますが，1つの分類方法として，事業に対する優遇税制（特定の奨励対象事
業に対する優遇税制。統括会社に対する優遇税制を含む）と場所に対する優遇
税制（経済特区等への入居企業に対する優遇税制）という分け方があります。
また，優遇税制の内容（「どのように税金が減免されるか」）という観点で優遇
税制を見ると，例えば，以下のようなパターンがあります。

優遇税制のパターン	大まかな内容
税金自体の減免	優遇税制の典型的な形態で，一定期間，法人所得税を減免する制度
設備投資に係るもの	特定の設備投資の一定割合につき，通常の減価償却費に加えて，追加的に課税所得から控除を認める制度
経常経費に係るもの	特定の経費の二重損金算入を認める制度（例えば，100の経費支払いに対して，200の損金算入を認めるもの）
その他の優遇税制	経済特区内の企業に対して与えられる関税の減免など

　海外の買収対象会社が優遇税制の適用を受けている場合，問題となるのは優
遇税制の要件を充足しているかどうかです。例えば，設備投資に係る優遇税制
の場合，税務DDにおいて，その設備投資が一定の要件に合致している（例え
ば，生産性やオペレーションの向上に寄与している）ことを裏付ける疎明資料
などの開示を受けることになります。また，買収対象会社が複数の事業を営ん
でおり，そのうちの一部の事業だけに優遇税率が適用される場合などは，事業
ごとの区分損益計算の内容（例えば，間接費の配賦など）も把握の必要があり
ます。

2 | 繰越欠損金分析のチェックリスト

　買収対象会社が繰越欠損金を有している場合，それを買収後も使用できるのであれば，買収対象会社の買収後の利益の一部が無税になり，将来の税負担が軽減されます。これは，買収対象会社の将来の税引後CFを増加させるため，一般に繰越欠損金は買収価格を決定する上で，プラスの要素となります。

項　目	チェック
❶ 別表七（一）「欠損金又は災害損失金の損金算入に関する明細書」等により，調査対象期間における繰越欠損金の発生や使用の状況，調査時点の残高を把握する	☐
❷ 繰越欠損金がある場合，欠損金の発生原因を確認する	☐
❸ 恒常的に欠損が生じている買収対象会社について，申告書上の繰越欠損金が正しく計算されていることを概括的に確認する	☐
❹ 適格合併等により他社から引き継いだ繰越欠損金の有無を把握する	☐
❺ 繰越欠損金の繰越期限を確認する（特に海外企業の買収の場合）	☐
❻ 買収が繰越欠損金に与える影響を検討する（特に海外企業の買収の場合）	☐
❼ 繰越欠損金の将来における使用可能性を検討する	☐

　❷については，買収対象会社が繰越欠損金を有している場合，まずはその発生原因を確認します。最も多いのは，過去の継続的な赤字が原因で繰越欠損金が発生しているケースで，この場合は（ビジネスDDの観点から問題はあるものの）税務DDの観点からは特段のリスクはありません。これに対して，多額の繰越欠損金が過去の一時点で発生している場合には，欠損金の発生自体が否認されるリスクに注意が必要です。特に，関係会社取引（例えば，関係会社への固定資産の譲渡損）に起因して多額の欠損金が発生している場合，その取引が行われた理由や売却価額の妥当性（低廉譲渡ではないか）などを確認する必要があります。

　❸については，恒常的に欠損が生じている買収対象会社においては，いずれにせよ税金は発生しないということで，申告調整が正しく行われていないことがあります。この場合，繰越欠損金の額も誤っていることになるため，まずは申告書上の繰越欠損金が正しい金額であることを確認しておく必要があります。

❹については，買収対象会社が過去の適格合併等により他社から引き継いだ繰越欠損金の有無を把握します。このような繰越欠損金については，買収対象会社において使用可能なものか（使用制限がかかっていないか）を確認する必要があるためです（③④③（247頁）参照）。

❺については，調査時点で買収対象会社が繰越欠損金を有している場合，その（発生時期及び）繰越期限を確認します。日本の場合，青色欠損金の繰越可能期間は9年ですが，平成30年4月1日以後開始事業年度に生じた欠損金からは，この繰越期間が10年に延長されます。それでも無期限に繰越しできるわけではないため，仮に買収対象会社が多額の繰越欠損金を有していたとしても，その繰越期限が近い将来である場合には，その大部分が切り捨てられてしまう可能性もあります。その意味で，欠損金の発生時期と繰越期限を確認しておくことが重要になります。欠損金の繰越期間は国によってまちまちであるため，海外企業の買収の場合には，この確認は非常に重要になります。

❻については，買収が繰越欠損金に与える影響を検討します（④2（261頁）参照）。国内において株式買収の形態で買収を行う場合，例外的なケースを除いては，買収対象会社の繰越欠損金を将来にわたって引き続き使用することができると考えられます。一方，海外において繰越欠損金を保有している現地企業を株式買収の形態で買収する場合，国によっては，買収による株主変更に起因して買収対象会社の繰越欠損金が失効する場合があるため，注意が必要です。

❼については，❺の欠損金の繰越期限の情報をもとに，事業計画分析の結果も考慮しながら，調査時点で買収対象会社に存在する繰越欠損金について，買収後に使用し切れるかどうかを大まかに検討します（具体的には④2参照）。

この場合，繰越欠損金の使用に係る制限に注意が必要です。すなわち，日本においては，欠損金を控除できる金額は，中小法人等（資本金1億円以下の法人で，資本金5億円以上の大法人による完全支配関係がない法人等）などの一定の法人を除き，繰越控除前所得の一定割合に限定されます。具体的には，平成28年4月1日以後開始事業年度は60%相当額に限定されるため，欠損金控除前課税所得が100であれば，繰越欠損金残高が十分にあったとしても，欠損金の利用額が60（＝100×60%）に制限され，40の課税所得が発生するというこ

とです（この60%相当額という制限は，平成29年４月１日以後開始事業年度の55%，平成30年４月１日以後開始事業年度の50%相当額という形で，段階的に引下げが行われる予定です）。また，海外においては，繰越欠損金が特定の種類の所得（例えば，事業所得）としか相殺できない場合もあるため，その点も確認しておく必要があります。

190

2 過去の分析──税務調査結果の分析

買収対象会社の過去の税務調査結果の分析は，買収対象会社が現在抱える税務リスクを判断するために，過去において顕在化した税務リスクを確認する目的で行います。

1 分析のポイント

税務調査は一定の頻度で行われるため，買収対象会社における過去の税務調査結果や指摘事項の内容を分析することにより，買収対象会社が過去に抱えていた税務リスク（のうち顕在化したもの）を把握することができ，これは現在（税務DD時点）の税務リスクを理解するうえでも重要な情報となります。

このような過去の税務調査結果の分析は，買収対象会社の過去の問題点のみを効率的に把握し，買収対象会社における税務申告のレベルも把握できるという意味で，税務申告書を分析するよりも効率的な分析となりえます。

2 税務調査結果分析のチェックリスト

項　目	チェック
❶ 買収対象会社に対する税務調査の実施状況（対象税目や対象事業年度を含む）を確認する	☐
❷ 税務DDにおける調査対象期間のうち，税務調査が終了している事業年度を区分する	☐
❸ 更正通知書または修正申告書の開示を受け，更正処分または修正申告の対象になった事項を把握する	☐
❹ 過去の税務調査において，重加算税の対象になった項目の有無を把握する	☐
❺ 特に海外においては，税務調査における指摘事項の中に，不正を示唆する項目が含まれていないことを確認する	☐
❻ 税務DD時点で税務当局と争いになっている事項を把握し，その後の事業年度における同様の取引の発生の有無を確認する	☐

❼	税務調査に関する社内メモ等の開示を受け，税務調査における調査官の指摘事項を網羅的に把握する	☐
❽	税務調査における調査官の指摘事項のうち，更正処分または修正申告に至らなかったものの内容を把握する	☐
❾	税務調査における指摘事項から，税務コンプライアンスの状況を検討する	☐
❿	過去の税務調査における指摘事項について，現在の改善状況を把握する	☐
⓫	過去に税務当局に照会済みの事項があれば，照会文書などの開示を受け，その内容を確認する	☐

❶については，まずはQAリスト等により，買収対象会社における過去の税務調査の実施状況を把握します。この場合，税務調査の実施頻度や指摘事項の傾向を理解する目的で，税務DDの調査対象期間に関係なく，過去数回の税務調査の内容を把握するのが望ましいといえます（税務調査の頻度は表明・保証の期間にも影響する可能性があります）。また，それぞれの税務調査について，対象税目や対象事業年度も併せて確認するほか，税務調査の実施主体（担当部門），調査官の人数，調査日数などの情報も把握します。

なお，税務申告書の分析（❸❸❾（215頁）参照）において，利益積立金の金額が連続しない場合（ある事業年度の期末利益積立金と翌事業年度の期首利益積立金が一致しない場合）には，税務調査が行われた可能性が高いため，そのような情報も事前に収集しておく必要があります。

❷については，税務DDにおける調査対象期間のうち，税務調査が終了している事業年度を区分します。一般に再調査が行われる可能性は低いことから，税務リスクの低い事業年度として把握する趣旨です。

❸については，❶の税務調査に関して，税務調査の関係資料（更正通知書や修正申告書など）の開示を受け，更正処分または修正申告の対象になった事項を把握します。

❹については，❸の税務調査の結果に関して，重加算税が課されている指摘事項がある場合，その内容を詳細に確認します。重加算税は仮装・隠蔽があっ

た場合に科されるペナルティであり，このような指摘事項については，買収対象会社の内部統制の問題や他分野のDD（例えば，法務DD）にも影響するという意味において，通常の税務リスク金額を超える重要性があります。

❺については，特に海外において，税務調査における指摘事項の中に，個人経費の付替えによる費用の損金不算入など，不正を示唆する項目が含まれていないことを確認します。海外企業の買収の場合，不正リスクへの対応の観点から，指摘事項の金額的な重要性を度外視して，指摘事項の詳細を確認する場合が多いと思われます。また，特に新興国においては，依然として税務調査官との癒着や贈賄リスクがあるため，買収対象会社の税務担当者と税務調査官との関係についても，インタビュー等により確認します。

❻については，❸で確認した更正処分のうち，税務DDの時点で税務当局と争いになっている事項を把握します。一般に，更正など課税処分の内容に不服がある場合には，いったん追徴税額を納付し，いわゆる不服申立てのプロセスに入ります（修正申告の場合は自発的な申告の是正であるため不服申立てはできません）。具体的には，「再調査の請求（従来の異議申立て）➡審査請求➡租税訴訟」という流れになるため，買収対象会社がこのプロセスのどの段階にあるのかを確認します（日本で移転価格課税を受けた場合については，上記の不服申立てのほか，相互協議という二重課税解消のための選択肢もあります）。

　また，その後の税務申告において，その争いになっている事項と同様の取引が発生している場合，買収対象会社は過去と同様，自らの主張に基づく税務処理を行っている可能性があります。その場合には，まだ税務調査の対象となっていない事業年度の税務申告により発生する税務リスクも一体として考える必要があります。

❼については，更正通知書や修正申告書だけでは税務調査の結果しかわからないため，更正処分または修正申告に至った経緯に関しては，別途社内メモ等（調査官とのやりとりや指摘事項が記載されているもの）の開示を依頼し，そのようなメモが作成されていない場合には，QAリストやインタビューにより確認することになります。具体的には，税務調査において調査官との間で議論となった事項や，税務調査の過程で調査官から提示された指摘事項一覧（最終

的に更正処分や修正申告に至らなかった事項を含む）などの情報は把握しておく必要があります。これにより，調査官が買収対象会社において，重点的に調査した事項もある程度明らかになり，税務DDの参考になることも多いと考えられます。

　❽については，❼で把握した調査官の指摘事項のうち，更正処分または修正申告に至らなかったものの内容を把握します。

　税務調査の過程では，調査官から様々な問題点の指摘があり，その議論がある程度煮詰まってくると，調査官から指摘事項の一覧（口頭またはメモ書きのような書面）が提示されます。この指摘事項一覧は議論のたたき台であり，その中には，明らかな会社の誤りもあれば，言いがかりとしか思えないものが含まれていることもあります。そして，それをもとに実質的な「交渉」を行いますが，その過程の中で，最終的に指摘事項から外れる項目もあります（今後の改善を条件に指導に留める場合もあり）。つまり，社内メモ等では指摘事項として記載されているものの，更正通知書や修正申告書には反映されていない事項があるということです。

　このような事項については，まずは指摘事項から外れた理由を確認します。すなわち，買収対象会社が合理的な反論をした結果，指摘事項から外れたのであれば，税務リスクは小さいと考えられますが，交渉の過程で（他の事項の課税を受け入れる代わりに）指摘事項から外れたような場合には，合理的な根拠がなく，再度税務調査で指摘されるリスクは残っています。

　❾については，税務調査の指摘事項の内容を把握することで，買収対象会社の税務コンプライアンスのレベルを把握します。すなわち，あまりにも基礎的な内容の指摘事項がある場合や，何度も同じような指摘を受けているような場合には，税務コンプライアンスに問題があると考えられます。また，税制改正の内容に対応できていない場合も同様です。このような場合，税務調査未了年度でも同様の問題が起きている可能性が高く，税務DDにあたって，全般的な税務リスクは高いと判断すべきものと考えられます。

　税務コンプライアンスの問題は，もし株式買収の形態をとり，買収対象会社をそのまま残す（清算しない）のであれば，買収後も残ります。したがって，買収後の統合を考えても，税務コンプライアンス上の問題点を，税務DDを通

じて把握しておくことが重要になります。

❿については，過去の税務調査の指摘事項に関して，現在の改善状況を確認します。具体的にはQAリストやインタビューにより改善の有無を確認するとともに，実際に改善されていることを直近の税務申告書や社内資料等の分析により確認します。仮に改善されていない場合には，過去の税務調査で指摘された事項と同様の取引の発生状況を確認し，潜在的な税務リスク金額（本税及び附帯税）を試算する必要があります。また，改善されている場合であっても，過去の税務調査で指摘された時点までに申告済みの取引については，過去の誤った税務処理が放置されている可能性もあるため，同様に税務リスクの金額を試算します。

⓫については，過去に税務当局に照会済みの事項があれば，その照会文書などの開示を受け，照会内容どおりの税務処理が行われていることを確認します。

3 | 現在の分析──税務申告書の分析

　税務DDにおける税務申告書の分析は，当然ながらタックス・ポジションの把握に留まらず，税務申告書に含まれている情報をより詳細に分析していく必要があります。本書では，税務申告書の分析を「現在の分析」としていますが，現在の分析といっても，税務申告書はあくまでも過去の事象に基づいており，その過去の税務処理から，買収対象会社が現在抱える税務リスクを判断するという意味合いになります。

1 | 分析のポイント

　まず押さえておきたいのは，実務的には税務申告書の分析から大きな税務リスクが検出されるケースよりも，税務申告書以外の資料の閲覧やインタビューにより大きな税務リスクが検出される場合のほうが多いということです。

　もちろん，税務申告書の申告調整内容を個別に分析し，申告の基礎資料と照合して調整項目の内容を検討することで，申告調整の誤りが検出されることはあります。しかしながら，重要なのは「加減算されている項目が正しいか」よりも「加減算（特に加算）すべき項目が漏れていないか」のほうであることが多く，このような申告調整項目の網羅性に関する情報は必ずしも申告書からは得られません。買収対象会社がどのような取引を行っているのかを把握し，その会計処理を理解して初めて，申告調整の要否が判断でき，申告調整項目の網羅性も確認できます。その意味で，税務DDにおける時間的制約のもとで，いかに効率的に買収対象会社の取引を把握できるかが重要になります。

　このように，税務申告書の分析にあたっては，申告調整内容が正しいかどうかを判断するだけではなく，税務申告書以外からの情報も参考にしながら，申告調整項目の「漏れ」がないかどうかを常に意識しておく必要があります（詳細については**4**（241頁）参照）。

2 | リスク金額の算定

　税務DDにおいては，発見された税務リスクを可能な限り定量化し，貸借対

照表分析の未払法人税等に反映させたり，将来CFに影響があるものは事業計画分析に反映させたりしますが，税務DDにおいて定量化すべき税務リスクの金額は，本税部分だけではありません。加算税や延滞税などの附帯税も考慮に入れる必要があります。

　日本においては，加算税には様々な種類があり，法人税に関していうと，一般的にリスク金額に含めるのは，過少申告加算税です。これは，期限内申告について，修正申告や更正処分があった場合に課される加算税であり，（増差）本税に対する課税割合は10％または15％（期限内申告税額と50万円のいずれか多い金額を超える部分）です。

　また，加算税に加えて，遅延金利見合いの延滞税も課されます。延滞税は法定納期限から完納の日まで課されるのが原則ですが，偽りその他不正の行為がない場合には，計算対象期間の上限が1年間となり，また，その基本税率は納期限の翌日から2か月までは各年の「特例基準割合＋1％」（例えば，平成27年1月1日から平成28年12月31日までの期間は年2.8％）となります（ただし，この値が年7.3％未満である前提）。

　なお，加算税や延滞税は法人税の課税所得の計算上，損金不算入の取扱いになります。また，地方税についても，加算金・延滞金の制度があります。

　海外企業の税務DDにおいても，同様にペナルティ（附帯税）はリスク金額に含めて算定されます。特に新興国においては，本税部分を超えるペナルティを科される場合もあるなど，一般的にペナルティが日本よりも重いことが多いため，税務DDの結果から税務リスクを判断するにあたっては，その点を考慮に入れる必要があります。

3 申告調整項目別チェックリスト

　以下では，税務申告書の所得計算や税額計算の内容について，項目別に見ていきます。重要な視点は，申告調整項目のうち「加算項目に漏れがないか」という点と，「減算項目は本当に（認容）減算可能か」という点です。

1 棚卸資産

項　　目	チェック
❶ 棚卸資産の評価方法の届出（または変更の承認申請）の有無を確認する	☐
❷ 棚卸資産の取得価額に含めている付随費用の範囲を確認する	☐
❸ 棚卸資産をあるべき評価方法により評価していることを確認する	☐
❹ 著しい損傷や著しい陳腐化などに起因して，低価法以外による評価損が計上されている場合，それが税務上の要件を充足していることを確認する	☐
❺ 棚卸資産の廃棄損について，実際に廃棄が行われていることを確認する	☐
❻ 標準原価計算を採用している場合の原価差異（原価差額）の処理を確認する	☐
❼ 貯蔵品（または消耗品）などの期末残高が資産計上されていることを確認し，資産計上されていない場合には，取得時点における損金算入の要件を充足していることを確認する	☐

　❶については，まず，棚卸資産の評価方法の届出（または変更の承認申請）の有無を確認します。棚卸資産の評価方法には，個別法，先入先出法，総平均法，移動平均法，最終仕入原価法，売価還元法があり，また原価法と低価法とがあります。棚卸資産の評価方法については，会社の営む事業の種類ごとに，かつ棚卸資産の区分（商品または製品，半製品，仕掛品，主要原材料，補助原材料，消耗品で貯蔵中のもの等）ごとに選定することとされており，法定評価方法（評価方法を届け出なかった場合に適用される評価方法）は，最終仕入原価法による原価法となります。

❷については，購入した棚卸資産の取得価額には，その購入の代価のほか，引取運賃・荷役費・運送保険料・購入手数料・関税等の付随費用も含める必要があります。一方で，買入事務，検収，整理，選別，手入れ等に要した費用等の一定の間接的な費用については，少額（当該棚卸資産の購入の代価のおおむね３％以内の金額）である場合には，その取得価額に算入しないこともできます。したがって，税務DDにおいては，まずは買収対象会社が棚卸資産の取得価額に含めている付随費用の範囲を確認し，取得価額に算入すべき直接的な費用（引取運賃等）が損金として計上されていないことを確認します。

❹については，原価法を採用している場合であっても，災害による著しい損傷や著しい陳腐化などがあったときには，税務上も棚卸資産の評価損を計上できるケースがあるため，買収対象会社がこのような評価損を計上している場合には，その要件を充足していることを確認します。具体的に，陳腐化についていえば，経済的な環境の変化に伴ってその価値が著しく減少し，その価額が今後回復しないと認められる状態にあることが必要であり，以下のような非常に限定されたケースでしか，評価損の計上は認められない点に注意が必要です。

> 1．季節商品で売れ残ったものについて，今後通常の価額では販売することができないことが既往の実績その他の事情に照らして明らかである
> 2．用途がおおむね同様で，性能や品質等が著しく異なる新製品の発売により，当該商品につき今後通常の方法で販売することができなくなった

❺については，棚卸資産の廃棄損に関して，廃棄証明などの開示を受け，廃棄損が計上されているタイミングで，実際に棚卸資産が廃棄済みであることを確認します。

❻については，買収対象会社が標準原価計算を採用している場合で，それに基づく棚卸資産の取得価額が，実際の取得価額に満たない場合，その差額（「原価差額」）のうち期末棚卸資産に対応する部分の金額は，期末棚卸資産の評価額に加算する必要があります。ただし，原価差額が少額（総製造費用のおおむね１％相当額以内の金額）である場合には，その計算を明らかにした明細書を確定申告書に添付することで，原価差額の調整を行わないこともできます。したがって，買収対象会社が原価差額の調整を行っているかどうか，また調整を

行っている場合にはその調整内容を確認します。

　❼については，作業用消耗品や包装材料といったいわゆる貯蔵品（または消耗品）と呼ばれる棚卸資産に関して，期末残高（未使用分）が資産計上されていることを確認します。これらの貯蔵品等の取得に要した費用の額は，実際にそれを消費したタイミングで損金算入されるためです。ただし，各事業年度でおおむね一定数量を取得し，かつ経常的に消費するものについては，継続適用を条件に，その取得をしたタイミングで損金算入することが認められます。したがって，買収対象会社が貯蔵品や消耗品を資産計上していない場合には，これに該当するかどうかを確認します。

2 減価償却資産（有形・無形）

項　目	チェック
❶ 別表十六（一）「旧定額法又は定額法による減価償却資産の償却額の計算に関する明細書」及び別表十六（二）「旧定率法又は定率法による減価償却資産の償却額の計算に関する明細書」の数値の整合性や計算の妥当性を確認する	☐
❷ 減価償却資産の償却方法の届出（または変更の承認申請）の有無を確認する	☐
❸ 減価償却資産に関するその他の届出や承認申請の有無を確認する	☐
❹ 減価償却資産の取得価額に含めている付随費用の範囲を確認する	☐
❺ 減価償却資産をあるべき償却方法により償却していることを確認する	☐
❻ 特別償却を行っている場合には，その要件を充足していることを確認する	☐
❼ 固定資産に評価損が計上されている場合，それが税務上の要件を充足していることを確認する	☐
❽ 固定資産の除却損について，実際に除却が行われていること（または有姿除却の要件を充足していること）を確認する	☐
❾ 買収対象会社における資本的支出と修繕費の区分方法を確認する	☐
❿ 資本的支出部分の償却方法を確認する	☐
⓫ 一括償却資産（10万円以上20万円未満）の会計処理を把握し，別表十六（八）「一括償却資産の損金算入に関する明細書」との整合性を確認する	☐

　❶については，減価償却資産に関する別表に関して，前年度の申告書のほか，貸借対照表や損益計算書との照合を行って数値の整合性を確認し，償却計算の妥当性も確認します。

　❷については，償却方法の届出（または変更の承認申請）の有無を確認します。減価償却資産の償却方法は，減価償却資産の区分ごと，かつ設備の種類等ごとに，一定の制約の下で定額法や定率法などから選定し，また減価償却資産の区分ごとに法定評価方法も定められています。

❸については，例えば，「増加償却の届出」や「耐用年数の短縮の承認申請」など，減価償却資産に関するその他の届出や承認申請の有無を確認します。

❹については，購入した減価償却資産には，その購入の代価のほか，引取運賃，荷役費，運送保険料，購入手数料，関税等の付随費用も含める必要があります。一方で，不動産取得税や登録免許税など，固定資産の取得に関連して支出するものであっても，取得価額に算入しないことができる費用もあります。したがって，税務DDにおいては，まずは買収対象会社が減価償却資産の取得価額に含めている付随費用の範囲を確認し，取得価額に算入すべき費用が損金として計上されていないことを確認します。

❼については，税務上，固定資産の評価損の計上が認められるのは，以下の事実などが生じ，固定資産の価額がその帳簿価額を下回ることとなった場合とされています。

1．当該資産が災害により著しく損傷したこと
2．当該資産が1年以上にわたり遊休状態にあること
3．当該資産がその本来の用途に使用することができないため他の用途に使用されたこと
4．当該資産の所在する場所の状況が著しく変化したこと
5．1から4までに準ずる特別の事実（取得から1年以上事業供用されず価額が低下した場合など）

以上のように，税務上は非常に限定されたケースでしか，評価損の計上は認められないため，買収対象会社が固定資産の評価損を計上している場合（会計で計上した減損損失を申告加算していない場合など）については，QAリスト等によりその根拠を確認します。

❽については，固定資産の除却損に関して，廃棄証明などの開示を受け，除却損が計上されているタイミングで，実際に固定資産が廃棄済みであることを確認します。ただし，以下のような一定の要件を充足する場合には，廃棄が未了の場合であっても，当該資産の帳簿価額からその処分見込価額を控除した金額を除却損として損金算入することができるため（いわゆる「有姿除却」），廃棄が未了の場合にはこの要件を充足していることを確認します。

1．その使用を廃止し，今後通常の方法により事業の用に供する可能性がない
2．特定の製品の生産のために専用されていた金型等で，当該製品の生産を中止したことにより将来使用される可能性がほとんどない

❾については，税務DDにおいて，買収対象会社における資本的支出と修繕費の区分方法の概要を把握し，過去の税務調査で指摘があった場合などはその内容を把握します。また，金額的に重要な修繕費があれば，資本的支出に該当しないことを確認します。

第6章　税務デュー・デリジェンスのチェックリスト　203

3　有価証券

項　目	チェック
❶　有価証券の一単位当たりの帳簿価額の算出方法の届出（または変更の承認申請）の有無を確認する	☐
❷　有価証券の取得価額に含めている付随費用の範囲を確認する	☐
❸　有価証券の一単位当たりの帳簿価額をあるべき方法により算出していることを確認する	☐
❹　期末に保有している有価証券について，保有目的別に適切に評価されていることを確認する	☐
❺　上場株式に係る会計上の減損処理について，申告調整の有無を確認し，評価損が損金算入されている場合には，税務上の要件を充足していることを確認する	☐
❻　非上場株式に係る会計上の減損処理について，申告調整の有無を確認し，評価損が損金算入されている場合には，税務上の要件を充足していることを確認する	☐

❶については，まず，有価証券の一単位当たりの帳簿価額の算出方法の届出（または変更の承認申請）の有無を確認します。有価証券の一単位当たりの帳簿価額の算出方法には移動平均法と総平均法があり，法定算出方法（算出方法を選定しなかった場合に適用される算出方法）は，移動平均法となります。

❷については，購入した有価証券に関しては，その購入対価に加えて，購入手数料等の付随費用も取得価額に含める必要があるため，買収対象会社における処理を確認します。

❹については，期末に保有している有価証券に関して，税務上の区分（保有目的）別に適切に評価されていることを確認します。すなわち，売買目的有価証券については会計と同様，時価法で評価します。また，売買目的外有価証券については，償還有価証券（償還期限及び償還金額があるもの）とそれ以外に区分し，償還有価証券については償却原価法，それ以外については原価法で評価します。会計との対応では，会計上の満期保有目的の債券は償却原価法で評価されるため，この点は償還有価証券と同様ですが，税務上の償却原価法の計

算は定額法によるため，会計上で利息法を採用している場合は申告調整が必要になる場合があります。また，会計上のその他有価証券（株式）については，会計上は全部純資産直入法が採用されていることを前提とすれば，損益計算書には影響がないため，別表四における申告調整は不要となります（ただし，別表五（一）には記載されます）。

　❺については，税務上も上場有価証券等に関して，その価額が著しく低下し，帳簿価額を下回ることとなった場合，会計上の減損処理に対応して評価損の損金算入が認められます。この場合の「価額が著しく低下したこと」については，1．上場有価証券等の事業年度末の価額がその時の帳簿価額のおおむね50％相当額を下回ることになり，かつ，2．近い将来その価額の回復が見込まれないことをいうものとされています。税務上の時価の回復可能性の判断は難しいものですが，上場有価証券等については，国税庁が公表している「上場有価証券の評価損に関するQ&A」においてその取扱いが明確化されています。具体的には，監査法人による監査を受ける法人において，一定の形式基準を策定し，税効果会計等の観点で，自社の監査を担当する監査法人からその合理性についてチェックを受け，これを継続的に使用するのであれば，税務上その基準に基づく損金算入の判断は合理的なものと認められるとしています。したがって，時価の下落率が50％程度以上の場合，一般的に税務上も上場有価証券等について評価損の計上が認められ，申告調整は不要となります。一方，時価の下落率が50％程度未満の場合で，会計上，減損処理を行っているときには申告調整が必要になります。

　❻については，非上場株式に関して，税務上の評価損計上が認められるためには，1．発行法人の資産状態の著しい悪化と，2．価額の著しい低下の2つの要件の充足が求められます。前者については，発行法人について会社更生法の規定による更生手続開始決定等の一定の事実が発生した場合を除いては，期末時の1株当たりの純資産価額を取得時の1株当たりの純資産価額と比較し，それがおおむね50％以上下落しているかどうかにより判断します。一方，後者については，当該有価証券の期末時における時価が帳簿価額のおおむね50％相当額を下回ることとなり，かつ，近い将来，その時価の回復が見込まれないことをいうものとされています。「上場有価証券の評価損に関するQ&A」に基

づく形式的な基準を適用できる❺の上場株式と異なり，非上場株式の場合には
回復可能性を実質判断する必要があり，その意味で上場株式に比べると，一般
に税務上の評価損の計上は難しいものと考えられます。

4 デリバティブ取引

項　目	チェック
❶ 未決済のデリバティブ取引について，期末に決済があったものとみなして時価評価が行われていることを確認する	☐
❷ 未決済のデリバティブ取引について，会計処理を前提とした税務処理（申告調整を含む）が行われていることを確認する	☐
❸ ヘッジ会計（繰延ヘッジ処理）を適用している場合，その要件を充足していることを確認する	☐
❹ 繰延ヘッジ処理について，会計処理を前提とした税務処理（申告調整を含む）が行われていることを確認する	☐

　❶❷については，税務上，デリバティブ取引に関しては期末に時価評価を行い，その評価差額を損金または益金に算入する必要があります。これは会計上の取扱いと同様であるため，基本的にデリバティブ取引について申告調整を行うケースは少ないと考えられます。しかしながら，買収対象会社が非上場で規模も小さい場合，会計上デリバティブ取引が完全にオフバランスになっていることもあるため，税務DDにおいても注意が必要です。

　❸❹については，税務上の繰延ヘッジ処理とは，ヘッジ目的でデリバティブ取引等を行った場合で，そのヘッジが有効であると認められる場合に，当該デリバティブ取引等に係る利益または損失の額を将来の一定時点まで繰り延べる処理をいいます。繰延ヘッジ処理についても基本的に会計上の取扱いと同様ですが，税務上の繰延ヘッジ処理の適用要件として，会計上のヘッジ会計の適用要件とは異なる帳簿記載要件というものがあるため，税務DDにおいては，その充足状況を確認するのが一般的です。具体的には，デリバティブ取引等を行った日において，その契約の締結等に関する帳簿書類に以下の事項を記載する必要があります。

- デリバティブ取引等がヘッジ目的で行ったものである旨
- ヘッジ対象である資産または負債及び金銭
- ヘッジ手段であるデリバティブ取引等の種類，名称，金額，ヘッジ期間
- その他参考となるべき事項

第6章　税務デュー・デリジェンスのチェックリスト　207

5　外貨建取引及び外貨建資産・負債

項　　目	チェック
❶ 外貨建資産等の期末換算方法等の届出（または変更の承認申請）の有無を確認する	☐
❷ 外貨建取引の具体的な換算方法を確認する	☐
❸ 外貨建資産等をあるべき期末換算方法により換算している（必要に応じて申告調整を行っている）ことを確認する	☐
❹ 為替予約によるヘッジ取引を行っている場合，ヘッジ会計の適用の有無を確認する	☐
❺ 為替予約によるヘッジ取引について，振当処理を採用している場合，その要件を充足していることを確認する	☐
❻ 振当処理について，会計処理を前提とした税務処理（申告調整を含む）が行われていることを確認する	☐
❼ 為替予約によるヘッジ取引について，繰延ヘッジ処理を採用している場合，その要件を充足していることを確認する	☐
❽ 繰延ヘッジ処理について，会計処理を前提とした税務処理（申告調整を含む）が行われていることを確認する	☐

❶については，まず，外貨建資産等の期末換算方法等の届出（または変更の承認申請）の有無を確認します。税務上，外貨建資産及び負債の換算方法は，**図表6−1**のとおりであり，法定換算方法以外の換算方法を採用する場合には，「外国通貨の種類」ごと，かつ，「短期外貨建債権債務・長期外貨建債権債務・満期保有目的有価証券・償還有価証券・短期外貨預金・長期外貨預金の区分」ごとに，選定に係る届出書の提出を行う必要があります。

❷については，税務上，外貨建取引を行った場合の円換算額は，その外貨建取引を行ったときの為替レートにより換算した金額となり，為替レートはTTMを使用するのが原則ですが，継続適用を条件として，売上または資産についてはTTB，費用または負債についてはTTSを使用することも可能です。また，同じく継続適用を条件として，「前月や前週の為替レートの平均値」や「前月末や前週末等の一定時点の為替レート」による換算も可能であるため，まずは買収対象会社における外貨建取引の具体的な換算方法を確認します。

208

図表6−1 / 外貨建資産・負債の税務上の換算方法

選択の余地あり

外貨建資産及び負債の区分			換算方法
外貨建債権債務（注1）	短期外貨建債権債務		発生時換算法 or 期末時換算法
	長期外貨建債権債務		発生時換算法 or 期末時換算法
外貨建有価証券	売買目的有価証券		期末時換算法
	売買目的外有価証券	償還期限及び償還金額の定めのあるもの	発生時換算法 or 期末時換算法
		上記以外のもの	発生時換算法
外貨預金	短期外貨預金		発生時換算法 or 期末時換算法
	長期外貨預金		発生時換算法 or 期末時換算法
外国通貨			期末時換算法

☐ 法定換算方法（企業が換算方法を選定しない場合の換算方法）

（注1）外貨により授受された前渡金及び前受金で，資産の売買代金に充てられるものは，外貨建債権債務に該当しない。

（注2）期末時換算法で用いる期末日レートについては，継続適用を条件として，期末日を含む1か月以内の一定期間における平均レートによることができる。また，通常は平均レートを用いていない場合であっても，期末日レートが異常に高騰し，または下落している場合にも，会計と同様に平均レートの使用が認められている。

❺については，税務上も振当処理の採用は認められており，為替予約等によって外貨建資産等の円換算額を確定させた場合には，以下の要件（帳簿記載要件）を充足することを前提に，その確定した円換算額をそのまま用いることができます。

- 「ヘッジ対象となる外貨建資産・負債の取得・発生に関する帳簿書類」に，以下の内容を記載する
  1. 為替予約等により円換算額を確定させた旨
  2. 為替予約等の契約金額，締結の日，履行の日その他参考となるべき事項
- または，逆に，「ヘッジ手段である為替予約等の締結等に関する帳簿書類」にヘッジ対象との対応関係（対応する外貨建取引の種類，金額その他参考となるべき事項など）を記載する

この要件は，必ずしも会計上のヘッジ会計の適用要件とは一致しないため，税務DDにおいては，要件の充足状況を確認します。

第6章　税務デュー・デリジェンスのチェックリスト　209

❻については，税務上の振当処理に関しては，いわゆる為替予約差額（端的には，外貨建取引を行った日の為替レートと予約レートの差額）の配分などについて，会計上の振当処理との間に若干の差異があるため，会計処理を前提とした税務処理（申告調整を含む）が行われていることを確認します。

❼❽については，他のデリバティブ取引と同様であるため，4のデリバティブ取引のチェックリストをご参照ください。

6 繰延資産

項　目	チェック
❶ 別表十六（六）「繰延資産の償却額の計算に関する明細書」の数値の整合性や計算の妥当性を確認する	☐
❷ 税務上の繰延資産（特に税務固有の繰延資産）に係る会計処理を把握し，必要な申告調整が行われていることを確認する	☐
❸ 特に，税務上の繰延資産に該当する支出について，会計上費用処理され，申告調整の対象にもなっていないものがないことを確認する	☐

　❶については，繰延資産に関する別表に関して，前年度の申告書のほか，貸借対照表や損益計算書との照合を行って数値の整合性を確認し，償却計算の妥当性も確認します。

　❷については，税務上の繰延資産とは，法人が支出する費用のうち，支出の効果がその支出の日以後1年以上に及ぶものをいい，会計上の繰延資産（株式交付費，社債発行費等，創立費，開業費，開発費）に対応するもののほか，税務固有の繰延資産として，以下を含みます。

> 1．自己が便益を受ける公共的施設等の負担金
> 2．資産を賃借するための権利金等
> 3．役務の提供を受けるための権利金等（ノウハウの頭金等を含む）
> 4．製品等の広告宣伝の用に供する資産を贈与したことにより生ずる費用
> 5．1から4のほか，自己が便益を受けるために支出する費用

　このような税務固有の繰延資産については，支出の効果の及ぶ期間で償却することとされており，資産ごとに税務上の償却期間が定められています。税務上の繰延資産のうち，会計上の繰延資産に該当しないものについては，会計上は一般に「長期前払費用」として処理されることが多いと考えられますが，支出の内容によっては，会計上は（一括）費用処理して申告調整を行うケースもあるため，まずは買収対象会社における会計処理を確認します。なお，会計上の（会社法上の）繰延資産は，その帳簿価額を限度として任意償却が可能であり，基本的に申告調整の対象になりません。

第6章　税務デュー・デリジェンスのチェックリスト　211

　❸については，販売費及び一般管理費の明細などを閲覧し，またQAリスト等で税務上の繰延資産に該当する可能性の高い取引（例えば，IT機器の賃借に付随する費用やノウハウの提供を受ける際の頭金の支払い）の有無を把握するなどして，そのような支出を抽出し，その中に会計上費用処理され，かつ申告調整の対象にもなっていないものがないことを確認します。

212

7 　未払賞与及び退職給付引当金

項　目	チェック
❶　買収対象会社における未払賞与の損金算入時期を確認する	☐
❷　未払賞与または賞与引当金について，必要な申告調整が行われていることを確認する	☐
❸　未払賞与または賞与引当金に伴って計上される未払社会保険料は全額否認されていることを確認する	☐
❹　退職給付費用（退職給付引当金繰入額）は全額否認されていることを確認する	☐

　❶❷については，税務上は未払賞与の計上や賞与引当金の設定は認められておらず，支給日の属する事業年度で損金算入するのが基本的な取扱いです。しかしながら，一定の未払賞与については損金算入が認められており，具体的には，使用人に対して支給する賞与の額は，以下の区分に応じて，それぞれ以下の事業年度に損金算入することが可能です。

1．労働協約または就業規則により定められる支給予定日が到来している賞与で，使用人にその支給額が通知されており，かつ，その支給予定日または通知日の属する事業年度において損金経理したもの
「その支給予定日またはその通知をした日のいずれか遅い日」の属する事業年度
2．以下の要件のすべてを満たす賞与 　イ　その支給額を，各人別に，かつ，同時期に支給を受けるすべての使用人に対して通知している 　ロ　イの通知をした金額を通知したすべての使用人に対し，通知日の属する事業年度終了の日の翌日から1か月以内に支払っている 　ハ　その支給額につきイの通知日の属する事業年度において損金経理している
「使用人にその支給額の通知をした日」の属する事業年度

　買収対象会社において未払賞与や賞与引当金が計上されている場合，関連資料やQAリスト等により，上記の要件を充足しているかどうかを把握し，必要な申告調整が行われていることを確認します。

　❸については，会計上は賞与引当金（または未払賞与）を計上するにあたっ

第6章　税務デュー・デリジェンスのチェックリスト　213

て，対応する社会保険料も未払計上されます。一方，税務上は，社会保険料のうち会社負担分の金額は，当該保険料等の額の計算の対象となった月の末日の属する事業年度に損金算入されます。したがって，賞与引当金等に併せて未払計上された社会保険料については，税務上は未確定債務として申告調整の対象とする必要があるため，そのような処理が行われていることを確認します。

❹については，税務上は退職給付引当金の設定は認められていないため，退職給付引当金繰入額は全額否認されていることを確認します。すなわち，税務上，従業員（使用人）に対する退職金の損金算入に関する特段の規定はなく，基本的に退職に伴う債務確定時に損金算入されるものと考えられ，また，確定給付企業年金等への掛金拠出（年金資産への拠出）については，支出のタイミングで損金算入されます。したがって，これらに伴う退職給付引当金の取崩しにより減算認容されることになり，別表五（一）における退職給付引当金の残高は基本的に貸借対照表上の残高に一致します。

8　未確定債務

項　目	チェック
❶　買収対象会社における未確定債務の判断基準を把握する	□
❷　未払費用または未払金のうち，未確定債務は全額否認されていることを確認する	□

　❶については，会計上の未払費用や未払金のうち，いわゆる「未確定債務」は，申告調整の対象となります。これは，税務上，販売費及び一般管理費のうち損金算入できるのは，事業年度終了の日までに債務が確定しているものに限られるためです（いわゆる「債務確定基準」）。ここでいう債務が確定しているものとは，以下の要件のすべてに該当するものをいいます。

1．事業年度終了の日までに，その費用に係る債務が成立している
2．事業年度終了の日までに，その債務に基づいて具体的な給付をすべき原因となる事実が発生している
3．事業年度終了の日までに，その金額を合理的に算定することができる

　この債務確定基準は必ずしも画一的に判断できるものではないため，まずは買収対象会社における判断基準を確認します。

　❷については，未確定債務に該当するものに関しては，❶の一定の判断基準に従い，必要な申告調整が行われていることを確認します。

第6章　税務デュー・デリジェンスのチェックリスト　215

9 純資産

項　目	チェック
❶ 別表五（一）により，税務上の純資産（資本金等及び利益積立金）の額を把握する	☐
❷ 税務上の「資本金等」について，会計上の「資本金＋資本剰余金」と差異がある場合，その差異の発生原因を確認する	☐
❸ 調査対象期間における利益積立金の額が連続していない（前期末と当期首で金額が異なる）場合，その原因を確認する	☐
❹ 自己株式を取得している場合，その税務処理の内容を確認する	☐
❺ 特に，みなし配当が発生している場合，買収対象会社において必要な源泉徴収が行われていることを確認する	☐
❻ ストック・オプションを付与している場合，それが「税制適格ストック・オプション」と「税制非適格ストック・オプション」のいずれに該当するかを把握する	☐
❼ 特に，「税制非適格ストック・オプション」で給与所得課税が発生する場合，買収対象会社において必要な源泉徴収が行われていることを確認する	☐
❽ 特に，「税制適格ストック・オプション」が付与されている場合，株式報酬費用が損金算入されていないことを確認する	☐

　❷については，税務上の「資本金等」の額と，会計上の「資本金＋資本剰余金（＝資本準備金＋その他資本剰余金）」の額との間に差異がある場合，差異の発生原因を確認します。すなわち，概念的には両者は一致しますが，過去の組織再編や欠損填補等により，差異が生じている場合もあるためです。税務上の資本金等の金額は，みなし配当の計算などに影響するほか，（一定の調整計算は行うものの）住民税の均等割や事業税の資本割の計算の基礎となるため，その金額を正確に把握しておく必要があります。

　❸については，調査対象期間における利益積立金の金額が連続しない場合（期首利益積立金が前期末利益積立金と一致しない場合）には，税務調査が行われた可能性が高いため，その不連続の原因を確認します。

　❹については，自己株式の取得に関して，市場等を通じた取得と相対取引等

による取得とでは税務処理が異なるため，買収対象会社が自己株式を取得している場合，正しく税務処理が行われているかどうかを確認します。すなわち，市場等を通じた自己株式の取得を行っている場合，（売手側で）みなし配当は発生せず（端的には，買手を特定できないため），買収対象会社は全額を資本金等の払戻しとして処理します。一方，相対取引等による自己株式の取得を行っている場合，（売手側で）みなし配当が発生する可能性があり，その場合，買収対象会社は一部を利益積立金の払戻しとして処理します。

❺については，❹においてみなし配当が発生している場合，自己株式を取得した買収対象会社において，所得税（及び復興特別所得税）の源泉徴収が必要になるため，そのような源泉徴収が行われていることを確認します。

❻については，ストック・オプションの税務上の取扱いは，「税制適格ストック・オプション」と「税制非適格ストック・オプション」とで異なるため，買収対象会社がストック・オプションを付与している場合，まずはそれがいずれに該当するかを把握します。ここで，税制適格ストック・オプションとは，付与対象者が発行会社やその子会社の取締役・使用人等であり，権利行使価額が付与契約締結時における株式時価以上である等の一定の要件を満たすストック・オプションをいいます。税制非適格ストック・オプションはそれ以外のストック・オプションです。

❼については，ストック・オプションを付与された個人の課税関係をまとめると下表のとおりです。

個人の課税関係	税制適格	税制非適格
ストック・オプションの付与時	課税なし	課税なし
権利行使時（株式の取得時）	課税なし	給与所得課税
株式の譲渡時	譲渡所得課税	譲渡所得課税

　税制適格ストック・オプションと税制非適格ストック・オプションの違いは課税のタイミングと所得区分ですが，税制非適格ストック・オプションの場合，権利行使時の経済的利益（＝権利行使時の時価−権利行使価額）に対して給与所得課税が行われます。したがって，買収対象会社において所得税（及び復興特別所得税）の源泉徴収が必要になる場合があるため，必要な源泉徴収が行わ

第6章　税務デュー・デリジェンスのチェックリスト　217

れていることを確認します。

　❽については，税務上，ストック・オプションを付与する法人の側で，ストック・オプションに係る費用の損金算入が認められるのは，ストック・オプションを付与された従業員等に給与所得等の課税事由が生じた場合に限られています（ただし，役員給与に該当するものについては，これに加えて，別途検討が必要）。したがって，税制適格ストック・オプションについては，❼のとおり，従業員等の個人において給与所得等が非課税となり，その裏返しとして，法人においては，当該役務提供に係る費用の額が損金に算入されないため，株式報酬費用が損金算入されていないことを確認する必要があります。

10 売上高・売上原価

	項　目	チェック
❶	買収対象会社の税務上の売上計上（収益認識）時期を把握する	☐
❷	特に，ロイヤルティ収益について，税務上の収益認識時期を確認する	☐
❸	特に，役務収益について，税務上の収益認識時期を確認する	☐
❹	特に，工事収益について，税務上の収益認識時期を確認する	☐

　❶については，税法上の収益認識基準に関しても，会計と同様，企業によってバラつきがあるため，まずは買収対象会社における税務上の売上計上時期を把握します。また，税務上で個別に収益認識基準が示されている取引（❷以下参照）については，それに従って収益認識されていることを確認します。

　❷については，買収対象会社にロイヤルティ収益がある場合，その収益計上時期を確認します。税務上，工業所有権等またはノウハウを他の者に使用させたことにより支払を受けるロイヤルティ（使用料）の額は，その額が確定した日の属する事業年度の益金の額に算入するのが原則です。ただし，継続して契約により当該使用料の額の「支払を受けることとなっている日」の属する事業年度の益金の額に算入している場合には，これを認めることとされています。

　❸については，買収対象会社に役務収益がある場合，その収益計上時期を確認します。税務上，役務提供の対価の益金算入タイミングについては，網羅的な規定はなく，役務提供の法形式により異なります。一般に役務提供が請負契約の形態を取ることは比較的多いと思われますが，この請負契約に基づき，設計，作業の指揮監督，技術指導その他の技術役務の提供を行ったことにより受ける報酬については，完了基準で益金算入するのが原則です。しかしながら，その技術役務の提供について以下のような事実がある場合には，部分完了基準により，支払を受けるべき報酬の額が確定する都度，その確定した金額を益金算入する必要があります（ただし，一定の例外あり）。

> 1. 報酬の額が現地に派遣する技術者等の数及び滞在期間の日数等により算定
>   され，かつ，一定の期間ごとにその金額を確定させて支払を受けることとなっ
>   ている場合
> 2. 報酬の額が作業の段階（例えば，基本設計と部分設計）ごとに区分され，
>   かつ，それぞれの段階の作業が完了する都度，その金額を確定させて支払を
>   受けることとなっている場合

　役務提供の対価の益金算入タイミングについては，まずは買収対象会社における具体的な計上基準を確認する必要がありますが，特に上記の部分完了基準が適用される可能性がある取引には注意が必要です。また，税務調査で議論になりやすい分野でもあるため，過去の税務調査における指摘事項の内容等も把握しておく必要があります。

　❹については，買収対象会社に工事収益がある場合，その収益計上時期を確認します。税務上の原則は工事完成基準ですが，長期大規模工事（以下の要件を満たす工事）については，工事進行基準が強制適用されます。

> 1. 着手の日から契約上の目的物の引渡期日までの期間が1年以上
> 2. 請負対価の額が10億円以上
> 3. 契約において，対価の額の2分の1以上が目的物の引渡期日から1年を経
>   過する日後に支払われる定めがない

　また，長期大規模工事以外の工事については，基本的に工事完成基準か工事進行基準の選択適用となります。買収対象会社が工事進行基準を採用している場合，その計算資料の開示を受け，税法の基準に従って計算されていることを確認する必要があります。

11 役員給与（役員賞与引当金及び役員退職慰労引当金を含む）

項　目	チェック
❶　役員給与について，申告調整の有無を確認する	☐
❷　調査対象期間における役員給与（役員報酬）の個人別の月次推移を把握する	☐
❸　役員給与（退職給与を除く）が損金算入されている場合，それが定期同額給与，事前確定届出給与，利益連動給与のいずれに該当するかを確認する	☐
❹　役員給与（退職給与を除く）が損金算入されている場合，形式基準及び実質基準に照らして，不相当に高額な部分の金額がないことを確認する	☐
❺　定期同額給与について，毎月の支給額が同額であるかどうかを確認する	☐
❻　定期同額給与について，水準の改定が行われている場合，その税務上の取扱いを確認する	☐
❼　事前確定届出給与について，必要な届出が行われていることを確認する	☐
❽　事前確定届出給与について，届け出た支給額と実際の支給額に差異が生じていないことを確認する	☐
❾　役員給与に含まれる経済的利益の有無（及び源泉徴収の要否）を確認する	☐
❿　役員の退職給与が損金算入されている場合，不相当に高額な部分の金額がないことを確認する	☐
⓫　役員賞与引当金や役員退職慰労引当金の繰入額は全額否認されていることを確認する	☐

❷については，調査対象期間における役員給与（役員報酬）の個人別の月次推移を把握し，まずは水準の改定の有無や支払総額を確認します。

❸については，役員給与（❿の退職給与を除く）のうち，損金算入できるのは，基本的に1．定期同額給与，2．事前確定届出給与，3．利益連動給与のいずれかに該当するものに限られるため（かつ，❹の不相当に高額部分は除く），買収対象会社が損金算入している役員給与がこのうちのいずれに該当するのかを確認します。

第6章　税務デュー・デリジェンスのチェックリスト　221

❹については，役員給与（❿の退職給与を除く）の額のうち不相当に高額な部分は，以下の形式基準と実質基準により算定された金額のうち，いずれか多い金額であり，この部分は損金不算入となります。

	不相当に高額な部分
形式基準	定款の規定または株主総会等の決議により決定された限度額等を超える部分の金額
実質基準	以下を勘案し，その役員の職務に対する対価として相当であると認められる金額を超える部分の金額 ・その役員の職務の内容 ・その法人の収益の状況 ・その使用人に対する給与の支給状況 ・事業規模が類似する同業他社の役員給与の支給状況等

　税務DDにおいては，少なくとも明確に判断できる形式基準については，定款や株主総会議事録等の開示を受けて支給限度額を確認し，その枠内であることを確認する必要があります。また，実質基準については，必要に応じて買収対象会社の見解を確認します。

　❺については，定期同額給与とは，その支給時期が1か月以下の一定の期間ごとである給与（「定期給与」）で，その事業年度の各支給時期における支給額が同額であるものをいいます。したがって，税務DDにおいては，まずは❷の月次推移から，毎月の支給額が同額であるかどうかを判断します。

　❻については，定期同額給与に関しては，❺より，給与改定があると，その要件を充足しなくなる可能性があります。しかしながら，定期給与の額につき，以下の改定（「給与改定」）が行われた場合で，「事業年度開始の日から改定日までの期間」や「改定日から事業年度終了の日までの期間」などにおける支給額が同額であるときには，定期同額給与の要件を充足します。

1．株主総会等による改定：
　　事業年度開始の日の属する会計期間開始の日から3か月を経過する日までに継続して毎年所定の時期にされる定期給与の額の改定など
2．臨時改定事由による改定：
　　役員の職制上の地位の変更，役員の職務の内容の重大な変更その他これらに類するやむを得ない事情により行われた定期給与の額の改定

3．業績悪化改定事由による改定：
　　法人の経営状況が著しく悪化したことその他これに類する理由によりされた定期給与の額の減額改定

　給与改定が行われている場合，上記のいずれかの事由に該当するかを確認し，買収対象会社の税務処理の妥当性を検討します。

　❼については，事前確定届出給与とは，役員の職務につき所定の時期に確定額を支給する旨の定めに基づいて支給する給与（例えば，非常勤役員に対する月払いではない支払いなど）で，一定の届出期限までに納税地の所轄税務署長に「事前確定届出給与に関する届出」を提出しているものをいいます。したがって，税務DDにおいては，その届出の有無を確認する必要があります。ただし，「同族会社以外の法人」が「定期給与を支給しない役員」に対して支給する給与については，その届出をする必要はないため，基本的には同族会社の非常勤役員等に対する給与について，検討が必要な項目といえます。

　❽については，❼の事前確定届出給与において，届け出た支給額と実際の支給額に差異が生じた場合には，（その差額分だけではなく）支給額全額が損金不算入となるため，そのような差異が生じていないことを確認します。

　❾については，役員給与には，金銭で支払われるもの以外に，経済的な利益も含まれます（ただし，一定の例外あり）。例えば，役員等に対して無償または低利貸付けを行った場合や，役員等の個人的費用を負担した場合などには，経済的な利益が発生します。経済的な利益についても，継続的に供与され，その供与される利益の額が毎月おおむね一定であるものは，❺の定期同額給与に含まれ，損金算入できる余地はあります。しかしながら，このような経済的利益の供与にあたっては，基本的に源泉徴収が必要になるため，買収対象会社における税務処理を確認する必要があります。

　❿については，損金不算入となる役員退職給与に係る不相当に高額な部分に関しては，退職役員の業務従事期間，退職の事情，事業規模が類似する同業他社の役員に対する退職給与の支給状況等を勘案して算定することになります。

第6章　税務デュー・デリジェンスのチェックリスト　223

12 使用人給与

項　　目	チェック
❶　使用人給与について，申告調整の有無を確認する	☐
❷　役員と特殊な関係のある使用人（特殊関係使用人）に対する給与が損金算入されている場合，不相当に高額な部分の金額がないことを確認する	☐
❸　使用人兼務役員における使用人分の給与が損金算入されている場合，それが適正額であることを確認する	☐
❹　使用人兼務役員の使用人分給与のうち使用人分賞与が損金算入されている場合，それが他の使用人に対する賞与の支給時期と同時期に支給されていることを確認する	☐
❺　他社（子会社など）への出向者について，買収対象会社が行う給与較差補填が損金算入されている場合，実際に給与較差が存在することを確認する	☐

　❶については，使用人給与に関しては，役員給与とは異なり，原則として損金算入されます（債務が確定していることが前提）。ただし，特殊関係使用人に対する給与や使用人兼務役員における使用人分の給与については，損金不算入となる可能性があるため，まずは申告調整の有無を確認します。

　❷については，役員の親族など，役員と特殊な関係のある使用人（特殊関係使用人）に対する給与のうち不相当に高額な部分は，損金不算入となります。これは役員給与の場合（11の役員給与のチェックリスト参照）と同趣旨であり，基本的にはその使用人の給与が適正額（職務に対する対価として相当であると認められる金額）であることを確認する必要があります。

　❸については，使用人兼務役員に対する給与のうち使用人分給与は，それが適正額であれば損金算入されますが，他の使用人の給与との比較を行う必要があります。具体的には，使用人分給与の適正額は，「使用人兼務役員が現に従事している使用人の職務とおおむね類似する職務に従事する使用人に対して支給した給与の額」との比較で検討します。ただし，比準すべき使用人がいない場合には，「その使用人兼務役員が役員となる直前に受けていた給与の額，そ

の後のベースアップ等の状況」,「使用人のうち最上位にある者に対して支給した給与の額」などを参考にして適正に見積もった金額によることができます。税務DDにおいては,買収対象会社におけるこのような検討資料の開示を受け,内容を確認します。

　❹については,使用人兼務役員の使用人分賞与で,他の使用人に対する賞与の支給時期と異なる時期に支給したものは,（適正額であったとしても）損金不算入となります。したがって,買収対象会社が損金算入しているものについては,それが他の使用人に対する賞与の支給時期と同時期に支給されていることを確認します。

　❺については,買収対象会社が出向元法人である場合に,派遣した出向者に関して,出向先法人（例えば,子会社など）との給与条件の較差を補填するため出向者に対して支給した給与の額は,買収対象会社において損金算入が可能です。この場合,「出向先法人が経営不振等で出向者に賞与を支給することができないため出向元法人が支給する賞与の額」や「出向先法人が海外にあるため出向元法人が支給するいわゆる留守宅手当の額」も給与条件の較差を補填するために支給したものとされますが,そもそも給与条件の較差が存在することが前提になります。

　税務DDにおいては,出向に関する契約書などの開示を受けて,出向者給与の負担関係を把握するとともに,給与較差に関する買収対象会社の見解（給与テーブルの比較など）を確認します。仮に買収対象会社の負担が過大であれば,寄附金として認定される可能性が高く,海外子会社等への出向者に係る給与較差補填については,国外関連者寄附金（⑭の寄附金のチェックリスト参照）として,全額損金不算入とされるリスクがあります。

第6章　税務デュー・デリジェンスのチェックリスト　225

13 交際費等

項　目	チェック
❶ 別表十五「交際費等の損金算入に関する明細書」の数値の整合性や計算の妥当性を確認する	☐
❷ 買収対象会社における交際費等の判定基準や判定方法を把握する	☐
❸ 特に，交際費以外の勘定（福利厚生費・販売促進費・広告宣伝費・会議費・仲介手数料など）に含まれる交際費（他勘定交際費）の抽出方法を確認する	☐
❹ 特に，交際費等から除外される1人当たり5,000円以下の飲食等に要する費用（社内飲食費を除く）の抽出方法や必要書類の保存状況を確認する	☐
❺ 交際費等の損金算入限度額が正しく計算されていることを確認する	☐

❷については，交際費等とは，交際費，接待費，機密費その他の費用で，法人が，その得意先，仕入先その他事業に関係のある者等に対する接待，供応，慰安，贈答その他これらに類する行為のために支出するものをいいます。その範囲は幅広いため，❸の他勘定交際費の抽出方法や，❹の1人当たりの金額が5,000円以下の飲食費の管理方法も含めて，買収対象会社の交際費等の判定基準や判定方法を確認します。

❺については，❶において交際費等の損金算入限度額が正しく計算されていることを確認します。交際費等の損金算入限度額は，以下の算式で計算されますが，中小法人等（資本金1億円以下の法人のうち一定の法人等）には，800万円の定額控除限度額があります。

交際費等の損金算入限度額＝交際費等の額－（接待飲食費 (注) の額×50％）

（注）飲食等のために要する費用で，専らその法人の役員もしくは従業員またはこれらの親族に対する接待等のために支出するもの以外のもの。

14 寄附金

項　目	チェック
❶ 別表十四（二）「寄附金の損金算入に関する明細書」の数値の整合性や計算の妥当性を確認する	☐
❷ 寄附金の支出先や支出の目的を把握する	☐
❸ 寄附金について，以下のように正しく区分されていることを確認する 　・全額損金算入される国または地方公共団体に対する寄附金や指定寄附金 　・全額損金不算入となる完全支配関係がある法人間で支出された寄附金や国外関連者に対する寄附金 　・損金算入制限のある一般寄附金 　・損金算入制限のある特定公益増進法人等に対する寄附金や認定NPO法人に対する寄附金	☐
❹ 未払寄附金がある場合，申告調整の対象になっていることを確認する	☐
❺ 寄附金として認定されるような金銭その他の資産または経済的な利益の贈与または無償の供与の有無を確認する	☐
❻ 特に，海外子会社等がある場合，無償の役務提供などを行っていないことを確認する	☐
❼ 寄附金の損金算入限度額が正しく計算されていることを確認する	☐

　❸については，寄附金の損金算入限度額は寄附金の種類によって異なるため，まずは寄附金の区分を確認します。

　❹については，寄附金は支出ベースで（一定の損金算入限度額の下）損金算入されるため，未払寄附金に関しては，申告調整（加算・留保）の対象となっていることを確認します。あまりないケースと思われますが，逆に仮払寄附金に関しては，申告調整（減算・留保）による寄附金認定損の計上が可能です。

　❺については，寄附金には金銭その他の資産または経済的な利益の贈与または無償の供与も含まれます。例えば，買収対象会社が資産の低額譲渡（や高価買入れ），低利または無利息貸付，無償の役務提供などを行っている場合，通

第6章　税務デュー・デリジェンスのチェックリスト　227

常収受すべき対価との差額が寄附金として認定される可能性があります。税務
DDにおいては，寄附金以外の項目（特に関係会社取引）の調査の中で，寄附
金認定リスクのある項目を抽出する必要があります。

❻については，海外子会社等に対する無償の役務提供に関しては，あるべき
対価が国外関連者寄附金として認定されるリスクが高いため，そのような取引
がないことを確認します。

❼については，寄附金の損金算入限度額は，寄附金の種類によって異なり，
国または地方公共団体に対する寄附金や指定寄附金に関しては，その支払った
全額が損金算入されます。逆に，完全支配関係がある法人間で支出された寄附
金や国外関連者に対する寄附金に関しては，全額が損金不算入となります。
　損金算入限度額の計算が必要になるのは，一般寄附金と特定公益増進法人等
に対する寄附金などで，それぞれ以下の算式で計算されます。

一般寄附金の損金算入限度額

$$= \left(資本金等の額 \times \frac{当期の月数}{12} \times \frac{2.5}{1,000} + 所得の金額 \times \frac{2.5}{100}\right) \times \frac{1}{4}$$

(注) 所得の金額は，支出した寄附金の額を損金に算入しないものとして計算する。

特定公益増進法人に対する寄附金の損金算入限度額
　　＝「特定公益増進法人に対する寄附金の合計額」と「特別損金算入限度
　　　額」（以下の算式）のうちいずれか少ない金額

特別損金算入限度額

$$= \left(資本金等の額 \times \frac{当期の月数}{12} \times \frac{3.75}{1,000} + 所得の金額 \times \frac{6.25}{100}\right) \times \frac{1}{2}$$

(注) 特定公益増進法人に対する寄附金のうち損金算入されなかった部分は一般寄附金の額
　　に含める。

なお，認定NPO法人等に対する寄附金（指定寄附金に該当するものを除く）
についても，特定公益増進法人に対する寄附金に含めて損金算入限度額を計算
します。

228

15 租税公課

項　目	チェック
❶ 別表五（二）「租税公課の納付状況等に関する明細書」の数値の整合性や計算の妥当性を確認する	☐
❷ 納税充当金（未払法人税等）に係る申告調整が正しく行われていることを確認する	☐
❸ 損金不算入とされている租税公課の内容を確認する	☐
❹ 特に，加算税や延滞税の有無を確認し，加算税や延滞税が発生している場合には，その発生原因を確認する	☐
❺ 損金算入されている租税公課の内容を確認する	☐
❻ 事業税の調整が正しく行われていることを確認する	☐
❼ 外国法人税について，買収対象会社が外国税額控除と損金算入のいずれを選択しているかを把握し，外国税額控除を選択している場合には，控除対象外国法人税が申告加算されていることを確認する	☐

　❶については，別表五（二）に関して，前年度の申告書のほか，貸借対照表（未払法人税等）や損益計算書（販売費及び一般管理費の租税公課や法人税等）との照合を行い，数値の整合性を確認します。

　❸❹については，会計上「法人税，住民税及び事業税」で処理される項目のうち，法人税，地方法人税，道府県民税及び市町村民税などは損金不算入となります。加算税や延滞税も同様ですが，別表五（二）に加算税や延滞税がある場合，その発生原因（修正申告や更正処分など）を確認する必要があります。

　❺については，会計上「販売費及び一般管理費」で処理される項目は基本的に損金算入され，印紙税，固定資産税・都市計画税，不動産取得税などがこれに該当します。また，会計上「法人税，住民税及び事業税」で処理される項目のうち，事業税（及び地方法人特別税）や外国法人税（損金算入を選択した場合）は損金算入されます。さらに，納期限延長に係る利子税についても同様に損金算入されます。

　❼については，⓴の税額控除のチェックリストを参照ください。

第6章　税務デュー・デリジェンスのチェックリスト　229

16 貸倒損失（貸倒引当金）

項　　目	チェック
❶ 貸倒損失について，申告調整の有無を確認する	☐
❷ 貸倒損失が損金算入されている場合，税務上の要件を充足していることを確認する	☐
❸ 特に，法律上の貸倒れについては，更生計画認可の決定等の一定の事実が発生していることを確認する	☐
❹ 特に，事実上の貸倒れについては，貸倒損失が損金経理されていることを前提として，債務者の状況を把握し，担保がある場合はその処分が済んでいることを確認する	☐
❺ 特に，形式上の貸倒れについては，貸倒損失が損金経理されていることを前提として，取引の停止等の要件の充足状況を確認する	☐
❻ 買収対象会社が中小法人等や一定の金融機関等に該当する場合を除き，貸倒引当金繰入額は全額否認されていることを確認する	☐
❼ 貸倒引当金を減算認容している場合，貸倒損失の計上要件を充足していることを確認する	☐

❷については，税務上，貸倒損失の計上は，金銭債権について一定の貸倒れの事実が生じた場合に限って（その事実が生じた事業年度において）認められるため，貸倒損失が損金算入されている場合，その要件が充足されていることを確認します。税務上の貸倒損失は，1．法律上の貸倒れ，2．事実上の貸倒れ，3．形式上の貸倒れの3つに分類されるため，それぞれについて，要件の充足状況を確認する必要があります。

❸については，法律上の貸倒れとは，金銭債権について，更生計画認可の決定または再生計画認可の決定等の一定の事実が発生した場合に，その決定により切り捨てられることとなった部分の金額について，その事実の発生した日の属する事業年度において貸倒れとして損金算入することをいいます。この場合，関係資料（債務者からの通知など）の開示を受け，その事実を確認します。

❹については，事実上の貸倒れとは，金銭債権について，その債務者の資産状況や支払能力等からみてその全額が回収できないことが明らかになった場合

に，その明らかになった事業年度において，貸倒れとして損金経理をすることをいいます（つまり，損金経理が要件）。ただし，金銭債権について担保があるときは，担保処分後でなければ貸倒損失の計上ができないこととされています。この場合，買収対象会社における検討資料の開示を受け，その内容を検討するとともに，担保がある場合には処分済であることを確認します。

❺については，形式上の貸倒れとは，売掛債権（貸付金等を含まない）について，以下の事実が発生した場合に，売掛債権の額から備忘価額を控除した残額を貸倒れとして損金経理をすることをいいます（つまり，損金経理が要件）。

1．債務者との取引を停止した時以後1年以上経過した場合（売掛債権について担保物のある場合を除く）
2．法人が同一地域の債務者について有する売掛債権の総額が，その取立てのために要する旅費等に満たない場合において，債務者に対し支払を督促したにもかかわらず弁済がない場合

この場合，買収対象会社における検討資料の内容を確認します。

❻❼については，税務上の貸倒引当金の設定が認められるのは，中小法人等（資本金1億円以下の法人のうち一定の法人等）や，銀行，保険会社その他これらに準ずる法人に限定されているため，それ以外の法人では，貸倒引当金繰入額は全額否認されていること（及び貸倒損失の計上要件を充足した段階で減算認容されていること）を確認します。

第6章　税務デュー・デリジェンスのチェックリスト　231

17 その他の営業費用

項　目	チェック
❶ 調査対象期間における製造原価や販売費及び一般管理費の内訳を確認のうえ，申告調整の対象になっているものを把握し，その他申告調整が必要になる可能性のある項目を抽出する	☐
❷ 損金算入されている保険料がある場合，資産計上すべきものではないこと，また給与（特に役員給与）に該当するものではないことを確認する	☐
❸ 損金算入されている入会金がある場合，資産計上すべきものではないこと，また交際費や給与（特に役員給与）に該当するものではないことを確認する	☐
❹ 損金算入されている会費がある場合，交際費や給与（特に役員給与）に該当するものではないことを確認する	☐
❺ 損金算入されている試験研究費（研究開発費）がある場合，ソフトウェアとして資産計上すべきものではないことを確認する	☐
❻ 罰金・科料・課徴金などは，その内容を把握し，申告加算されていることを確認する	☐
❼ 製造原価や販売費及び一般管理費の内訳を確認し，特に海外へのロイヤルティや手数料の支払いについて，源泉徴収が必要になる可能性のある項目を抽出する	☐
❽ 使途不明金や使途秘匿金の有無を確認する	☐

　❷については，買収対象会社がその役員や使用人等を被保険者とする生命保険料を負担し，その保険が養老保険（被保険者の死亡または生存を保険事故とする生命保険であり，保険期間満了時に被保険者が生存している場合でも満期保険金が支払われる保険）に該当するケースなどでは，保険料を（全額または2分の1）資産計上しなければならない場合があります。また，特定の役員等のみを被保険者とする場合には，保険料が給与扱いになる場合もあります。したがって，損金算入されている保険料については，これらに該当しないことを確認します。

　❸については，一般に「入会金」といわれるものには多種多様なものがありますが，例えば，ゴルフクラブの入会金に関しては，法人会員として入会する

場合には，原則として資産計上の必要があり（ただし，給与とされる場合もあり），個人会員として入会する場合には，個人会員たる特定の役員または使用人に対する給与となります。

この取扱いはレジャークラブの入会金についても同様ですが，レジャークラブの入会金に関しては，その会員としての有効期間が定められており，かつ，その脱退に際して入会金相当額の返還を受けることができないケースでは，繰延資産とされる（つまり，償却可能である）場合もあります。

さらに，ゴルフクラブやレジャークラブ以外の社交団体の入会金に関しては，法人会員として入会する場合には交際費とされます。

このような取扱いがあるため，買収対象会社が入会金を費用として計上している場合には，その税務上の取扱いを確認する必要があります。

❹については，❸の入会金と同様，一般に「会費」といわれるものには多種多様なものがありますが，例えば，ゴルフクラブの年会費等に関しては，その入会金が資産として計上されている場合には交際費とされ，その入会金が給与とされている場合には会員たる特定の役員または使用人に対する給与とされます。したがって，基本的には入会金の場合と同様の検討が必要になります。

❺については，ソフトウェア制作費に関して，会計上は将来の収益獲得または費用削減効果が不確実である場合は費用処理されますが，税務上はソフトウェアの取得価額に算入しないことができるのは，その利用により将来の収益獲得または費用削減にならないことが明らかなものに限定されます。したがって，ソフトウェアについては，税務上のみ資産計上される場合があるため，買収対象会社が試験研究費等として損金算入しているソフトウェア制作費の内容を確認します。なお，資産計上が求められる場合には，開発に要した人件費をその取得価額に含める必要がある点にも注意が必要です。

❻については，企業が負担する罰金・科料・課徴金などに関しては，税務上は基本的に損金不算入という取扱いになります。買収対象会社がこのような費用を計上している場合，基本的には申告調整が必要になるため，その点を確認する必要がありますが，そもそも「何に対する」罰金等なのかを把握することも重要です。

❼については，海外への支払いに関して，後述の6の源泉所得税に関する
DDのポイント（267頁）をご参照ください。

❽については，使途不明金（費途不明交際費等）や使途秘匿金（相当の理由
がなく，その相手方の氏名等を帳簿書類に記載していないもの）の有無を確認
します。費途不明交際費等については損金不算入となり，使途秘匿金について
は損金不算入となるだけでなく，別途その40％相当の法人税額を納付する必要
があるためです。特に，海外に対するコミッションの支払いなどは，現地のビ
ジネス慣行から不透明な支出がなされているケースがあるため，その内容を確
認する必要があります。使途不明金や使途秘匿金は税務リスクを超えるコンプ
ライアンス・リスクがあるため，財務DDや法務DDチームとも情報を共有す
ることが重要になります。

18 受取配当金

項　目	チェック
❶ 別表八（一）「受取配当等の益金不算入に関する明細書」及び別表八（二）「外国子会社から受ける配当等の益金不算入に関する明細書」の数値の整合性や計算の妥当性を確認する	□
❷ 国内配当等（内国法人からの配当等）について，益金不算入額の計算対象となる株式等の区分（完全子法人株式等，関連法人株式等，その他の株式等，及び非支配目的株式等）が正しく行われていることを確認する	□
❸ 国内配当等について，益金不算入の対象となる株式等の区分に応じて，益金不算入額の計算が正しく行われていることを確認する	□
❹ 特に，関連法人株式等に係る配当等について，控除負債利子の計算が正しく行われていることを確認する	□
❺ 国内配当等について，短期所有株式等に該当するものの有無を確認する	□
❻ 国外配当等（外国法人からの配当等）について，95％益金不算入の対象となる外国子会社からの配当の判定が正しく行われていることを確認する	□
❼ （外国子会社配当益金不算入制度にいう）外国子会社からの配当に係る源泉税について，外国税額控除の対象から除外されている（かつ，損金不算入とされている）ことを確認する	□

　❷❸については，国内配当（内国法人からの配当）に関して，株式等の区分とその区分に応じた益金不算入額の計算（下表参照）が正しく行われていることを確認します。

区　分	保有割合	益金不算入割合
完全子法人株式等	100％	100％益金不算入
関連法人株式等	3分の1超100％未満	負債利子控除後の100％益金不算入
その他の株式等	5％超3分の1以下	50％益金不算入
非支配目的株式等	5％以下	20％益金不算入

（注）平成27年度税制改正後。一定の申告要件の充足を前提とする。

　❹については，関連法人株式等に係る配当等の額から控除する負債利子の額

第6章　税務デュー・デリジェンスのチェックリスト　235

の計算方法には，原則法と簡便法という2つの方法があります。負債利子の額の集計はいずれの方法でも必要になりますが，原則法の場合，単純にいうと，その負債利子の額に「総資産の帳簿価額（に一定の加減算をした金額）のうちに関連法人株式等の帳簿価額が占める割合」（前期末と当期末の平均）を乗じて控除負債利子を計算します。簡便法の場合，負債利子の額に「基準年度における負債利子の合計額に関連法人株式等に係る負債利子の額が占める割合」を乗じて計算します。この原則法と簡便法については，事業年度ごとにいずれか有利な方法を選択適用することができますが，特に原則法は計算が複雑であり誤りも生じやすいため，重要性があれば，その計算内容を確認します。

❺については，受取配当等の対象となる株式等を，その配当等の基準日以前1か月以内に取得し，かつ，その株式等（または同銘柄の株式等）を基準日後2か月以内に譲渡した場合には，受取配当等の益金不算入の適用はないため，このような短期所有株式等があれば，益金不算入額の計算から除外されていることを確認します。

❻については，外国子会社から受ける配当等に関しては，一定の申告要件の充足を前提として，95%益金不算入とされます。ここでいう「外国子会社」とは，以下のいずれかの割合が25%以上であり，かつ，その状態が配当等の支払義務が確定する日以前6か月以上継続している外国法人をいいます。

1．当該外国法人の「発行済株式等の総数（自己株式を除く）」のうちに「内国法人が保有しているその株式等の数」の占める割合
2．当該外国法人の「発行済株式等の総数（自己株式を除く）のうち議決権のある株式等の数」のうちに「内国法人が保有している議決権のある株式等の数」の占める割合

ただし，上記の外国子会社の要件である25%以上という持株割合は，租税条約により軽減されている場合があります。

❼については，❻の外国子会社配当益金不算入制度の適用を受ける場合，現地での配当源泉税には外国税額控除が適用できず，また損金の額にも算入できないという取扱いとなっているため，そのような税務処理が行われていることを確認します。

236

19 その他の営業外損益

項　目	チェック
❶　支払利息について損金算入制限がある場合，必要な申告調整が行われていることを確認する（特に海外の関係会社への支払いの場合）	☐
❷　雑収入・雑損失等の内訳を確認する	☐

　❶については，特に海外の関係会社からの借入れに対する利息の支払いに関して，申告調整の要否を確認します。具体的には，日本においては，借入金の「利率」に着目する移転価格税制（**4 4**（250頁）参照），「負債比率」に着目する過少資本税制，「所得金額とのバランスで見た支払利子の金額」に着目する過大支払利子税制など，支払利息の損金算入を制限する税制に注意が必要であり，このような視点は海外においても同様です。

　❷については，雑収入や雑損失には，買収対象会社が損益計算書において独立掲記したくないと判断した項目など，税務的にもリスクのある項目が含まれている場合があるため，個別に内容を確認して申告調整の要否を判断します。

第6章　税務デュー・デリジェンスのチェックリスト　237

20 税額控除

項　目	チェック
❶　買収対象会社における税額控除の有無を把握する	☐
❷　税額控除がある場合，対応する別表（別表六（一）「所得税額の控除に関する明細書」，別表六（二）「外国税額の控除に関する明細書」等，別表六（六）「試験研究費の総額等に係る法人税額の特別控除に関する明細書」等）における数値の整合性や計算の妥当性を確認する	☐
❸　試験研究費の総額に係る税額控除制度など，研究開発税制を適用している場合，税額控除限度額が正しく計算されていることを確認する	☐
❹　研究開発税制を適用している場合，試験研究費の集計範囲を確認する	☐
❺　外国税額控除を適用している場合，対象としている外国法人税が「外国法人税」の定義を充足しており，その課税が租税条約に定める限度税率以内の税率であることを確認する	☐
❻　外国税額控除を適用している場合，「外国法人税」のうち，外国税額控除の対象とならない部分（直接納付外国法人税の高率負担部分や外国子会社からの配当に係る外国源泉税など）を除外していることを確認する	☐
❼　外国税額控除を適用している場合，その適用タイミングが正しいことを確認する	☐
❽　外国税額控除を適用している場合，その「控除限度額」（及びその基礎となる国外所得金額）が正しく計算されていることを確認する	☐
❾　外国税額控除を適用している場合，住民税（及び地方法人税）の控除限度額についても，正しく計算されていることを確認する	☐
❿　外国税額控除を適用している場合，その申告要件を充足していることを確認する	☐
⓫　外国税額控除を適用しており，控除限度超過額及び控除余裕額の繰越しを行っている場合，その申告要件を充足していることを確認する	☐

　❸については，研究開発税制は，（中小企業者等のみに適用されるものを除けば），「試験研究費の総額に係る税額控除制度」，「特別試験研究に係る税額控除制度」及び「試験研究費の額が増加した場合等の税額控除制度」の３つの制度があり，そのそれぞれについて税額控除限度額が定められているため，対応

する別表を参照し，その計算が正しく行われていることを確認します。

❹については，試験研究費の税額控除の対象となる試験研究費の額とは，製品の製造または技術の改良，考案もしくは発明に係る試験研究のために要する原材料費，人件費及び経費のほか，他の者に試験研究を委託するために支払う費用などの額をいいます（ただし，試験研究に充てるために他の者から支払いを受ける金額がある場合には，その金額を控除します）。

買収対象会社が試験研究費の税額控除を適用している場合，試験研究費の集計範囲を確認しますが，特に人件費については詳細に確認する必要があります。すなわち，上記の人件費については，「専門的知識をもって試験研究の業務に専ら従事する者に係るもの」に限定されており，たとえ研究所等に専属する者であっても，例えば事務職員，守衛，運転手等のように試験研究に直接従事していない者に係るものは含まれないためです。

❺については，外国税額控除とは，国際的な二重課税を排除するために，外国法人税を一定の条件のもと日本の法人税から差し引く制度をいいます。この外国税額控除を適用する対象は，まず「外国法人税」の定義に合致するものでなければなりません。ここでいう外国法人税とは，外国またはその地方公共団体により法人の所得を課税標準として課される税をいい，（外国）源泉税もその範囲に含まれます。

また，買収対象会社が外国源泉税に外国税額控除を適用している場合，その源泉税が租税条約の限度税率以内の税率であることを確認する必要があります。これは，租税条約の限度税率を超える税率により外国法人税を課された場合，その部分に外国税額控除は適用できないためです。

❻については，❺の「外国法人税」のうち，外国税額控除の対象とならないものを除外するプロセスを確認します。具体的には，所得に対する負担が高率な部分の金額（単純にいうと，外国源泉税については源泉税率が35％を超える部分）や外国子会社配当益金不算入制度にいう「外国子会社」からの配当（**18**の受取配当金のチェックリスト参照）に係る外国源泉税などが除外されます。

❼については，外国税額控除の適用は，外国法人税を納付することとなるタ

イミングで行われるため，端的には，買収対象会社が未収利息や未収ロイヤルティに対応する外国源泉税を外国税額控除の対象としていないことを確認します。

❽については，❻で計算された控除対象外国法人税額は，外国税額控除の「控除限度額」を限度として，法人税額等から控除されます。ここで，法人税の控除限度額は，単純化すると以下の算式で計算されます。

$$控除限度額 = 各事業年度の所得に対する法人税額 \times \frac{国外所得金額}{全世界所得金額}$$

　上式の控除限度額の主要な計算要素である「国外所得金額」とは，当該事業年度において生じた国外源泉所得をベースにして，販売費及び一般管理費や負債利子等に係る調整を加え，その中に外国法人税が課されない国外源泉所得（「非課税の国外所得」）が含まれている場合には，その全額を控除したものをいいます（ただし，計算結果が当該事業年度の所得金額の90％に相当する金額を超える場合には，当該金額が国外所得金額となります）。国外所得金額の計算は極めて複雑で誤りも多いため，その詳細な計算プロセスが確認できる資料の開示を受け，内容を確認する必要があります。

❾については，❻で計算された控除対象外国法人税額が，❽で計算された法人税の控除限度額の範囲内で控除しきれない場合，控除限度額の範囲で，住民税の法人税割（及び地方法人税）から控除されます。住民税の控除限度額の計算は，概念的には非常にシンプルで，法人税の控除限度額に住民税率を乗じるだけです。しかしながら，住民税率は，標準税率を用いる方法のほか，（標準税率を超える）超過税率を用いる方法も選択可能であり，地方税にいう分割法人（2以上の道府県または市町村において事務所または事業所を有する法人等）の場合には特に煩雑な計算が必要になるので，対応する別表などからその計算プロセスを確認します。

❿については，外国税額控除は，確定申告書（修正申告書や更正請求書を含む）に「控除を受けるべき金額及びその計算に関する明細を記載した書類」ならびに「控除対象外国法人税の額の計算に関する明細その他の書類」の添付が

あり，かつ，「控除対象外国法人税の額を課されたことを証する書類その他の書類」（具体的には，申告書の写しまたは現地の税務官署が発行する納税証明書等）を保存している場合に限り適用されるため，このような申告要件の充足状況（特に資料の保存状況）を確認します。

　❶については，控除対象外国法人税額が控除限度額を上回るときのその超過額（「控除限度超過額」），また逆に控除対象外国法人税額が控除限度額を下回るときのその余裕額（「控除余裕額」）は，ともに将来3年にわたり繰越しが可能です。詳細は割愛しますが，これにも❿と同様，一定の申告要件があるため，その充足状況を確認します。

4 | 重要取引タイプ別のチェックリスト

　ここでは，買収対象会社の活動内容に応じて検討すべき税務リスクの内容を確認します。すなわち，3のような税務申告書における申告調整項目に基づく検討ではなく，逆にビジネスから（会計処理及び）申告調整の要否を判断するという検討の流れになります。具体的には，各種議事録や稟議書の閲覧により，税務リスクを伴う取引の有無を把握するほか，外部専門家の意見書などがあれば，それも参照します。また，買収対象会社の財務数値（例えば，特別損益の発生など）から，重要な取引が識別されることもあります。

1 　関係会社取引

　関係会社取引については，まずは財務DD上の論点がありますが（第5章 2 5 3 （163頁）参照），税務DD上も重要な論点があり，取引価格の妥当性を中心に検討していくことになります。すなわち，関係会社取引については，対第三者取引とは異なり，取引価格を自由に決定できることから，それを操作することで所得の付け替えが可能であり，税務調査においても重点的なチェックの対象となります。

　なお，海外子会社（国外関連者間）との取引については，4 の海外子会社等との取引（移転価格税制）（250頁）で解説します。

項　　目	チェック
❶　関係会社取引を網羅的に把握する	☐
❷　関係会社との取引に係る契約書の内容を確認する	☐
❸　関係会社取引の価格の決定方針を確認する	☐
❹　各種議事録や稟議書の開示を受け，価格決定のプロセスなどを理解する	☐
❺　各関係会社取引の価格の妥当性を検討する	☐
❻　特に，継続的に行われる営業取引について，損失が発生している取引の有無を把握し，該当ある場合には，損失発生の要因を確認する	☐
❼　特に，不動産取引などの単発の取引について，取引の目的や取引価格の決定方法を確認し，取引価格の妥当性を検討する	☐
❽　関係会社との無償取引の有無を確認する	☐
❾　役員や株主との取引についても同様の検討を行う	☐

❶については，取引の価格の妥当性を検討する前段階として，財務DDにおいて把握した情報なども参考に，まずは関係会社取引を網羅的に把握します。この場合，財務諸表には反映されない無償取引（例えば，無償の役務提供）についても，インタビューやQAリスト等により確認する必要があります。

❷については，関係会社との取引に係る正式な契約書の内容を確認します。このような契約書が作成されていない場合，買収対象会社は関係会社取引に対する税務リスクを十分に認識していない可能性があります。

❸❹については，各種議事録や稟議書の開示を受け，価格の決定方針や決定のプロセスなどを確認します。また，そのような文書に，子会社支援の意図（例えば，業績不振の販売子会社を支援するために買収対象会社からの販売単価を引き下げるなど）が記載されていないことも確認する必要があります。

❺については，❶で把握した関係会社取引に関して，取引価格の妥当性を検討します。この場合，その関係会社取引が継続的に行われる営業取引である場合には，個々の取引の内容を確認するよりも，結果としての利益（所得）の配分状況を確認することが効率的なケースがあります。つまり，「あるセグメントの取引群に係るグループ全体の利益を，買収対象会社とその関係会社でどのように配分しているか」という視点であり，この利益配分が歪んでいる場合には，個々の取引価格が歪んでいる可能性が高いということです。

❻については，関係会社取引から損失が発生している場合，買収対象会社の所得が関係会社に移転している可能性があるため，その理由を確認します。

❼については，関係会社取引が不動産取引のように単発の取引である場合には，取引の目的や譲渡価額の決定方法，譲渡価額の妥当性などを直接確認します。例えば，所得が発生している関係会社から，欠損が発生している関係会社に不動産を低廉譲渡することで，売手から買手に所得を移転させるような取引を念頭に置きながら検討を行う必要があります。

❽については，寄附金認定リスクの観点から，関係会社に対する無償の役務

第6章　税務デュー・デリジェンスのチェックリスト　243

提供や無利息貸付といった無償取引の有無を確認します。

❾については，特にオーナー企業の税務DDにおいては，役員や株主との取引の検討も重要になります。

244

2 子会社等への支援

　買収対象会社が業績不振の子会社等に何らかの財務面での支援を行っている場合，それにより買収対象会社が負担している損失について，税務上は子会社等に対する寄附金として取り扱われるリスク（つまり，損金性の問題）があります。したがって，関係会社取引全般について，支援の意図がないかどうかは，常に意識しておく必要があります。

項　目	チェック
❶　子会社等に対する支援（債権放棄や無利息貸付けなど）の有無を確認する	☐
❷　子会社等に対する支援に伴う損失について，申告調整の有無を確認する	☐
❸　各種議事録や稟議書の開示を受け，子会社支援の意図や背景などを確認する	☐
❹　子会社等を整理する場合の損失負担を損金算入している場合，支援の決定をした際の稟議書等の開示を受け，法人税基本通達９－４－１（子会社等を整理する場合の損失負担等）の検討を行っていることを確認する	☐
❺　子会社等を再建する場合の損失負担を損金算入している場合，支援の決定をした際の稟議書等の開示を受け，法人税基本通達９－４－２（子会社等を再建する場合の無利息貸付け等）の検討を行っていることを確認する	☐
❻　特に，子会社等が経営危機に陥っている（倒産の危機にある）ことを確認する	☐
❼　特に，損失負担等の額が合理的である（過剰支援になっていない）ことを確認する	☐
❽　特に，子会社等の再建管理が行われていることを確認する	☐
❾　特に，支援者の範囲や損失負担等の額の配分が合理的であることを確認する	☐
❿　子会社等に対する支援に伴う損失について，税務当局に照会を行っている場合，照会文書等の内容を検討する	☐

　❶については，買収対象会社が子会社等を整理または再建するために債権放棄や無利息貸付けの形で支援を行う場合，親会社として負担する損失は，原則として寄附金として取り扱われます。したがって，国内の子会社等を支援する

場合，その一部または全額（100％子会社の場合）が損金不算入となり，海外の子会社等を支援する場合，国外関連者寄附金としてその全額が損金不算入となります。しかしながら，その損失負担に経済合理性がある場合等の一定の場合には，損金算入が認められるという取扱いになっており，具体的には，法人税基本通達において，子会社等を整理する場合と再建する場合に分けて，それぞれ損金算入が認められる場合が規定されています。

❷については，買収対象会社が子会社等に対する支援に伴う損失を税務上どのように取り扱っているか，すなわち，損金算入しているか，（一部）損金不算入として申告加算しているかを把握します。

❸については，各種議事録や稟議書の開示を受け，子会社支援の意図や背景などを確認します。これが❹以下の検討の基礎となります。

❹については，法人がその子会社等の解散等に伴い，債権放棄等の損失負担をした場合において，その損失負担等をしなければ今後より大きな損失を蒙ることになることが明らかであるため，やむを得ずその損失負担等を行った場合などには，その損失負担等の額は，寄附金の額に該当しないものとされています。したがって，買収対象会社が子会社等の整理のための支援損を損金算入している場合，この要件に関する検討資料の開示を受け，内容を確認します。

❺については，法人がその子会社等に対して無利息または低利貸付けや債権放棄等をした場合において，その無利息貸付け等が，業績不振の子会社等の倒産を防止するためにやむを得ず行われるもので，合理的な再建計画に基づくものである場合などには，その無利息貸付け等により供与する経済的利益の額は，寄附金の額に該当しないものとされています。したがって，買収対象会社が子会社等の再建のための支援損を損金算入している場合，この要件に関する検討資料の開示を受け，内容を確認します。

❻については，税務上，支援の経済合理性を判断するうえで，子会社等が経営危機に陥っていることを確認する必要があります。一般的には，子会社等が債務超過または実質債務超過（財務諸表上は債務超過ではないが，資産に多額

の含み損がある場合など）の状態にあり，資金繰りが逼迫しているような場合には，税務上も支援が必要と判断できます。

❼については，税務上，支援の経済合理性を判断するうえで，損失負担（支援）額が合理的に算定されていることを確認する必要があります。一般的には，損失負担額が，子会社等を整理するため，または経営危機を回避し再建するための必要最低限の金額であり，かつ子会社等の財務内容，営業状況の見通し等及び自己努力（遊休資産の売却，経費の節減，増減資等）を加味したものであることが必要とされます。

❽については，税務上，支援の経済合理性を判断するうえで，その後の子会社等の立ち直り状況に応じて支援額を見直すなど，再建管理が行われていることを確認する必要があります。具体的には，確定した再建計画により，「再建後のあるべき姿（再建後の状況）」が明確になっていることを前提に，子会社等の再建状況を把握し，例えば，計画よりも順調に再建が進んだような場合には，計画期間の経過前でも支援を打ち切る等の再建管理を行う必要があります。

❾については，税務上，支援の経済合理性を判断するうえで，支援者の範囲や損失負担等の額の配分が合理的であることを確認する必要があります。具体的には，特定の債権者等が意図的に支援者に加わっていないなどの恣意性がないことが必要であり，支援者ごとの損失負担（支援）額の配分が，出資状況，経営参加状況，融資状況等の子会社等と支援者との個々の事業関連性の強弱や支援能力からみて合理的に決定されていることも必要になります。

❿については，子会社等に対する支援に伴う損失の損金性を判断するにあたっては，税務当局に照会を行うことが多いため，買収対象会社において照会が行われている場合には，その照会文書等の内容（特に事実関係）を検討します。

3 組織再編

　合併や買収といった組織再編は，非経常的な取引であり，一般に金額的な影響も大きくなります。買収対象会社が過去に組織再編を行っている場合，まずはその内容を把握する必要があります。そのうえで，当該組織再編に係る税務上の処理を理解し，税務リスクの有無を検討することになります。

　例えば，買収対象会社が適格組織再編に該当するかどうかの判断を誤っている場合，意図しない時価課税が生じたり，引き継いだはずの繰越欠損金が消滅したりするなど，多大な影響が及ぶ可能性があります。

項　　目	チェック
❶　過去における組織再編の有無を確認する	☐
❷　組織再編を行っている場合，その税務処理（会計処理及び対応する申告調整）を把握する	☐
❸　組織再編にあたって，買収対象会社が税務アドバイザーから当該組織再編に係る見解を入手している場合，その開示を受けて内容を検討する	☐
❹　組織再編を「適格」組織再編と判定している場合，その要件が充足されていることを確認する	☐
❺　組織再編を「適格」組織再編と判定している場合，繰越欠損金の引継制限や使用制限，及び特定資産の譲渡等損失の損金算入制限などが検討されていることを確認する	☐
❻　組織再編を「非適格」組織再編と判定している場合，グループ法人税制の適用も含めて，税務処理の詳細を確認する	☐

　❶については，基礎情報分析などにより，買収対象会社が過去に何らかの組織再編を行っているかどうかを確認します。

　❷については，組織再編に伴う資産の移転に関しては，原則として時価での移転として課税されます。合併の場合を例にとると，資産を移転する法人（被合併法人）に対して譲渡益課税が行われ，その株主（被合併法人の株主）に対してみなし配当や（株式の）譲渡益課税が行われる可能性があります。ただし，組織再編の種類ごとに定められた適格要件を充足する場合（すなわち，適格合併の場合）には，簿価による移転として課税は繰り延べられ，再編時には課税は生じないという取扱いになります。このような観点から，組織再編がある場

合，買収対象会社における税務処理を把握します。

❸については，組織再編に関しては，その内容の把握や適格性の検討などに時間を要する場合が多いため，買収対象会社が税務アドバイザーから当該組織再編に係る見解（レポート等）を入手していれば，時間の節約のため，そのレポート等の内容を検討します。

❹については，買収対象会社が組織再編を「適格」組織再編と判定している場合には，その要件が充足されていることを確認します。適格要件は，大きく企業グループ内の組織再編とその他の組織再編（共同事業を営むための組織再編）とに分かれており，以下のように要件が異なりますが，共通の要件として，対価が株式のみである必要があります。

企業グループ内の組織再編	共同事業を営むための組織再編
【100％関係の法人間で行う組織再編】 ・100％関係の継続 【50％超関係の法人間で行う組織再編】 1．50％超関係の継続 2．主要な資産・負債の移転 3．移転事業従業者のおおむね80％が移転先事業に従事 4．移転事業の継続	1．事業の関連性 2．事業規模（売上，従業員，資本金等）がおおむね5倍以内または特定役員への就任 3．【50％超関係の法人間で行う組織再編】の2～4 4．移転対価である株式の継続保有（株主）

　具体的には，買収対象会社が適格要件の判定資料を作成している場合にはその開示を受け，作成していない場合にはQAリスト等により判定に必要な情報を収集して，具体的な検討を行います。

❺については，買収対象会社が適格合併を行っている場合，グループ化後5年超が経過しているなど，一定の要件を満たせば，被合併法人の繰越欠損金の引継ぎ等が認められます。しかしながら，その要件を満たさない場合，被合併法人の繰越欠損金の引継ぎが認められないだけではなく，合併法人である買収対象会社が有する繰越欠損金にも使用制限が課される場合があります。また，含み損のある資産を引き継いだ場合，再編後一定期間に生じた資産譲渡等損失について，損金算入に一定の制限が生じる場合もあります（「特定資産の譲渡

等損失の損金算入制限」)。

　税務DDにおいては，買収対象会社が企業グループ内の適格合併を行っている場合，❹の適格判定よりも，適格再編であることにより生じる上記の種々の制限の検討のほうが重要になるケースがあります（例えば，買収対象会社が小さな子会社を適格合併により吸収し，自らの繰越欠損金に使用制限がかかってしまう場合など）。企業グループ内の適格組織再編の場合，グループ内で完結する取引ということで，詳細な検討が行われていない場合も多いため，税務DDにおいても，この点には注意が必要です。

　❺については，買収対象会社が組織再編を「非適格」組織再編と判定している場合には，買収対象会社における税務処理を詳細に確認します。

　買収対象会社が資産等を移転する側であれば，時価移転に対する譲渡益課税があるため，具体的な時価評価の方法などを把握します。ただし，完全支配関係がある内国法人間の非適格組織再編の場合，グループ法人税制の適用により，一定の資産については譲渡損益の繰延べが行われるため，その点も併せて確認します。

　一方，買収対象会社が資産等の移転を受ける側であれば，時価で資産等を受け入れますが，税務上の「のれん」として，資産調整勘定または差額負債調整勘定（受け入れた純資産価額と交付した金銭等の価額の差額）が認識される場合もあります。

　さらに，買収対象会社が再編当事者の株主の場合，みなし配当や（株式の）譲渡益課税についても確認が必要になります。

4 海外子会社等との取引（移転価格税制）

　移転価格税制とは，日本企業とその国外関連者（海外子会社など）との取引について，取引価格を独立企業間価格（独立の第三者間で取引される際に成立するであろう価格水準）で計算し直して課税所得を計算するものであり，国外関連者との取引を通じた恣意的な所得移転の防止を目的とした税制です。

　移転価格税制について，取引価格や取引条件の妥当性が問題になる点は，（国内の）関係会社取引の場合と同様ですが，移転価格税制については，実際に課税が発生した場合のインパクトが大きくなります。そのため，海外子会社等を有する買収対象会社の場合，税務DDにおいても移転価格リスクの検討を行うのが一般的です。

　一方で，移転価格税制については，相手国（海外子会社所在地国）における検討も必要になるほか，日本側の税理士法人内でも担当部門が分かれているため，通常の税務DDチームでは対応できない可能性があります。また，本格的な移転価格リスクの定量化には，（予算的にも）通常の税務DDの枠を超える作業が必要となります。

　そのため，税務DDにおいては，概算によるリスク金額の把握程度にとどめる場合も多いと思われ，以下では，これを前提に必要と思われる作業をリストアップしています。

項　　目	チェック
❶　別表十七（四）「国外関連者に関する明細書」の内容を把握する	□
❷　移転価格分析の実施の有無を確認する	□
❸　買収対象会社が移転価格税制に関して税務アドバイザーのサポートを受けている場合，その関与状況を確認する	□
❹　移転価格文書を作成している場合，その開示を受けて内容を確認する	□
❺　特に海外の場合，移転価格文書の作成義務が遵守されていることを確認する	□
❻　資本関係図等から，移転価格税制の適用対象となる「国外関連者」の範囲を特定する	□
❼　特に海外の場合，その国における「国外関連者」の範囲を把握する	□
❽　取引関係図等から，買収対象会社と国外関連者である海外子会社等との取引内容を確認する（海外子会社間の取引についても同様）	□

第6章　税務デュー・デリジェンスのチェックリスト　251

⑨	国外関連者である海外子会社等との取引について，価格の決定方針（及び独立企業間価格の算定方法）を確認する	☐
⑩	国外関連取引と第三者取引の間で取引価格に説明不能な差異がないことを確認する	☐
⑪	国外関連者である海外子会社等の営業利益率を算定し，その水準が国外関連者の果たしている機能及び負担しているリスクに対応していることを概括的に確認する	☐
⑫	買収対象会社と国外関連者である海外子会社等との間の利益の配分バランスを確認する	☐
⑬	国外関連者である海外子会社等に対して，経済的利益の無償の供与などが行われていないことを確認する	☐
⑭	特に，無償で無形資産の使用許諾を行っている事実がないことを確認する	☐
⑮	特に，無償で役務提供を行っている事実がないことを確認する	☐
⑯	事前確認（APA）を取得している国外関連取引の有無を把握する	☐

　❶については，国外関連者との間で取引を行った場合には，別表十七（四）「国外関連者に関する明細書」を確定申告書に添付することとされています。買収対象会社が別表十七（四）を添付している場合，その記載内容を確認すれば，移転価格税制に関する基礎的な情報が把握できるため，これをもとに移転価格リスクの検討を行います。

　❸については，移転価格税制への対応状況を確認する意味でも，移転価格税制に関する税務アドバイザーの関与状況を確認します。

　❹については，日本の移転価格税制上は税務調査の際に提出もしくは提示すべき書類が明確化されており，買収対象会社においても，そのような移転価格文書が作成されている場合があります。同様に，海外企業（日本企業の海外子会社を含む）の買収にあたっても，買収対象会社が現地の税制に基づく移転価格文書を作成している場合があります。
　いずれにせよ，移転価格文書には，対象となる取引に関する情報が豊富に記載されているため，その開示を受けることができれば，税務DDの効率化が可能になります（特に日本においては，平成28年度税制改正により，一定の国外関連取引について同時文書化が義務付けられ，また，連結総収入金額1,000億

252

円以上の多国籍企業グループには，より充実した移転価格文書の作成義務が課されることとなっています）。

❺については，海外においては，国外関連者と一定規模の取引を行っている場合に移転価格文書の作成義務が課されるケースが多く，この作成義務に違反しているケースでは，それ自体へのペナルティが科される場合や，移転価格課税が行われる際のペナルティが割増しになる場合もあるため，買収対象会社（の海外子会社）における遵守状況を確認します。

❻については，基礎情報分析の際の資本関係図等から，移転価格税制の適用対象となる国外関連者の範囲を特定します。日本の移転価格税制上，「国外関連者」は，発行済株式等の50％以上を直接または間接に保有する関係（形式基準）あるいは50％以上の出資関係がない場合でも役員関係，取引依存関係，資金依存関係等で実質的な支配関係が認められる関係（実質基準）にある外国法人をいいます。子会社だけではなく50：50の合弁会社（一般的には関連会社）も国外関連者に該当する点に注意が必要です。

❼については，海外における移転価格税制の適用対象（国外関連者の範囲）は日本のそれと同じとは限らないため，別途現地の税務DDチームに確認する必要があります。

❽については，取引関係図等の開示を受け，買収対象会社と（❻で特定した）国外関連者との取引の内容を確認します。具体的には，通常の棚卸資産取引だけではなく，無形資産取引（ロイヤルティ等），役務提供取引（経営指導料等），金銭貸借取引（親子ローンの金利等）なども移転価格税制の適用対象となります。この点は，買収対象会社である日本企業が介在しない海外子会社間の取引についても基本的に同様です。

❾については，国外関連者（海外子会社等）との取引に関して，価格の決定方針を確認します（詳細は，[1]の関係会社取引のチェックリスト参照）。この点は，まずはマネジメント・インタビューにおいて確認しますが，「独立企業間価格で取引を行っている」という回答がある場合が多いと思われます。

第6章　税務デュー・デリジェンスのチェックリスト　253

　したがって，別表十七（四）の記載内容やQAリスト等により，買収対象会社がそれを移転価格税制の観点からどのように根拠付けているかについても確認します。すなわち，国外関連者との取引価格を根拠付ける際には，一定の仮定に基づいて独立企業間価格を計算しますが，日本においては，独立企業間価格の算定方法として，以下の5つの方法があり，それぞれの事案に応じて最適な方法が選択されます（海外においても，考え方は基本的に同様です）。

独立企業間価格の算定方法	内容（棚卸資産取引の場合）
独立価格比準法（CUP法）	非関連者との同種の棚卸資産取引を比較対象取引として，独立企業間価格を算定する方法
再販売価格基準法（RP法）	第三者（非関連者）への再販売価格から通常の利潤を控除して計算した金額をもとに独立企業間価格を算定する方法
原価基準法（CP法）	第三者（非関連者）からの購入や製造に係る原価に通常の利潤を加算して計算した金額をもとに独立企業間価格を算定する方法
取引単位営業利益法（TNMM）	取引単位ごとに，検証の対象とする会社（通常は海外子会社）と類似の事業活動を行う会社の営業利益率とを比較することにより，独立企業間価格を算定する方法
利益分割法（PS法）	対象となる国外関連取引について，日本親会社と国外関連者の営業利益の合計額を計算し，それを両者の利益獲得への貢献度等に基づいて配分し，それをもとに独立企業間価格を算定する方法

　❿については，❾の独立価格比準法の観点からの確認です。例えば，「国外関連者に販売している製品と同一の製品を第三者にも販売しており，両取引の価格の間に説明不能な大きな差異がある」，または「国外関連者に使用許諾している無形資産と同一の無形資産を第三者にも使用許諾している場合において，両取引のロイヤルティ料率等に説明不能な大きな差異がある」というような状況がないことをQAリスト等により確認します。

　⓫については，国外関連者である海外子会社等の営業利益率を算定し，❾の取引単位営業利益法（TNMM）の観点から，大まかな移転価格リスクを把握します。端的には，海外子会社等の営業利益率の水準が高すぎれば日本側で，低すぎれば海外子会社側で移転価格リスクがあると判断できます。例えば，

「単純な製造機能しか果たさず，在庫リスクも負わない海外子会社の利益率が，（現地の同業他社に比して）高すぎる」というような状況は，日本側の移転価格リスクを示唆しています。税務DDにおいて本格的な移転価格分析を行うことは多くないと思われますが，このような簡易な分析もリスクの特定には一定の効果があります。なお，連結パッケージ等から，海外子会社のセグメントごとの営業利益率が算定できれば，より効果的な分析が可能になります。

❷については，❶と同様の趣旨で，❾の利益分割法の視点で，大まかな移転価格リスクを把握します。例えば，「収益性の高い海外の販売子会社に原価割れや営業赤字で製品を販売している」というような状況は，日本側の移転価格リスクを示唆しています。この分析も海外子会社のセグメントごとの営業利益の情報が取れれば，より効果的になります。

❸については，❽の国外関連取引の抽出にあたり，買収対象会社が「取引」と認識していない無償の取引に関しても可能な限り抽出します。端的には，国外関連者である海外子会社等に対して，経済的利益の無償の供与などが行われていないことを確認する必要があります。仮に経済的利益の無償の供与（例えば，⓮や⓯）があれば，あるべき対価の金額が買収対象会社から海外子会社への寄附金と認定され，国外関連者寄附金として全額損金不算入されるリスクがあります（3⓮（226頁）参照）。なお，このような取引は財務諸表には表れないため，組織図等の基礎情報の分析やQAリスト等により確認していくことになります。

⓮については，買収対象会社が海外子会社等に特許やノウハウ（製造技術）の使用許諾を行っている場合，それを無形資産取引と捉えて，基本的にその対価（ロイヤルティ）を回収する必要があります。しかしながら，実際には，意図的にロイヤルティを免除しているケースのほか，過去から継続してロイヤルティを回収していないようなケースもあるため，このような事実の有無を確認します。

⓯については，買収対象会社が海外子会社等に役務提供を行っている場合，それが海外子会社にとって経済的または商業的価値のある役務提供であれば，

第6章　税務デュー・デリジェンスのチェックリスト　255

一定の例外を除き，基本的に対価の回収が要求されます。したがって，「会計・税務，法務，人事といった分野について，海外子会社の担当者から相談を受けている」という状況があれば，その役務提供の対価を回収する必要があるということです。このような役務提供対価は回収漏れが生じやすいため，税務DDにおいて対価の回収の有無を確認することが重要になります。

⓰については，別表十七（四）などから，買収対象会社における事前確認制度（APA：Advance Pricing Arrangement）の利用の有無を確認します。ここで，事前確認とは，独立企業間価格の算定方法の合理性等につき税務当局が事前に確認する制度をいい，企業が確認された内容に基づいて申告を行う限りにおいて，基本的に移転価格課税は行われないことになります。重要性の高い国外関連取引については，リスクを事前に回避するためにAPAを取得することがあり，そのような取引については，それに従って取引を行っていることさえ確認できれば，基本的に移転価格リスクはないものと考えることができます。

5 低税率国の子会社等（タックス・ヘイブン対策税制）

　タックス・ヘイブン対策税制とは，低税率国に所在する海外子会社を利用した租税回避行為の防止を目的として，低税率国の海外子会社の所得を日本親会社の所得と合算して，日本で課税する税制をいいます。

　タックス・ヘイブン対策税制については，近年の税務調査で問題になることが多く，一般に課税された場合の金額的影響も比較的大きくなるため，海外子会社を有する買収対象会社の税務DDにおいては，重点的に調査が必要な項目といえます。

項　　目	チェック
❶ 別表十七（三）「特定外国子会社等に係る課税対象金額又は個別課税対象金額の計算に関する明細書」シリーズの内容を把握する	☐
❷ 買収対象会社が行っている判定をもとに，タックス・ヘイブン対策税制の適用対象となる「特定外国子会社等」の範囲を確認する	☐
❸ 特に，租税負担割合の計算が適切に行われていることを確認する	☐
❹ 買収対象会社が適用除外基準を充足すると判断している特定外国子会社等について，適用除外基準の充足状況を確認する	☐
❺ 特に，事業基準や管理支配基準の充足状況を詳細に検討する	☐
❻ 特に，適用除外に係る申告要件を充足していることを確認する	☐
❼ 買収対象会社が適用除外基準を充足すると判断している特定外国子会社等について，資産性所得の発生状況を確認する	☐
❽ 買収対象会社が適用除外基準を充足しないと判断している特定外国子会社等など，タックス・ヘイブン対策税制による合算課税が発生している場合，課税対象金額の計算プロセスを確認する	☐

　❷については，タックス・ヘイブン対策税制が適用されるのは，「特定外国子会社等」の株式等の10％以上を直接及び間接保有している場合とされています。ここで，特定外国子会社等とは，端的には，「外国関係会社」のうち，租税負担割合が20％未満のものをいい，外国関係会社とは，外国法人のうち発行済株式等の50％超を内国法人等に保有されているものを指します。

　したがって，簡単にいうと，税率が20％未満で，日本資本が過半を占めるような会社の株式を10％以上保有すると，合算課税の対象となる可能性があるということになります。つまり，子会社・関連会社のほか，関連会社にも該当しない政策投資先も特定外国子会社等に該当する可能性があるということです。

第6章　税務デュー・デリジェンスのチェックリスト　257

　税務DDにおいては，まずは資本関係図等をもとに，（特定外国子会社等に該当する可能性のある）外国関係会社の範囲を特定します。

　❸については，❷の特定外国子会社等とは，外国関係会社のうち，各事業年度の所得に対して課される租税の額が当該所得の金額の20%未満であるもの（正確には，法人の所得に対して課される税が存在しない国または地域に本店等を有するものを含む）をいうため，例えば，アジアでは，香港（16.5%），シンガポール（17.0%），台湾（17.0%）といった国々の子会社は一般に特定外国子会社等に該当します。

　ただし，租税負担割合は各国の法定税率ではなく，事業年度ごとのその海外子会社等の実際の税負担率であり，海外子会社等の所在地国の法定税率が20%以上であっても，優遇税率の適用を受けている場合や配当等以外の非課税所得が大きい場合には，租税負担割合が20%未満となる可能性があります。租税負担割合の正確な計算には，現地税制の検討が必要になりますが，税務DDにおいては，海外子会社等の損益計算書上の税負担率（＝税金費用／税引前利益）などから，簡易的に租税負担割合を推定することもあります。

　❹については，❷の判定で特定外国子会社等に該当する場合，買収対象会社が適用除外基準の充足状況をどのように判断しているかを確認します。特定外国子会社等がこの適用除外基準を充足すれば，一定の申告要件を満たすことを条件として，（事業体ベースの）合算課税は行われないためです。

　適用除外基準は，単純にいうと，特定外国子会社等がその国に所在することに経済合理性があるかどうかを判定するための基準であり，具体的な内容は下表のとおりです（必須の要件として，事業基準・実体基準・管理支配基準があり，さらに業種に応じて，非関連者基準または所在地国基準のいずれかを満たす必要があります）。

適用除外基準	内　　容
事業基準	特定外国子会社等の主たる事業が「株式等・債券の保有」,「工業所有権等・著作権の提供」,「船舶・航空機の貸付け」に該当しないことを確認するもの(注)
実体基準	特定外国子会社等が，その本店所在地国または地域において，その主たる事業を行うために必要と認められる事務所，店舗，工場その他の固定施設を有していることを確認するもの

管理支配基準	特定外国子会社等が，その本店所在地国または地域において，その事業の管理，支配及び運営を自ら行っていることを確認するもの
非関連者基準	【特定外国子会社等の業種が卸売業，銀行業，信託業，金融商品取引業（証券業），保険業，水運業または航空運送業の場合】 特定外国子会社等が，その事業を主として関連者以外の者との間で行っていることを確認するもの^(注)
所在地国基準	【特定外国子会社等の業種が上記以外の場合】 特定外国子会社等が，その事業を主として本店所在地国または地域において行っていることを確認するもの

(注) 詳細は割愛しますが，地域統括会社など，タックス・ヘイブン対策税制にいう「統括会社」の要件を充足する特定外国子会社等については，事業基準または非関連者基準の特例があります。

❺については，❹の事業基準に関しては，「そもそも特定外国子会社等の主たる事業が何なのか」という点について，QAリスト等で買収対象会社の見解を確認します。また，❹の管理支配基準に関しても，特定外国子会社等の具体的な管理状況（株主総会及び取締役会等の開催，役員としての職務執行，会計帳簿の作成及び保管等）について，QAリストやインタビューにより確認する必要があります。

❻については，タックス・ヘイブン対策税制の適用除外に係る規定には申告要件があるため，その充足状況を確認します。具体的には，(1)確定申告書に別表十七（三）を添付し，かつ，(2)適用除外に係る規定があることを明らかにする書類その他の資料を保存していることを確認する必要があります。

❼については，買収対象会社が❹の判定において適用除外基準を充足すると判断している特定外国子会社等に関して，資産性所得の発生状況を把握します。ここで，資産性所得とは，基本的には企業の能動的な活動を必要としないパッシブな所得であり，保有割合10%未満の株式等の配当等や取引所等における譲渡に係る所得，債券の利子や譲渡に係る所得，特許権等の使用に係る所得などをいいます。特定外国子会社等が適用除外基準を充足していたとしても，その所得のうち資産性所得の部分だけは，それが少額である場合などを除き，基本的には合算課税の対象となります。したがって，特定外国子会社等の損益計算書やその明細資料，または連結パッケージ等をもとに，資産性所得の発生状況

第6章　税務デュー・デリジェンスのチェックリスト　259

を把握する必要があります。

　❽については，適用除外基準を充足しない特定外国子会社等に関しては，
（事業体ベースの）合算課税が行われますが，その合算課税の対象となる金額
は，複雑な計算プロセス（特定外国子会社等の所得に一定の調整を加え，合算
課税の対象にならない部分を除外したうえで，直接・間接の保有株式等の割合
を乗じるなど）を経て算出されるため，その計算プロセスを確認します。また，
適用除外基準を充足する特定外国子会社等について，❼の資産性所得の合算課
税が行われる場合も，同様に計算プロセスを確認します。

4 将来の分析—ストラクチャリングへの影響分析

1 分析のポイント

　第1章4のとおり，ストラクチャリングと財務・税務DDは密接に関係しており，財務・税務DDを経て，初期段階の暫定的なストラクチャーの採用の適否が検討されます。つまり，税務DDを通して，採用可能な（または採用すべき）ストラクチャーが絞り込まれるイメージになります。例えば，買収対象会社の多額の繰越欠損金について，税務DDにおいて，買収後も使用可能と判断されれば，ストラクチャリング上も（買手にとって）株式買収の優位性が増すことになります。税務リスクの分析とは別に，ストラクチャリングに有用な情報を提供することも，税務DDの重要な役割といえます。

　ストラクチャリングにあたっては，まず各当事者の課税関係を整理しておくことが何より重要になります（ストラクチャリングの基本的な考え方については，第1章4⑵（18頁）参照）。これは，あるストラクチャーを採用したときに特定の当事者（特に売手）が税務上著しく不利になる場合，そのストラクチャーはそもそも採用されない可能性が高いためです。

第6章　税務デュー・デリジェンスのチェックリスト　261

2 ┃ ストラクチャリングへの影響分析のチェックリスト

項　　目	チェック
❶ 想定されているストラクチャーによって影響を受ける関係者の範囲を特定する	☐
❷ 想定されているストラクチャーを採用した場合の各関係者の課税関係を整理する	☐
❸ 買収対象会社が繰越欠損金を有している状況で，株式買収のストラクチャーを採用する場合，買収が繰越欠損金に与える影響を検討する	☐
❹ 特に海外企業の買収において，買収に伴う株主変更により，繰越欠損金が失効しないかどうかを確認する	☐
❺ 株式買収のストラクチャーにより，買収対象会社が引き続き繰越欠損金を使用できる場合，買収後にそれを使い切れるかどうかを検討する	☐
❻ 買収対象会社の別表五（一）における加減算項目の残高について，買収後の解消スケジュールを検討する（株式買収のストラクチャーを採用する場合）	☐
❼ 買収対象会社の別表五（一）における加減算項目の解消が，買収後の繰越欠損金の使用に与える影響を検討する（株式買収のストラクチャーを採用する場合）	☐
❽ 特に海外企業の買収において，株式買収のストラクチャーを採用する場合，買収が（買収対象会社が適用を受けている）優遇税制に与える影響を検討する	☐
❾ 特に海外企業の買収において，日本の税制上の影響（タックス・ヘイブン対策税制など）を検討する	☐
❿ 資産買収のストラクチャーを採用する場合，対象となる資産のステップ・アップの可否と「のれん」の償却可能性を検討する	☐
⓫ 特に海外企業の買収において，現地の税制では時価取引が原則かどうか，また「のれん」の償却が可能であるかどうかを確認する	☐
⓬ 資産買収のストラクチャーを採用する場合，消費税（または海外における付加価値税等）やその他の間接税への影響を検討する	☐

❶については，暫定的なストラクチャーを採用した場合（またはそれを変更した場合）の課税関係を整理するための前提として，まずは「関係者」に関する情報を入手します。関係者としては，少なくとも(1)自社（買手），(2)売手，

(3)買収対象会社に与える税務インパクトは検討しますが，買収対象会社に少数株主がいる場合には，少数株主に対する影響の検討も必要になります。

❷については，❶で特定された関係者の課税関係を整理します。すなわち，税務の観点から，買手である自社にとって不利になるようなストラクチャーを避けるのは当然として，逆に売手にとって不利になるストラクチャーが採用される可能性も低い（または対価の上乗せが必要になる）ためです。

具体的には，(1)自社（買手），(2)売手，(3)買収対象会社について，それぞれ以下が検討のポイントになります。

関係者	株式買収の場合の課税関係	資産買収の場合の課税関係
(1)自社（買手）	（印紙税などを除いて）直接の課税関係は発生しない場合が多いが，買収後の対象会社において生じる税務上のデメリットが間接的に影響する	• 資産のステップ・アップや税務上の「のれん」の償却による節税効果 • 間接税の負担
(2)売手	株式譲渡損益に対する課税	（事業譲渡後の）買収対象会社の清算に伴う課税など
(3)買収対象会社	繰越欠損金等の切捨てまたは使用制限	• 資産・負債の移転損益に対する課税 • 間接税の負担

❸❹については，国内において株式買収の形態で買収を行う場合，例外的なケース（欠損等法人の発行済株式の50％超を取得し，その後に事業の大幅な変更等を行った場合等）を除いては，買収対象会社はその繰越欠損金を将来使用することができると考えられます。一方，海外において繰越欠損金を保有している現地企業を株式買収の形態で買収する場合，国によっては，買収により株主が変更になることで，買収対象会社の繰越欠損金が失効する場合があります。

したがって，買収対象会社が繰越欠損金を保有している場合，買収による株主変更が与える影響を検討する必要があります。株式買収により繰越欠損金が失効してしまう場合には，資産買収に切り替えることで，買収対象会社の資産に係る含み益で繰越欠損金を使用する等の対応も考えられます。

❺については，❸❹で買収対象会社が引き続き繰越欠損金を使用できる場合，それを実際に使い切れるかどうかを事前に検討します。すなわち，財務DDに

おける事業計画分析などから，買収対象会社単体の将来課税所得（または利益）を見積もり，繰越期限までの間に繰越欠損金をどの程度使用できるかを概算します。検討の結果，買収対象会社の将来課税所得だけでは繰越欠損金を回収しきれないものの，買手（グループ）の将来課税所得により十分回収できるレベルであれば，買収後の再編（合併など）や連結納税制度の導入等により回収できる余地がないかどうかも検討します。

❻については，税務DDにおける買収対象会社の税務申告書の検討に際して，調査基準日の別表五（一）における加減算項目の残高のうち重要な項目に関して，買収後の解消スケジュールを検討します。特に，過去における申告加算項目については，実際に損金算入（減算認容）できるものかどうか，それができる場合には減算認容の時期などを検討します。この場合にありがちなのは，遠い過去から継続して繰り越されてきている申告加算項目について，そもそもなぜ加算されたのかが明確ではないケースです。このような項目は減算認容ができるかどうかも明らかではないため，将来のタックス・プランニングの観点から，税務DDにおいて把握しておく必要があります。

❼については，❺で繰越欠損金の使用可能性を検討するに際して，過去における申告加算項目（将来減算一時差異）の減算認容のタイミングを併せて検討します。すなわち，将来減算一時差異が解消される（課税所得計算上，減算される）タイミングで，課税所得が発生しない場合には，将来減算一時差異は繰越欠損金に姿を変えます。言い換えると，将来減算一時差異が解消することは，繰越欠損金の使用の観点からはマイナスの要素になります（その分だけ繰越欠損金控除前課税所得を減額するため）。この場合，まず将来減算一時差異の解消をコントロールできるかどうかを検討し，コントロールできない場合には，大まかな解消時期を見積もるほかありません。

❽については，買収対象会社が優遇税制の適用を受けている場合，国または地域によっては（あるいは優遇税制の種類によっては），買収によって株主が変更になることで，優遇税制が失効する可能性があります。株主変更等の必要な手続を踏めば，優遇税制の適用を継続できる場合が多いものと思われますが，優遇税制の適用継続可否について，現地の外部専門家（を通じて優遇税制を付

与している機関）に対し，事前に確認しておくことが必要になります。

❾については，海外企業を買収する場合，買収後（子会社化後）に買収対象会社がタックス・ヘイブン対策税制（③④⑤（256頁）参照）の合算課税の対象になる可能性も検討しておく必要があります。すなわち，売手の所在地国に日本のタックス・ヘイブン対策税制に相当する制度がない場合，売手はグループの税務上の効率性を最優先としたストラクチャーを構築している場合があり，例えば，軽課税国に知的財産権の保有会社を置くような形がこれに該当します。

買収対象会社自体が軽課税国にある場合のほか，買収対象会社が軽課税国に子会社を有している場合などは，買収後にタックス・ヘイブン対策税制が適用されるリスクを想定しておく必要があります。この場合，買収の対象とする子会社の範囲の変更を交渉したり，買収後に再編を行ったりする（または売手に再編を行ってもらうよう交渉する）対応が考えられます。

❿⓫については，国内において資産買収の形態で買収を行う場合，基本的に時価取引となるため，含み益のある資産については，資産の簿価をステップ・アップさせ，それを減価償却を通じて損金算入できるというメリット（節税効果）があります。同様に，国内の場合は，事業譲受において買収対象となる資産等の時価を超える対価を支払う場合，基本的に税務上の「のれん」（資産調整勘定）が認識され，税務上の償却（5年）により同様の節税効果が得られます。

一方，海外において資産買収の形態で買収を行う場合（現地に設立した新会社が買収対象会社から資産を購入する場合），資産の簿価のステップ・アップによる節税効果を得るためには，現地税法で時価取引が原則とされていることを確認しておく必要があります。また，海外においては，税務上の「のれん」については，償却が認められる国と認められない国があるため，税務DDの過程で，その償却可否を確認することが必要になります。

⓬については，国内において資産買収の形態で買収を行う場合，対象資産の中に土地などの（消費税の）非課税資産が含まれているときには，譲渡対価を課税資産分と非課税資産分に（時価を基準として）区分します。対象会社（売手側）では，これにより課税売上割合が下がるデメリットがありますが，買手

第6章　税務デュー・デリジェンスのチェックリスト　265

としては，支払うべき消費税額と，それをどの程度仕入税額控除で取り戻せる
かを検討しておく必要があります。これは，海外で資産買収の形態で買収を行
う場合も同様であり，付加価値税への影響を検討する必要があります。また，
登録免許税や不動産取得税といった流通税についても，同様に試算が必要にな
ります（特に対象資産に不動産が含まれる場合）。

5 消費税に関するDDのポイント

　一般に税務DDの対象は法人税が中心であるため，消費税に関するDDについては，ポイントのみ記載します。

　消費税に関するDDにあたっては，まずは，消費税の納税義務の有無や届出の有無といった基礎的な情報を確認し，そのうえで買収対象会社の課否判定資料の開示を受け，その内容を検討します。端的には，損益計算書等から計算される理論値と実際の消費税等の額を比較することになります。

　また，以下のようなポイントのうち，リスクがありそうな部分を調査の対象とします。

- 消費税の納税義務の有無
- 届出の有無
- 課税，非課税，免税，不課税（課税対象外）の区分
- 特に，海外取引の場合の内外判定と輸出免税の適用有無の判定
- 課税売上割合の計算
- 輸入消費税の処理（関税との関係）
- 仕入税額控除について，一括比例配分方式と個別対応方式の選択
- 一括比例配分方式の2年間継続適用
- 仕入控除税額の集計と分類

　さらに，法人税に関するDDの中で，消費税に関係する論点があれば，個別にQAリスト等で確認します。例えば，法人税に関するDDで未確定債務の内容を調査する場合（[3]3[8]（214頁）参照），そこで未払計上されている費用に係る消費税について，仕入税額控除の対象とされていないことを確認する，といったイメージです。

6　源泉所得税に関するDDのポイント

　源泉所得税に関するDDについては，法人税に関するDDと関連する部分も多いため，一般に調査を要する点は③3（197頁～）のチェックリストに織り込んでいます。

　ただし，買収対象会社が，外国法人や非居住者などに対して，ロイヤルティ，フィー，コミッションといった各種の支払いを行っている場合，所得税及び復興特別所得税（以下「所得税等」）の源泉徴収漏れが発生していることが多く，税務DDにおいても源泉徴収の要否を検討する局面も多いといえます。そのため，ここでは，税務DDにおいて，海外への支払いについて源泉徴収の要否を判断する場合の基本的な検討手順のみ，チェックリストの形で記載します。

　まず，前提として，海外に支払いを行う場合の源泉所得税の検討の流れ（全体像）は**図表6－2**のとおりです。

図表6－2／源泉所得税の検討手順

❶　支払いの相手先は？（非居住者や外国法人への支払いか）

❷　支払いの内容は？（使用料，人的役務提供事業の対価など）

❸　所得税法では源泉徴収が必要か？

❹（❺）租税条約では国内源泉所得に該当するか？

❹（❻）租税条約により源泉所得税の減免があるか？

基本的な考え方：日本の国内源泉所得なら，日本で源泉徴収が必要（ただし，所得の種類による）

項　目	チェック
❶ 支払いの相手先が非居住者または外国法人（「非居住者等」）に該当するかどうかを確認する	☐
❷ 非居住者等への支払いの内容を確認する	☐
❸ 所得税法に基づく源泉徴収の要否（及びその税率）を確認する	☐
❹ 租税条約に基づく源泉徴収の要否（及びその税率）を確認する	☐
❺ 特に，所得の源泉地に係る規定を確認する	☐
❻ 特に，限度税率（源泉税の減免の有無）を確認する	☐
❼ 租税条約による減免がある場合，「租税条約に関する届出書」が提出されていることを確認する	☐

　❶については，非居住者または外国法人（以下「非居住者等」）に対して，日本国内で源泉徴収の対象となる国内源泉所得の支払いをする場合には，それに応じた所得税等の源泉徴収の要否の判断が必要になるため，まずは支払いの相手先が非居住者等に該当するかどうかを確認します。

　❷については，ある所得が国内源泉所得に該当するかどうかは，支払いの内容（所得の種類）ごとに決まっているため，非居住者等への支払いの内容を確認します。支払いの内容には，１．商品の輸入代金（一般に源泉徴収不要），２．無形資産の使用料（ロイヤルティ），３．役務提供の対価，４．報酬・給与などがあります。非居住者等への支払いであっても，その内容が国内源泉所得でなければ，源泉徴収は必要ないため，国内源泉所得に該当するかどうかの判定は重要といえます。

　❸については，❶❷の情報をもとに，日本の所得税法に基づいて源泉徴収の要否を判定します。所得の源泉地の具体的な判定方法は，支払いの内容ごとに決まっており，例えば，２．使用料（ロイヤルティ）については，対象となる特許等を日本国内で使用している場合，源泉徴収が必要という判断になります（いわゆる「使用地主義」）。源泉徴収が必要という結論になれば，所定の税率で源泉徴収を行うことになりますが，その税率も支払いの内容ごとに決まっています（**図表６－３**参照）。

第6章　税務デュー・デリジェンスのチェックリスト　269

図表6-3／所得税法上の源泉税率（主要なもの）

> 20.42%が多い
> （所得税20%＋復興特別所得税0.42%）

国内源泉所得の種類		税率
使用料等		20.42%
人的役務の提供事業の対価		20.42%
貸付金の利子		20.42%
配当等	上場株式等の配当等	15.315%
	その他	20.42%
給与等（人的役務の報酬等）		20.42%

　❹については，❸の所得税法に基づく検討に対して，租税条約の内容を確認します。租税条約とは，二重課税の排除や脱税の防止などを目的として締結される条約ですが，源泉徴収との関係で注意を要するのは，所得の源泉地に係る規定（以下の❺参照）及び限度税率に係る規定（以下の❻参照）です。

　❺については，租税条約が所得の源泉地（国内か国外か）を置き換えている場合があるため，その点を確認します。例えば，❸で見たとおり，使用料（ロイヤルティ）について，日本の所得税法においては，「使用地主義」が採用されています。一方，日本が締結する租税条約の多くでは，使用料の源泉は支払者の所在地国にあるという「債務者主義」が採用されており，この考え方によると，支払者（債務者）が日本企業の場合，その使用料は常に国内源泉所得となります。租税条約が国内法と異なる所得の源泉地を規定している場合，租税条約により所得の源泉地が置き換えられます。これにより，日本の税法では「源泉徴収が不要」という結論になったものが，租税条約上は「源泉徴収が必要」という結論になってしまう例外的なケースがあるので，その意味でも租税条約の存在には注意を払う必要があります。

　❻については，租税条約による源泉所得税の減免の有無を確認します。❸のとおり，使用料（ロイヤルティ）を例にとると，所得税法では20.42%の税率（復興特別所得税も含む）で源泉徴収することとされていますが，租税条約では，一定の手続を前提に，それが免税になったり，低減されたりします（例えば，10%など）。

❼については，❻の租税条約による源泉所得税の減免にあたっては，「租税条約に関する届出書」の提出が必要であるため，それが提出されていることを確認します。租税条約に関する届出書は，支払内容によって様式が異なりますが，使用料（ロイヤルティ）の場合，様式3「使用料に対する所得税及び復興特別所得税の軽減・免除」という様式を用います。また，米国との租税条約（日米租税条約）のように，いわゆる「特典（制限）条項」がある場合には，上記の届出書のほかに様式17「特典条項に関する付表」も作成，提出する必要があります。

7 | 関税に関するDDのポイント

買収対象会社に輸入取引が多く，また関税の金額が重要である場合などは，関税に関するDDが行われる場合があります。関税に関するDDを行う際には，専門家（一般的な税務の専門家ではなく関税の専門家）の関与が不可欠であるため，本書では（日本における）関税の概要とDDを行う際のポイントのみ簡単に記載します。

1 | 関税の概要

関税とは，国内産業の保護などを目的として，輸入品に課される税金をいいます。輸入取引において，保税地域から製品を引き取る場合，基本的には関税が課されます。この関税については，貨物を輸入する際，輸入者が関税等の納付税額を算出して申告・納税します。具体的には，国内法（関税定率法など）または協定において品目ごとの関税率が定められているため，課税標準（課税価格）に対応する関税率を乗じる形で納付税額を計算します。

2 | リスク金額の見積り

買収対象会社の輸入品目のうち，主要なものの関税率を確認すれば，その取引規模から，ある程度のリスク金額を把握することができます（ただし，仮に関税が無税の場合であっても，課税価格が適正でないと，輸入消費税に影響する場合があります）。

このようなリスク金額の大まかな把握は，海外企業の買収の場合にも重要であり，比較的高い関税率が維持されており，かつ税関による調査も強化されている国においては，買収対象会社の輸入品目やその規模によっては，関税のリスクが重要になる場合があります。一方で，特に新興国においては，関税に関する優遇措置が規定されていることがあるため，いずれにせよ，税務DDにおいて調査対象とする税目を決定するにあたっては，現地専門家のアドバイスを受けるのが望ましいといえます。

3 税関による事後調査結果の分析

　日本においては，法人税等の税務調査と同様，関税についても，（輸入通関後に行われる）税関による事後調査というものがあります。この事後調査は，輸入者の事業所等を訪問し，輸入貨物についての契約書等及び会計帳票を調査する等の形式で行われます。事後調査の結果，申告内容に誤りがあった場合には，関税の修正申告（または更正）などの対応が必要になり，過少申告加算税や重加算税が課される場合もあります

　法人税等に関するDDの場合と同様，買収対象会社が抱える関税のリスクの概要を把握するうえでは，税関による事後調査の結果を確認するのが最も効率的な方法といえます。具体的には，関税に関する修正申告書や更正通知書のほか，買収対象会社における調査対応のメモなどを閲覧し，事後調査の内容を把握します。

　また，関税についても，輸入予定貨物に関する分類や関税価格に関して，税関への事前照会が行われる場合があります。買収対象会社がそのような照会を行っている場合には，税関からの回答内容も把握しておく必要があります。

4 税率に関するチェックリスト

項　　目	チェック
❶ 買収対象会社の主な輸入対象商品の分類（HSコード）を確認する	☐
❷ 輸入対象商品のHSコードに対応する関税率を確認する	☐
❸ EPA等に規定される優遇税率の適用の有無を確認する	☐
❹ 複数のEPA等の適用可能性がある場合，どのEPA等（における優遇税率）を適用しているかを確認する	☐
❺ EPA等に規定される優遇税率を適用している場合，その適用要件を充足していることを確認する	☐
❻ 特に，「原産地基準」を充足していることを確認する	☐
❼ 特に，「積送基準」を充足していることを確認する	☐

　❶については，関税率はHSコードごとに定めがあるので，関税の計算に際しては，まず買収対象会社の主な輸入対象の商品の分類（HSコード）を確認します。ここで，HSコードとは，貿易の対象となる商品の名称や分類を世界的に統一する目的で構築された「商品の名称及び分類についての統一システム」において定められたコード（番号）をいいます。HSコードは基本的に世界共通のものです。

　❷については，❶で輸入対象商品を分類したHSコードに対応する国内法上の関税率を確認します。

　❸については，EPA（Economic Partnership Agreement：経済連携協定）やFTA（Free Trade Agreement：自由貿易協定）など，締約国間での貿易の自由化を目的とした協定により，優遇税率（関税の撤廃を含む）が適用される場合があるため，その適用の有無を確認します。
　すなわち，ある貨物について，国内法上で通常の関税率が定められている場合であっても，輸入元の国との間にEPA等があり，そのEPA等で締約国に対する関税が撤廃されている，または優遇税率の規定がある場合には，（輸入される貨物がEPA等の条件を満たしている前提で）関税が減免されます。

　❹については，輸入取引に複数のEPA等を適用しうる状況では，より有利

な関税率となるほうを適用するのが一般的であるため，買収対象会社がどの EPA等を適用しているのかを確認します。例えば，日本はASEAN全体とEPA を締結する一方，ASEANを構成する個々の国と個別のEPAを締結している場合もあります（例えば，タイなど）。

❺については，EPA等には一定の適用要件（原産地規則など）があるため，買収対象会社がEPA等を利用している場合には，そのようなEPA等の利用の条件を充足しているかを確認します（具体的には，以下の❻及び❼参照）。

❻については，EPA等の適用要件のうち，「原産地基準」の充足状況を確認します。原産地基準とは，物品の原産地を決定するルールであり，端的には「どのような材料で，どのような製造工程を経た産品であれば，EPA等相手国の原産品と認められるか」を示す基準といえます。同基準を満たした製品のみがEPA等の優遇税率の適用対象となります。相手国で生産が完結している場合には，原産地の判定は容易ですが，第三国生産品などを材料として用いる場合には，それが相手国を原産地とする新たな製品に該当するかどうか（元の材料から大きく変化しているか）等の高度な判断が必要になる場合もあります。

❼については，EPA等の適用要件のうち，「積送基準」の充足状況を確認します。積送基準とは，EPA等の優遇税率の適用を受けるには，EPA等が適用される製造国から輸入国への直送を原則とするものです。ただし，第三国を経由する場合でも，第三国の当局から必要な書類を入手するなどすれば，積送基準が充足されるケースもあります。

第6章　税務デュー・デリジェンスのチェックリスト　275

5 ▌ 課税標準に関するチェックリスト

項　目	チェック
❶ 関税の課税価格の計算資料の内容を検討する（特に，輸入取引に伴って現実に支払われた価格との差異を把握する）	☐
❷ 関税の課税価格に運賃や保険料などが含まれていることを確認する	☐
❸ 関税の課税価格に含めるべき特許権等の使用料等の有無を確認する	☐
❹ 関税の課税価格に含めるべきその他の費用の有無を確認する	☐
❺ 関係会社からの輸入の場合，取引価格が第三者価格であることを確認する	☐

　❶については，買収対象会社における関税の課税価格の計算資料の内容を確認します。**4**は関税率の問題ですが，次にその関税率を乗じるべき対象，すなわち，関税の課税標準となる価格（「課税価格」）を確認するということです。

　この課税価格は，一般に運賃・保険料込みの価格，すなわち，いわゆるCIF価格（運賃・保険料込価格：Cost, Insurance and Freight）となります（ただし，サンプル品などの無償貨物の場合などを除く）。これ自体は当然のことといえますが，この課税価格（取引価格）は以下のように計算（分解）されます。

> 課税価格＝現実支払価格＋加算要素

　上式の「現実支払価格」とは，文字どおり，輸入取引が行われたときに，買手から売手に対して現実に支払われた（支払われるべき）価格をいいます。一方，「加算要素」には，輸入貨物が輸入港に到着するまでの運送に要する運賃，保険料その他その運送に関連する費用が含まれます（具体的には，以下の❷〜❹参照）。これが，課税価格がCIF価格といわれる所以です。

　❷については，❶の（関税の課税価格への）「加算要素」には，輸入貨物が輸入港に到着するまでの運送に要する運賃，保険料その他その運送に関連する費用が含まれるため，買収対象会社の計算資料において，そのような加算が行われていることを確認します。もちろん，運賃や保険料がすでに現実支払価格に含まれている場合（つまり，買手から売手に対して支払われる貨物代金がCIFベースとなっている場合），運賃や保険料を改めて課税価格に加算する必要はありません。

❸については，❶の（関税の課税価格への）「加算要素」には，輸入貨物に係る一定の特許権等の使用料等（その輸入貨物に係る取引の状況その他の事情からみて，その輸入貨物の輸入取引をするために買手により直接または間接に支払われるもの）が含まれるため，買収対象会社の計算資料において，加算の有無を確認し，加算がない場合には，そのような特許権等の使用料がないことをQAリスト等で確認します。このような加算の趣旨は，モノを輸入するのと同時に，輸入取引条件として支払われるロイヤルティがあれば，そのモノの課税価格にロイヤルティ等も乗せて，課税価格を計算する必要があるということです。

❹については，❶の（関税の課税価格への）「加算要素」には，買手が無償または値引提供した材料，工具，技術等の物品，役務の費用も含まれるため，買収対象会社の計算資料において，加算の有無を確認し，加算がない場合には，そのような物品の提供や費用の発生がないことをQAリスト等で確認します。この点については，海外の製造委託先で生産した製品を引き取るような取引形態がある場合には注意が必要です。

❺については，関税に関しても，移転価格税制と同様，関係会社（特殊関係にある売手）からの輸入の場合，特殊関係のあることが取引価格に影響を与えていないこと，言い換えると，その取引価格が第三者価格であることを確認する必要があります。これは移転価格税制とは別の規制ですが，基本的な考え方は移転価格税制と同様であり，例えば，輸入貨物の価格が，「買手と特殊関係にない他の製造者等から購入する当該輸入貨物と同種または類似の貨物の価格と同一または近似している価格」である場合などは，基本的に第三者価格であると判断できます。

第7章

デュー・デリジェンス・レポートの作成

　DDの最終段階では，マネジメントに報告するための文書（報告書）が作成されます。DDにおいては，一般的に時間的な制約が大きいため，重要な発見事項は直ちに口頭やメールで関係者に共有されます。そのため，関係者はすべての検出事項を報告書上で初めて認識するわけではありません。しかしながら，重要な発見事項を取りまとめて，網羅的に対応を検討するためには，調査の過程で発見された問題点を一覧できる形で示すことに意味はあります。また，買手のマネジメントについては，よほど重要な事項でなければ，随時報告を受けるわけではないので，報告書で初めて知る情報も多いと思われます。

　このような意味をもつ財務・税務DDにおける調査報告書（以下「DDレポート」）ですが，通常は関係者が一堂に会して，他分野のDDとともに報告会が行われます。

　また，調査期間が長期にわたる場合や問題点が多い場合（特にストラクチャーの変更が必要な場合）などは，中間報告が行われることも多いと考えられます。

1 ┃ 報告書の文言に関する留意事項

　買手企業のDDチームが作成するDDレポートについては，外部専門家が作成するDDレポートを組み込んだり，一部代替したりということが行われています。

　外部専門家が作成するDDレポートと買手企業のDDチームが作成するDDレポートとの違いは，両者の立場の違いを反映しています。すなわち，当然ながら，買収を実行すべきかどうかの判断は，買手企業が行うものであり，外部専

門家の立場からは，買収実行の可否自体について，推奨やコメントは行いません。そのため，外部専門家のDDレポートにおいては，主に「事実」と「分析結果」のみを記載し，リスクは特定するものの外部専門家としての「評価」は記載せず，報告書の利用者であるクライアントにその発見事項の評価を委ねることになります。例えば，資産の評価については，外部専門家は買収対象会社の評価方法について「質問」し，その評価に係る検討資料を「閲覧」しますが，「評価の妥当性を検討」するのは買手企業という関係になります。

なお，本書のチェックリストにおいても，「妥当性を検討する」，「十分性を検討する」，「網羅性を検討する」等の表現はありますが，これは買手企業のDDチームの立場でのチェック項目になります。外部専門家は，あくまでも「閲覧」して，「質問」して，「比較」するというのが調査の内容になります。

2 ┃ 報告書の構成

DDレポートの構成は作成者によって異なりますが，大きく分けると，以下の4つのセクションになります。

---

(1) エグゼクティブ・サマリー
   ① 買収案件と買収対象会社の概要
   ② 財務情報の要約
   ③ 重要な発見事項の要約
(2) 重要な発見事項の詳細
(3) 財務情報の詳細やその分析
(4) 添付資料

---

3 ┃ 報告書の主な記載内容

(1) エグゼクティブ・サマリー

エグゼクティブ・サマリー（Executive Summary）とは，DDレポートの内容のうち，特に重要なポイント（買収にあたって対処が必要な重要事項）を要約したものであり，基本的に読み手にDDレポートの内容を短時間で理解してもらうためのものといえます。

エグゼクティブ・サマリーに何を記載するかは非常に重要です。これは，マネジメントはエグゼクティブ・サマリーにしか目を通さないことも多いためです。また，海外案件の場合，現地の専門家からの英語版レポートのすべてを翻訳するのではなく，エグゼクティブ・サマリーのみを翻訳するケースもあり，エグゼクティブ・サマリーに記載されるかどうかで，その項目の買手企業内における認知度が大きく変わってきます。

①　買収案件と買収対象会社の概要

エグゼクティブ・サマリーには，まず買収案件の概要（ストラクチャーなど）とDDの対象となった買収対象会社の概要（事業内容など）を記載します。特に買収対象会社が子会社等を有する場合には，資本関係図を記載し，調査の対象とした子会社等を明示します。マネジメントに短時間で買収の概要を把握してもらうことが目的になるため，図表（グラフなど）を多めにします。また，この部分には，外部専門家を含む財務・税務DDチームが調査を行ううえで前提とした事項が，DDレポートの読み手であるマネジメントの理解と相違していないことを確認する意味合いもあります。

②　財務情報の要約

次に，買収対象会社の財務情報の要約を記載します。①と同様，マネジメントに短時間で買収対象会社の財務内容を把握してもらうことが目的になるため，数値を羅列することは避けるべきであり，グラフで過去の売上や損益の推移や構成比を示すなど，可能な限りヴィジュアルを重視するのがよいと考えられます。

③　重要な発見事項の要約

エグゼクティブ・サマリーの最後には，(2)で詳細に説明する重要な発見事項のうち特に重要な発見事項（及び必要になる対応策）の要約を記載します。この部分がDDレポートで最も重要な部分であり，基本的にはDDチームからマネジメントへのメッセージとなります。したがって，忙しいマネジメントのために，記載内容は厳選し，説明は可能な限り凝縮する（必要に応じて，(2)以下の詳細を参照してもらう）ことがポイントとなります。

(2) 重要な発見事項の詳細

　「重要な発見事項の詳細」のセクションには，財務・税務DDにおける発見事項のうち重要なものを記載します。ただし，単に問題点を指摘するだけではなく，推奨される対応策にも言及します。この部分に記載された事項については，売手との交渉のテーブルに載せる必要があるためです。

　発見事項には，定量化できるもののほか，定性的なもの（正確には，定量化できないもの，または定量化のために追加作業が必要になるもの）も含まれます。特に税務DDの分野では，情報不足のために定量化が難しいリスクも多いと思われます。定量化することで，そのリスク金額が独り歩きしてしまう可能性はあるものの，金額的に見て許容可能な範囲内のリスクかどうかを判断するために，割り切りで定量的な分析を行い，参考値（の幅）を示すことも一案です。

　定量化が可能で，かつ顕在化の可能性が高いリスク項目は，主に買収時の価格調整に織り込む方向で交渉します。一方で定性的なものは，割り切ってリスク金額を計算したうえで交渉するか，あるいは買収契約書上の表明・保証条項の対象にする方向で交渉することになると考えられます。

　財務DDに関する重要な発見事項については，以下のように，分析対象の区分に対応させて記載することが多いと考えられます。

- 修正簿価純資産に関する事項➡貸借対照表分析に対応
- 損益構造や正常収益力に関する事項➡損益計算書分析に対応
- CFに関する事項➡キャッシュ・フロー計算書分析に対応
- 事業計画に関する事項➡事業計画分析に対応

　同じく，税務DDについても，以下のような流れで，重要な発見事項とその前提となる情報を記載することが多いと考えられます。

- 税務申告の状況やタックス・ポジション（繰越欠損金の分析を含む）
- 税務調査の実施状況
- テーマごとの重要な発見事項（例えば，関係会社取引，子会社等への支援，過去の組織再編，移転価格税制，タックス・ヘイブン対策税制など）

第7章 デュー・デリジェンス・レポートの作成 281

・ストラクチャリングに関する留意事項

　なお，このセクションでは，現時点のリスクのみならず，買収後の統合リスクにも言及すべきと考えられます。また，より前向きに，財務面から見た買収後の収益性向上の可能性についても提言するのが望ましいといえます。

(3)　財務情報の詳細やその分析

　「財務情報の詳細やその分析」のセクションには，(2)の重要な発見事項には該当しないものの，買手にとって有用な情報を記載します。

　財務・税務DDにおいては，大量の情報を分析し，リスク要因などを重要な発見事項として検出するわけですが，特に発見事項がない分野であっても，その分析の対象とした情報自体に価値がある場合があります。

　例えば，貸借対照表分析や損益計算書分析における増減分析などは，直接財務・税務DDに参加していないメンバーが買収対象会社の全体像を把握するのに有用です。同じく，事業の関係でリスクが高いと思われる項目，例えば，売上債権や棚卸資産などの滞留状況や，財務の関係でリスクが高いと思われる項目，例えば，借入金等の財務制限条項などについては，項目別に情報をまとめて提供することが多いと考えられます。

　なお，この部分は(4)添付資料に含める場合もあります。

(4)　添付資料

①　スコープに関する事項

　添付資料には，まず財務・税務DDの作業の範囲（スコープ）を記載します。この部分についても，外部専門家を含む財務・税務DDチームが実施した調査の内容が，DDレポートの読み手であるマネジメントの理解と相違していないことを確認する意味合いがあります。

②　業務の進捗状況や制約に関する事項

　次に，①で記載した業務内容について，作業項目ごとの進捗状況を記載します。また，開示資料の制約等により実施できなかった調査の内容も明記します。

すなわち，DDにおいては，買収対象会社が依頼した資料を作成しておらず，時間的制約から代替的な資料も開示できない場合があります。また，意図的に開示しない資料もあるでしょう。同じく，QAリストにおける質問事項についても，必ずしも質問の意図に沿う回答が得られるとは限りません。このような場合，DDレポートの作成時点で未了の調査手続が残っていることもあります。特にクロスボーダーDDの場合は，むしろ予定した調査をすべて実施できることが稀といえるかもしれません。

この場合，まずは財務・税務DDの全体的な作業進捗状況を示し，実施できなかった調査の内容を記載します。そして，DDチーム内で（及びマネジメントと）協議し，多くの場合，買収対象会社へ優先的な対応を依頼して直ちに実施すべき事項をピックアップします。また，買収契約の締結（またはクロージング）までに対応すべき事項，買収契約書の表明・保証条項でカバーすべき事項等に分類（優先順位付け）します。これは，買収の局面では，限られた情報の下でも，一定の時間的な制約の中で，意思決定を行うことが求められるためです。

なお，買収対象会社の対応や開示資料等の範囲が不十分である場合には，「詳細が明らかにならないので，最大のリスク金額を前提に企業評価を行う」というスタンスで，買収価格の調整項目として交渉するのも一案です。これは，買収対象会社による追加の情報開示を促す意味合いもあります。

③ その他の情報

添付資料には，その他の情報として，買手にとって有用な補足情報を含める場合もあります。例えば，買収対象会社が作成した資料のうち重要なものを貼り付けたり，一般的な税制の解説（組織再編税制等の複雑な税制の解説など）を含める場合もあります。なお，買収対象会社（やその子会社）が海外にある場合，その国の会計制度やIFRSとの相違点，また税制の概要などを記載するケースもあります。

第8章

デュー・デリジェンスの結果に対する対応

　財務・税務DDにより検出されたリスク要因については，チーム内の外部専門家とも協議しながら，何らかの形で対応することになりますが，大きく分けて，以下の4つの対応方法があります。

1．買収価格に反映する方法
2．買収契約書上でリスクを限定する方法
3．ストラクチャーの変更によりリスクを切り離す方法
4．買収自体を中止する方法

---

1 買収価格への反映

　財務・税務DDにより検出されたリスク要因については，定量化できるものについては，売手との交渉により，可能な限り買収価格に反映させるべきと考えられます。特に，金額的重要性が高く，かつ，リスクが顕在化する可能性も高い場合には，買収価格の引下げを交渉する必要があります。

　また，定性的なリスク要因で，定量化が難しいものであっても，例えば，最大のリスク金額で評価するなど，可能な限り定量化したうえで，売手との交渉の俎上に載せるのが望ましいといえます。

　その前段階として，そのような財務・税務DDにおける発見事項を（買手による）買収対象会社の企業評価に反映し，評価額を洗い直さなければなりません。買手としては，社内外への説明を考えると，評価額を極端に上回る買収価格で買収を行うわけにはいかないためです。この場合，企業評価の方法としてどのような方法を採用しているかにより，影響が異なってきます。

(1) DCF法によっている場合

　買収対象会社の将来CFベースにDCF法により企業評価を行い，買収価格の基礎としている場合には，直接的には将来CFに影響を与える項目が重要になります。そのため，事業計画分析における検出事項（端的には，将来利益またはCFの下方修正）は，基本的にDCF法による企業評価に反映されることとなります。

　しかしながら，実務的には，正常収益力に関係する検出事項のほうが重要です。これは，財務DD上，正常収益力の算定のための調整が頻繁に行われるところ，将来CFの見積りが（現時点の）正常収益力を基礎としており，間接的に将来CFに影響が及ぶためです。

　例えば，正常収益力分析の結果，「過去実績に含まれる撤退事業に係る損失が過大に計算されていた」という重要な発見事項があれば，その分だけ正常収益力（調整後EBITDA。第5章②5（158頁）参照）が小さくなり，これが，将来CFの減少を通じて評価の引下げにつながります。

(2) 乗数法によっている場合

　買収対象会社のEBITDA等の指標をベースに乗数法により企業評価を行い，買収価格の基礎としている場合には，当該指標に影響を与える検出事項に着目することになります。

　多くの場合，EBITDAはそのような指標（の1つ）として採用されているため，端的には，(1)と同様，正常収益力に関係する検出事項に着目すればよいことになります。

(3) 修正簿価純資産法によっている場合

　買収対象会社の純資産をベースに企業評価を行い，買収価格の基礎としている場合には，純資産に影響を与える検出事項に着目することになります。つまり，ほとんどすべての発見事項ということです。

　例えば，貸借対照表分析の結果，「滞留売掛金に貸倒引当金が設定されていない」または「滞留在庫の簿価切下げが行われていない」という重要な発見事

第8章 デュー・デリジェンスの結果に対する対応　285

項があれば，その分だけ評価を引き下げることになります。

2 株式買収契約書上の条項への反映

(1) クロージングの前提条件

　財務・税務DDにより検出されたリスク要因は，買収契約書上，そのリスクの解消をクロージングの前提条件とすることもあります。

　すなわち，買収契約書においては，一定の前提条件が充足された場合にはじめて，クロージング（株式の引渡しと対価の支払い）が実行される旨が規定されるのが一般的です。このようなクロージングの前提条件は，株式の取得に独占禁止法上のクリアランスの取得が必要であるケースなどにおいて，一定の条件が充足されるまでは，クロージングを実行しなくて済むようにすることが主目的といえます。

　しかしながら，DDの結果，検出された重要なリスク要因について，その解消をクロージングの前提条件とすることもあります。必ずしも正確な表現ではないですが，クロージングまでの間に，売手に問題点を解消しておいてもらうということです。例えば，関係会社との債権・債務の精算（特に関係会社貸付金の回収など）が典型ですが，主要得意先との契約に係るチェンジ・オブ・コントロール条項（第5章①3㉕（127頁）参照）がリスク要因として検出された場合に，「その得意先から取引継続に係る同意書を入手すること」をクロージングの前提条件とするようなケースもこれに該当します。

(2) 表明・保証条項 レプワラ

　財務・税務DDにより検出されたリスク要因は，買収契約書における売手の表明・保証という形で対応する方法もあります。表明・保証条項とは，買収契約書（株式譲渡契約書など）において，その取引に関連する各種の事実について各当事者がそれが真実であることを表明・保証するものをいい，その事実が真実でない場合には，金銭による補償の請求などを可能とする補償条項が通常セットで規定されます。

　例えば，売手（買収対象会社）がDDの過程で開示した資料は完全かつ正確

であることなどは，通常，表明・保証の対象になります。また，財務DDの関係では，簿外債務や未処理の不良債権等は存在しないこと，税務DDの関係では，必要な申告や納税が適正に行われていることなども表明・保証の対象になります。

　財務・税務DDにより検出されたリスク要因のうち，買収価格に反映できないものについては，この売主からの適切な表明・保証の取得によりカバーしておくことが重要になります。特に，税務DDにおいて重要と判断される税務リスクで，現時点でリスク金額や顕在化の可能性の見積りが難しいもの（例えば，移転価格リスク）などは，買収契約書において，項目を特定したうえで表明・保証の対象にすべきと考えられます。

　ただし，表明・保証違反があった場合の補償については，金額的に見て，補償額の上限（及び下限）が定められることが多く，また時間的に見ても，補償の請求ができる期間に一定の制限が設けられるのが通常です。

　また，このようなリスクが顕在化した場合に，実際に売手から補償を受けられるかどうかについても，事前に検討しておく必要があります。例えば，買収後の税務調査により，買収前の税務上の問題に基因して追徴税額が発生した場合，買収契約の表明・保証条項に基づいて，売手に補償を求めることになりますが，売手が個人の場合，その時点で売手に資力がないケースがあります。また，海外で買収を行う場合も同様に注意が必要であり，売手が当該買収後も存続すること（例えば，売手がファンドの場合など）や売手の財務状況なども確認しておく必要があります。

　もし，リスクが顕在化した場合の補償面に不安があれば，買収対価の支払いを一部留保する（後払いにする）等の対応も交渉の余地があります。特に海外における買収の場合，（売手にとっての）買手の信用リスクの問題を回避するため，エスクローと呼ばれる独立の第三者に支払いを行い，買収対価の後払い部分を保管してもらうという方法もあります。

　いずれにせよ，「表明・保証条項でカバーすれば大丈夫」という安易な発想は危険といえます。

3 ｜ ストラクチャリングによるリスク低減

　財務・税務DDにより検出されたリスク要因については，買収ストラクチャー

の変更により対応することも可能です。端的には，そのリスク要因について，何らかの方法で買収の対象から除外することになります。

例えば，DDの過程で，買収対象会社に重要な訴訟リスクが存在していることが判明した場合，資産買収の方法を採用し，訴訟リスクを切り離すという対応が考えられます。また，遊休地に土壌汚染のリスクがあることが判明した場合，その土地を事前に売手に引き取ってもらうなど，買収の対象となる資産を限定し，環境リスクを切り離すという対応も考えられます。

株式買収の場合，基本的には買収対象会社の偶発債務を（グループとして）すべて引き継ぐことになり，買収価格への反映や買収契約書上の対応が必要になるわけですが，これらの方法は，そのような偶発債務を買収の対象から切り離すことで，それを根本的に解決する方法といえます。ただし，特に株式買収から資産買収への変更については，売手が難色を示すことが多いので，売手との交渉が重要になります。

4 ┃ 買収の中止

以上の方法によっても財務・税務DDで検出されたリスクに対処できないと判断する場合には，買収自体を中止せざるをえないケースもあります。この場合，事業上の必要性があれば，別途業務提携の可能性などを模索することになります。

参考文献

KPMG FAS『戦略的デューデリジェンスの実務』，2006年，中央経済社

佐和周『アジア進出・展開・撤退の税務』，2013年，中央経済社

佐和周『海外進出企業の資金・為替管理Q&A：調達から投資・回収・還元まで』，2014年，中央経済社

佐和周『海外進出企業の税務調査対策チェックリスト（第2版）』，2014年，中央経済社

佐和周『海外進出・展開・撤退の会計・税務Q&A』，2011年，中央経済社

佐和周『これだけは押さえておこう 海外取引の経理実務ケース50』，2015年，中央経済社

佐和周『貸借対照表だけで会社の中身が8割わかる』，2012年，中央経済社

税理士法人トーマツ『M&Aを成功に導く税務デューデリジェンスの実務（第2版）』，2012年，中央経済社

日本公認会計士協会東京会『財務デュー・ディリジェンスと企業価値評価』，2015年，清文社

プライスウォーターハウスクーパース株式会社『財務デューデリジェンスの実務（第4版）』，2014年，中央経済社

■著者紹介

佐和　周（さわ　あまね）

公認会計士，税理士
佐和公認会計士事務所　代表
関西学院大学非常勤講師

1999年　東京大学経済学部を卒業，同年朝日監査法人（現 有限責任 あずさ監査法人）に入所。日系グローバル企業や外資系企業の監査のほか，財務デュー・デリジェンス業務や企業価値評価業務等に従事。

2008年　英国ケンブリッジ大学経営大学院（Cambridge Judge Business School）首席修了（MBA）。

2009年　KPMG税理士法人に転籍。日系グローバル企業や外資系企業の税務申告のほか，国内・海外税務デュー・デリジェンス業務や国際税務に係るアドバイザリー業務等に従事。

2011年　佐和公認会計士事務所を開設。会計・税務・財務の面から，日本企業の海外進出をサポートしている。

主な著書に，『海外進出・展開・撤退の会計・税務Q&A』，『海外進出企業の税務調査対策チェックリスト』，『貸借対照表だけで会社の中身が8割わかる』，『海外進出企業の資金・為替管理Q&A：調達から投資・回収・還元まで』，『担当者の疑問に答える タックス・ヘイブン対策税制Q&A』（共著），『ケース別 税効果会計の実務Q&A』，『これだけは押さえておこう 国際税務のよくあるケース50』，『これだけは押さえておこう 海外取引の経理実務ケース50』，『英和・和英　海外進出の会計・税務用語辞典』（以上，中央経済社）など。その他，旬刊『経理情報』，月刊『国際税務』，週刊『税務通信』など，雑誌への寄稿多数。

M&Aにおける

財務・税務デュー・デリジェンスのチェックリスト

2016年9月20日　第1版第1刷発行
2019年10月30日　第1版第12刷発行

著　者　佐　　和　　　周

発行者　山　　本　　　継

発行所　㈱中　央　経　済　社

発売元　㈱中央経済グループ
　　　　パブリッシング

〒101-0051　東京都千代田区神田神保町1-31-2
電話　03 (3293) 3371 (編集代表)
　　　03 (3293) 3381 (営業代表)
http://www.chuokeizai.co.jp/
印刷／三　英　印　刷　㈱
製本／誠　　製　　本　　㈱

©2016
Printed in Japan

＊頁の「欠落」や「順序違い」などがありましたらお取り替えいた
　しますので発売元までご送付ください。(送料小社負担)
ISBN978-4-502-19871-7　C3034

JCOPY〈出版者著作権管理機構委託出版物〉本書を無断で複写複製 (コピー) することは，
著作権法上の例外を除き，禁じられています。本書をコピーされる場合は事前に出版者著
作権管理機構 (JCOPY) の許諾を受けてください。
　JCOPY〈http://www.jcopy.or.jp　eメール：info@jcopy.or.jp〉

●実務・受験に愛用されている読みやすく正確な内容のロングセラー！

定評ある税の法規・通達集シリーズ

所得税法規集
日本税理士会連合会 編
中央経済社

❶所得税法 ❷同施行令・同施行規則・同関係告示 ❸租税特別措置法（抄） ❹同施行令・同施行規則（抄） ❺震災特例法・同施行令・同施行規則（抄） ❻復興財源確保法（抄） ❼復興特別所得税に関する政令・同省令 ❽災害減免法・同施行令（抄） ❾国外送金等調書提出法・同施行令・同施行規則・同関係告示

所得税取扱通達集
日本税理士会連合会 編
中央経済社

❶所得税取扱通達（基本通達／個別通達） ❷租税特別措置法関係通達 ❸国外送金等調書提出法関係通達 ❹災害減免法関係通達 ❺震災特例法関係通達 ❻索引

法人税法規集
日本税理士会連合会 編
中央経済社

❶法人税法 ❷同施行令・同施行規則・法人税申告書一覧表 ❸減価償却耐用年数省令 ❹法人税法関係告示 ❺地方法人税法・同施行令・同施行規則 ❻租税特別措置法（抄） ❼同施行令・同施行規則・同関係告示 ❽震災特例法・同施行令・同施行規則（抄） ❾復興財源確保法（抄） ❿復興特別法人税に関する政令・同省令 ⓫租特透明化法・同施行令・同施行規則

法人税取扱通達集
日本税理士会連合会 編
中央経済社

❶法人税取扱通達（基本通達／個別通達） ❷租税特別措置法関係通達（法人税編） ❸連結納税基本通達 ❹租税特別措置法関係通達（連結納税編） ❺減価償却耐用年数省令 ❻機械装置の細目と個別年数 ❼耐用年数の適用等に関する取扱通達 ❽震災特例法関係通達 ❾復興特別法人税関係通達 ❿索引

相続税法規通達集
日本税理士会連合会 編
中央経済社

❶相続税法 ❷同施行令・同施行規則・同関係告示 ❸土地評価審議会令・同省令 ❹相続税法基本通達 ❺財産評価基本通達 ❻相続税法関係個別通達 ❼租税特別措置法（抄） ❽同施行令・同施行規則（抄）・同関係告示 ❾租税特別措置法（相続税法の特例）関係通達 ❿震災特例法・同施行令・同施行規則（抄）・同関係告示 ⓫震災特例法関係通達 ⓬災害減免法・同施行令（抄） ⓭国外送金等調書提出法・同施行令・同施行規則・同関係通達 ⓮民法（抄）

国税通則・徴収・犯則法規集
日本税理士会連合会 編
中央経済社

❶国税通則法 ❷同施行令・同施行規則・同関係告示 ❸同関係通達 ❹租税特別措置法・同施行令・同施行規則（抄） ❺国税徴収法 ❻同施行令・同施行規則 ❼国税犯則取締法・同施行規則 ❽滞調法・同施行令・同施行規則 ❾税理士法・同施行令・同施行規則・同関係告示 ❿電子帳簿保存法・同施行令・同施行規則・同関係告示 ⓫行政手続オンライン化法・同国税関係法令に関する省令・同関係告示 ⓬行政手続法 ⓭行政不服審査法 ⓮行政事件訴訟法（抄） ⓯組織的犯罪処罰法（抄） ⓰没収保全と滞納処分との調整令 ⓱犯罪収益規則（抄） ⓲麻薬特例法（抄）

消費税法規通達集
日本税理士会連合会 編
中央経済社

❶消費税法 ❷同別表第三等に関する法令 ❸同施行令・同施行規則・同関係告示 ❹消費税法基本通達 ❺消費税申告書様式等 ❻消費税法等関係取扱通達等 ❼租税特別措置法（抄） ❽同施行令・同施行規則（抄）・同関係通達 ❾消費税転嫁対策法・同ガイドライン ❿震災特例法・同施行令・同関係告示 ⓫震災特例法関係通達 ⓬税制改革法等 ⓭地方税法（抄） ⓮同施行令・同施行規則（抄） ⓯所得税・法人税政省令（抄） ⓰輸徴法令（抄） ⓱関税法令（抄） ⓲関税定率法令（抄）

中央経済社